ロシアの風

——日露交流二百年を旅する

中村喜和

風行社

目次

第Ⅱ編 文学・フォークロア・書物……145

第Ⅲ編　ロシアと日本人……………213

第Ⅰ編　ロシアの人びと

訪日使節レザーノフの名誉回復

汚名の由来

ロシア皇帝が日本に派遣した最初の使節はニコライ・レザーノフだった。一八〇四年（文化元年）に長崎に来航したレザーノフは、公人の義務として日記をつけていた。ところが彼の日記は長いこと刊行されず、江戸期の日露交渉史を研究する者にとって謎の空白になっていた。やっと陽の目を見たのは一九九五年のことである。この年シベリアのクラスノヤールスクで『コマンドール』の題名のもと、レザーノフの日記や手紙、さらにはレザーノフを主人公とする小説やオペラの台本が、七〇〇頁の部厚い単行本の形で出版されたのである。本書の一部――レザーノフがナデージュダ号に搭乗してカムチャトカから長崎に着き次の年に長崎を出帆するまでの日記の邦訳が『日本滞在記』として二〇〇〇年の夏に岩波文庫で出た。大島幹雄氏の手になる翻訳で、レザーノフの日記と合わせてロシア側や日本側の関連史料もふんだんに引用されていて、懸案の「空白」が一挙に埋められることになった。

レザーノフの日記の公刊が遅れた理由ははっきりしている。日本を開国させるという使命が果たせなかった上に、人物として評判が悪かったのだ。ナデージュダ号の艦長、クルーゼンシテルンといがみ合ったのが致命的だった。後者がロシア軍艦で初の世界周航を果たし一八〇六年夏にクロンシタットに帰還して朝野の大歓迎を受けていたとき、レザーノフは飢餓に苦しむロシア領アラスカの住民のため北米大陸の西海岸で食料調達に奔走していた。長崎滞在中はもちろん、カムチャトカで別れるまでは、レザーノフの方がクルーゼンシテルンの上官だった。幕府との外交交渉の失敗をレザーノフ使節が国益より私益を優先させたため、とクルーゼンシテルンは言いふらしていた。レザーノフが露米会社の代表取締役だったからである。レザーノフは帰国の途中一八〇七年にクラスノヤールスクで病死してしまうので、弁明する機会がなかった。

日本でレザーノフの評判が悪かったのは別の理由からである。長崎で半年も待たされたあげく交易の提案を拒否されたレザーノフは、部下の海軍士官フヴォストフとダヴィードフに命じてサハリン島とエトロフ島の日本人番所を襲撃させた。蝦夷地乱寇（一八〇六―〇七）と呼ばれる事件である。幕府は周章狼狽した。ただちに東北諸藩に動員令を発して北辺の防備を固めた。四年後に日本側がロシアの海軍士官ゴロヴニーンを捕虜にし、その翌年には商人高田屋嘉兵衛がロシア側に捕えられるという騒動に発展した。一七九二―九三年に日本へ来航したラクスマンは長崎への入港許可書をロシア政府にもたらしていた。ロシア側としては、長崎へ行きさえすれば交易がみとめられると思いこんでいたふしがある。そんな事情を考慮したとしても、「乱寇」の張本人としてのレザーノフの悪名は容易にぬぐいがたかったのである。

日本で描かれたレザーノフ

ハンサムな能吏

『コマンドール』の編者たちはレザーノフの生涯に関する資料を手広く集めるべく努力したようである。筆頭編者のユーリイ・アヴジュコフ氏がそれをもとに、短い伝記を編んでいる。レザーノフの父親がイルクーツクの裁判所に勤務したこと、彼自身も少年時代の一時期をシベリアで過ごした可能性があることなどは、アヴジュコフ氏のおかげではじめて知ることができた。

レザーノフが一四歳の若さで砲兵として軍務につき、まもなくイズマイロフ近衛連隊に配属されたことは、当時としてはそれほど珍しくもないであろう。しかし二〇歳になるより前に文官身分に移り、はじめはプスコフの地方官庁、やがてペテルブルグの税務局や海軍省で働くようになった事情は不明であるという。またどういう機縁か、レザーノフ一家は有名な詩人のデルジャーヴィンと交際があった。一一歳のニコライ少年が詩人に宛ててドイツ語で書いた手紙が『コマンドール』に収められている。一七九一年にレザーノフが中央官庁の牙城たる元老院勤務となり女帝エカテリーナ二世の宮廷に出入りするようになったのは、明らかにデルジャーヴィンのヒキによるものだった。堅物の詩人はまもなく失寵の憂き目にあうが、レザーノフは女帝の最後の愛人であるズーボフの配下に属していて連座をまぬがれた。

レザーノフが一七九四年にシベリアへ出張を命じられたことは、彼の生涯の大きな転機となる。この当時ロシアの領土に属していたアラスカへ正教会から布教団が派遣されることになった。レザーノフはズーボフの命令を受けてイルクーツクまでこの布教団を見送っていき、その後当地の豪商グリゴーリイ・シェーリホフの会社の活動を調査するためにとどまった、とアヴジュコフ氏は書いている。翌年の一月には三〇歳のレザーノフとシェーリホフの娘で一五歳になるアンナが結婚式を挙げているから、シェーリホフとその家族はよほどレザーノフの人柄と才幹にほれこんだのだろう。

レザーノフのシベリア行をめぐっては異説がある。エカテリーナ二世がレザーノフの美貌に目をとめたのを知ったズーボフが、自分の地位が奪われるのを未然に防ぐため、独身では帰京しないという条件でレザーノフを僻地に追いはらったというのである。現代詩人のヴォズネセンスキイの伝える説であるが、真偽のほどはさだかでない。ただこんな噂の立つところをみると、レザーノフの物腰が粗野ではなかったことが知られる。レザーノフの結婚後半年たった一七九五年の七月に、シェーリホフが四七歳の働き盛りで急死した。未亡人ナターリアは夫の遺志を受けついで、一七九九年にはロシア領アメリカの植民地を経営するための露米会社の発足にこぎつけた。会社の内実は国策会社にほかならなかったので、レザーノフの首都での働きが大きく物を言ったのは当然である。この点は最近モスクワで出版された研究書『ロシア領アメリカの歴史』の著者たちが保証している。自由貿易論者であるエカテリーナ二世のもとでは不可能だった独占企業体が、息子のパーヴェルの治世になって実現したのである。レザーノフは、シェーリホフのもう一人の女婿ブルダコフ、それに有能な支配人となるバラーノフとともに、代表取締役の地位についた。

露米会社は株式会社だった。シェーリホフの相続人たちが最も多くの株を所有したことは言うまでもないが、皇帝をはじめとする皇族たちも株主に名を連ねていた。レザーノフはペテルブルグのモイカ七二番地の本社を主宰する代表役員として順風満帆かに見えたが、若妻のアンナが二人目の子どもを出産したあと他界するという不幸に見舞われた。

船上の出来ごと

もともとクルーゼンシテルンにはレザーノフに怨恨をいだく理由があった。当初、世界一周航海は前者の指揮のもとに行なわれるはずだった。長崎への寄港の予定もなかった。計画の途中で、若い皇帝アレクサンドル一世がレザーノフを日本への使節として発令し、二隻の軍艦から成る使節団の長に任命したのである。日本国への使臣として重みをつけるために、急いでレザーノフに侍従（カメルゲール）の位が与えられた。文官なら三、四等官、武官で言えば中将あるいは少将に匹敵する宮内官の位階である。詩人プーシキンが結婚後にさずけられた年少侍従（カメルユンケル）より一枚上の位だった。

クルーゼンシテルンとその部下たちは、戦争や航海のことにはズブの素人の廷臣に従うことが不満でならなかった。航海中士官たちが甲板にレザーノフを呼び出し、その面前で「われらの指揮官はクルーゼンシテルンの他にはない」とシュプレヒコールを唱えたという。レザーノフ自身に六人の随員がついていたものの、その中には決闘好きのフョードル・トルストイ中尉のような無分別で名うての乱暴者が含まれていたりして、助けは期待できなかった。南米の端をかすめてカムチャトカまで海上の旅の大部分をレザーノフは自分の船室にとじこもって過ごした。悪意をもつ士官に水の中へ投げこまれるのを恐れたのである。病気にかかっても医者すら呼べなかった。長崎港で苦しめられるリューマチはそのときの後遺症だったにちがいない。

たまりかねたレザーノフはナデージュダ号がカムチャトカのペトロパヴロフスク港に寄港したとき、その地の総督コーシェレフ将軍に窮状を訴えた。対決の結果、非はクルーゼンシテルン側にあると決した。正規の軍法会議にかけられることを恐れて、クルーゼンシテルンらは正装に身をかため公式にレザーノフの前で謝罪せざるを得なかった。クルーゼンシテルンの書いた『世界周航記』（邦訳は『日本紀行』）がこのときの対決や謝罪のことについていっさい口をつぐんでいるのは言うまでもない。この場合、レザーノフとしてはその謝罪を受け入れるほかなかった。

日本語を学ぶ

ナデージュダ号は四人の日本人漂流民を乗せていた。一〇年ほど前、石巻の若宮丸で遭難しアレウト諸島に流れ着いた水夫たちである。ラクスマンが伊勢の光太夫たちを送り届けたように、レザーノフは津太夫らの送還を来航のさいの「手土産」にしていた。若宮丸乗組員の中にはロシア残留を希望する者もいた。その中の一人善六はロシアに帰化してピョートル・キセリョフと名を変えた。彼は通訳の資格でペトロパヴロフスクまでナデージュダ号に同乗していた。レザーノフが日本語の辞書を編み、かつ日本語学習の手引書をあらわすさいに最も有力な情報源となったのはこの善六＝ピョートルだったことだろう。仙台方言の宝庫ともいうべきこの辞書については大島幹雄氏の著書『魯西亜から来た日本人』（廣済堂出版、一九九六年）や最近の講演（『ゴンザ』第四〇号）に興味津々の紹介と分析がある。（加藤九祚氏の『初めて世界一周した日本人』新潮選書、一九九三年、も古典的名著である。）

一言だけつけ加えておけば、長崎での談判にさいしてレザーノフが日本語で幕府の役人と話そうとしたり、日本文字を書こうとしたりしたことが、彼の日記に明記されている。やはりレザーノフはただ者ではなかった。

長崎でレザーノフと会った幕府の役人の中に大田南畝がいた。

カリフォルニアのロマンス

長崎からカムチャトカに戻ったレザーノフは、船を乗りかえてアラスカへ向かった。露米会社が支配するシトカに着いてみると、人々が飢餓に苦しんでいることが判明する。レザーノフは新しい船ユノナ号を購入してサンフランシスコにおもむいた。カリフォルニアはこのころスペイン領だった。ユノナ号は一八〇六年春にサンフランシスコに入港し、望みどおり食料を船に満載することができた。

サンフランシスコの警備隊長ホセ・アルグエロには一五歳になる美しい娘コンセプションがいた。愛称はコンチータである。そのコンチータが四二歳になるレザーノフと恋におちた。アメリカの作家ヘクター・シェヴィニーの実録小説『失われた帝国』によれば、レザーノフは父親に結婚を申し込み、この年のうちに花嫁をユノナ号で連れ去ろうとするが、さすがにそれはできなかった。コンチータは敬虔なカトリックであり、司祭が正教徒であるレザーノフに嫁ぐことを許さなかったからである。レザーノフはスペイン王とローマ教皇の許可を得ることを約束し、とりあえず秘密の婚約式を挙げるにとどめた。その後コンチータは独身を通し、レザーノフの死が確実になったとき尼僧院にはいった。一八五七年、享年六六歳で没する。日本流に言えば菩提をとむらったことになる。

それはそれとして、レザーノフにたいする最大の供養はロシア本国で名誉が回復されたことだろう。すなわち、前述の『ロシア領アメリカの歴史』の中で、アメリカ史の権威ニコライ・ボルホヴィーチノフ博士がレザーノフの日本での外交活動に関して、国益より私益を優先させたというクルーゼンシテルンの批判には根拠がない、と断定を下したのである。

前述のヴォズネセンスキイがレザーノフを主人公にした詩を書き、A・ルィブニコフが曲をつけたロック・オペラが八〇年代に大当たりをとったというが、私は未見である。

司馬遼太郎氏はその著書の中でクルーゼンシテルンを一方的にもち上げ、レザーノフを「いいかげんな男」とか「悪党」とののしっているが（『ロシアについて』文藝春秋、一九八六年）、的はずれな判断と言わなければならない。

雄々しい伝道者ニコライ

ニコライと言えばロマノフ王朝最後の皇帝が思い出されるが、日本でよく知られたもう一人のニコライがいる。明治時代にロシア正教を日本で布教した人物で、日本ハリストス正教会が彼の創立した教会の正式な名称である。このニコライの名は神田駿河台にそびえ立つ東京復活大聖堂の通称としてわれわれの記憶にのこっている。最近では高層ビルに取り囲まれた感があるが、それでも独特の優美なドームにかつての威容を偲ぶことはできる。

ニコライは亡くなってから半世紀以上たった一九七〇年に聖者の列に加えられたけれども、ソビエト政権下ではこの「日本の亜使徒」の生涯に興味をもつロシアの学者はあらわれなかった。彼の残した厖大な日記がレニングラードの古文書館に保管されていることを突きとめたのは、一九八〇年ロシアに留学中だった中村健之介氏である。人も知るドストエフスキイ研究家の氏がなぜニコライに興味をいだくにいたったかは、岩波新書の一冊として出版された氏の著書『宣教師ニコライと明治日本』に言及されているからここでは省くことにしよう。そこにはニコライの生涯と仕事のことが見事に語られている。ニコライの日記のほうは、そのかなりの部分がロシア語のまま『宣教師ニコライの日記』と題して一九九四年に北海道大学図書刊行会から刊行された。以下に述べるのはその編集を手伝う機会に恵まれたグループの一員の個人的な感想である。

勇士ニコライ

容貌魁偉——のこされたさまざまな写真から判断する限り、ニコライの印象はこの一語に尽きる。背が高くて、骨格がたくましかった。目鼻だちが一体に大ぶりで、その目に強い光があった。

ロシアの作家の中でこのニコライと雰囲気が共通しているのは、『戦争と平和』を書いたトルストイである。

ニコライは聖アンナ勲章など多くの勲章を授与された。

没年もニコライが二年ほど遅れているにすぎない。二人とも強いカリスマ性をそなえていた。ただ、宗教上の立場だけは正反対だった。トルストイがロシア正教会から破門されたのに対し、ニコライはその正教を日本に根づかせることに一生をささげたからである。日露戦争の最中のニコライの日記の中にトルストイは何回か登場するが、ニコライはトルストイの非戦論に批判的だった。

この戦争のあいだほどニコライの立場がむずかしかったことはない。正教がロシアのキリスト教であることは自他ともにみとめるところだった。ニコライはロシア公使の日本退去のすすめを断って、駿河台に踏みとどまる。そして日本人の司祭や信者には日本の勝利を祈願するように命じ、自分はロシアの勝利を神に祈った。ロシア軍の相次ぐ敗戦は彼を落胆させ、絶望におとしいれる。対馬沖でロシアの派遣艦隊が全滅し、ポーツマスで日露間の講和会談がはじまったのちですら、ニコライは「きっと近く大会戦があり、たぶんロシアが勝つだろう」（一九〇五年八月三〇日付）と期待をかけていた。弟子たちはニコライの心情をよく察していた。主教の前で戦争の話は極力避けるように気づかっていたことが日記からわかる。

よく知られているように、このとき締結された講和条約は勝利の美酒に酔う民衆の憤激を買った。明治三八年九月五日の夜、新聞社や交番を焼き打ちしたデモ隊が、ニコライ堂へも押しかけてきた。近衛師団の一分隊が警備のために駆けつけた。しかしそれがなくとも、教会の建物を取り巻く群衆の叫び声は少しもニコライをおびえさせなかったかのようである。「三階のベランダ」からこの夜の光景を眺めたと彼は日記に書いているから、大正の大震災で焼けおちて今は存在しない鐘楼に登ったのであろう。

およそ幕末期の箱館ロシア領事館に修道司祭として着任以来、テロリズムの危険に身をさらしていささかもたじろがなかったという類のエピソードは、ニコライについていくつも伝説のように語りつがれている。

ニコライのこのような恐れを知らぬ性格や堂々たる体軀は、ロシアのフォークロアである英雄叙事詩に登場する勇士を連想させる。文字を知らぬ民衆のあいだで何世紀もかかって育まれてきた勇士の第一人者はイリヤー・ムーロメツといった。草深い田舎育ちで正教キリスト教に献身した点でもニコライはイリヤーと共通している。とくにこのタイプの勇士をあらわすボガトゥイリという言葉が明治一〇年一月一日付のニコライの日記で一回だけ使われている。「教育が自然の方向で行なわれれば、われわれは勇士になれる。」

明治時代にふさわしく、勇士はニコライの理想の人間像だった。

事業としての伝道

ニコライの日記を読むと、伝道という事業が並々ならぬ事務処理能力を要することがよくわかる。ロシアでは国外で正教を布教する宣教師たちを財政的に援助する団体、正教伝道協会が一八六五年に生まれた。遅ればせながら農奴制を廃止して近代国家へと脱皮したロシアが、キリスト教布教という国際レースに加わったのである。日本におけるその援助の受け皿として設立されたのが日本宣教団、当時の呼び名にしたがえば日本伝道会社である。代表者がニコライであったことは言うまでもない。資金の補助を受けるためには、定期的に活動状況を知らせ支出の明細を報告しなければならない。ニコライが丹念に日記をつけたのも、その報告書のための心覚えという意味があったものと思われる。

ニコライの日本宣教団が正式に伝道を開始してから八年目にあたる明治一一年に、日本における正教徒の数は早くも四〇〇〇名を越えていた。ほとんどニコライの独力で、これほどめざましい成功を収めたのである。この年に宣教団が必要とした金額は四万六〇〇〇ルーブリ（当時一ルーブリは六〇銭に相当）だった。このうち日本人司祭には毎月三〇円の給与が支払われていた。明治一一年の月給三〇円はなかなかのものだったはずである（そのころ巡査の初任給は五円ていどだった。ただし、日露戦争のころまでこの三〇円の給与は据えおかれていた）。

その翌年の一八七九年、ニコライは二度目で最後になる一時帰国をした。自らが主教の位に昇叙されることが決まり、それを契機に資金援助のパイプをより太く確実なものにしておこうという心組みだった。このときペテルブルグでつけていた日記に日本宣教団の収支バランスの下書が記入されている。

それによると、それまでの四万六〇〇〇ルーブリに加えて、新しい陣容の宣教団には一名の主教（年俸三六九五）、宣教師三名（各二〇〇〇）をはじめ一〇名の聖職者のために計一万八四九五ルーブリが新規に必要となるはずだった。総計では六万四四九五ルーブリとなる。その収入源をニコライは次のように見込んでいた。国庫（二万六〇〇〇）、伝道協会（二万三八〇〇）、宗務院（三〇〇〇）、リガ監督区（三六九五、日本主教区はこの監督区の管轄下にあった）、諸修道院からの援助（計八〇〇〇）。まぎれもなく正教伝道はロシア帝国の国家的事業として推進されたのだ。

ニコライは右の予算案を関係機関に提示するさい、次のような念書をつけることにしていた。「日本宣教団はいかなる機関からも決して右の金額以上の助力を求めない。聖堂と女子神学校の建設費用は民間からの喜捨をもってあてる。」

ここから彼が布教の拠点となるべき壮大な伽藍の建立を早くから計画していたこともわかる。それがニコライ堂として実現するのは明治二四年二月のことである。その年の五月にはロシアの皇太子ニコライ（のちの皇帝）が東京へやってきてこの大聖堂を訪れるはずだった。日本正教会にとってそれは最も晴れがましい瞬間となるはずだった。いわゆる大津事件のためにそれが実現しなかった。ニコライ主教は負傷した皇太子をただちに見舞うなどして、事態の鎮静化に努めた。残念ながらこのころのニコライの日記はまだ公刊のはこびに至っていない。ただ正教会がこのとき皇太子に献上した聖像《イコン》がしばらく前にエルミタージュ美術館で発見された。日本人として最初のイコン画家である山下りんの筆になるもので、異例なことに、このイコンの裏面には完成したばかりのニコライ堂の全景が描かれていた。行啓を仰げなかったニコライの無念が伝わってくるようである。

ニコライは生涯にわたって教団の会計責任者だった。下世話な言い方をすれば、最後まで財布のヒモをにぎっていた。永眠は明治四五年の二月であるが、四四年度の会計報告書はニコライが執筆した。息を引きとる直前まで日記をつけ、宣教団にかかわるすべての領収書を自分の手で整理していた、と最期を看取った後継者のセルギイ主教が書いている。

やさしさの一面

ニコライは剛毅厳格一点ばりだったわけではない。いかつい表情の下に驚くほど鋭敏な感受性がかくされていた。日記の中ではそれがときに感傷的な詠嘆としてあらわれたり、「のぼせ性」として反省の対象になったりしている。

ニコライの筆蹟は意外に女性的だった。もともと他人に読まれることを予想しない日記はいわば草書体で書かれていて必ずしも判読しやすいとは言えないが、それでも一つ一つの文字はやわらかい丸味をおびている。日記の字体は、私の知る限り、ニコライが明治初年函館の開拓使に提出した内地渡航届やロシア留学中の山下りんに宛てた二通の手紙の文字と共通している。りんへの二通目の手紙の中では「あなたはときおり故郷が恋しいのではありませんか」と相手の身を気づかっている。むろん配下の聖職者や一般信徒に対して不満をいだくこともしばしばで、日記には憚りなくその感情が吐露されている。日記は安全弁の役目も果たしたのかもしれない。

とはいえ、日記全体を通読すれば、ニコライのこまやかな心づかいが信徒の一人一人の身の上にまで及んでいることがよくわかる。雄々しい伝道者の心の中には慈母のやさしさが同居していたのだ。一代で三万人あまりの正教徒を獲得した秘密はそこにひそんでいたにちがいない。

ひびわれた友情——ピリニャークと秋田雨雀

東京　一九二六年

ボリス・ピリニャークは二回にわたって日本を訪れている。最初の来日は一九二六年（大正一五年）のことである。その前の年に「イワン・ダ・マリヤ」と「谷の上」がそれぞれ尾瀬敬止、米川正夫訳で出版されていた。さらに一九二六年には初期の代表作である「裸の年」（富士辰馬訳）と八篇の短篇を収めた作品集（平岡雅英訳）が刊行されるというように、ピリニャークの名はわが国の読書界にかなり知られていた。

新生国家ソビエトは、日本の新聞ではしばしば労農ロシアと呼ばれていた。この国の新しい社会制度が知識人の興味の的であったことは言うまでもないが、社会主義体制下での文学や美術も識者の関心を集めていた。それは一口で言えば、昇曙夢が『六人集』や『毒の園』で紹介したような帝政末期の暗い絶望と頽廃を特徴とする文学がいかに変貌したか、ということに対する関心であった。筋の緊密さは欠けているもののダイナミックで、装飾的で、傍若無人なピリニャークの文体は読者の期待に充分こたえるものであった。

ピリニャークはソビエト文壇で屈指の流行作家として迎えられていた。満年齢で数えれば、来日時に彼はまだ三二歳にもなっていなかった。夫より三歳年上でマールイ劇場の女優である妻のオリガ・シチェルビノーフスカヤが作家に同伴していた。

日本側でピリニャーク夫妻の接待を組織したのは日露芸術協会である。そのころの新聞に載った写真を見ると、昇曙夢と秋田雨雀の二人がホスト役をつとめていたことがわかる。

公刊されている『秋田雨雀日記』によると、雨雀は三月一七日に東京駅でピリニャーク夫妻を出迎え、五月二五日に同じく東京駅で彼らを見送っている。その期間七〇日のあいだに、彼は送迎を含めて少なくとも一五回ピリニャークと会う機会があった。歌舞伎と能に案内したのは通常の観光コースであるが、築地小劇場には三回も足を運んだ。

正式な歓迎行事は五月二日、日本橋室町の洋食店エムプレスで催された夕食会である。この会の一部始終は雨雀日記よりも特高の尾行記録のほうがはるかにくわしい。参会者六一名の中には田山花袋、川路柳虹、土方与志などの名前が見える。

ロシア語のできない雨雀はいつも通訳を介してピリニャーク夫妻に接していたが、二カ月あまりのあいだにすっかり打ちとけたようである。夫妻の帰国をひかえて内輪の送別会が二回開かれ、その席上で雨雀は合わせて四首の短歌と俳句を一句贈っている。たとえば次のように、いかにも雨雀らしい素直なものである。

そよ風よ平安を送れまろうどのピリニャークのゆく船の真上を
ピリニャーク、オリガのゆく日雨そぞろ

ピリニャークは翌年開かれるロシア革命一〇周年の祝典に雨雀をモスクワへ招待することを約束して東京

を去った。ピリニャーク夫妻を見送ったその日から、雨雀はロシア語の勉強をはじめた。

モスクワ　一九二七年一〇月

雨雀は一九二七年一〇月一三日にモスクワに着いた。ヤロスラーヴリ駅のホームには招待機関VOKS（全ソ対外文化連絡協会）の代表とともに、ピリニャーク夫妻が出迎えていた。

雨雀は同郷の後輩で東京外語露語科出身の鳴海完造をともなっていた。通訳兼カバン持ちとして、完造が志願したのである。彼はドストエフスキイに心酔していて、一〇周年の祭りがすんだあとも、できることならモスクワかレニングラードの大学に日本語教師としてやとってもらい、この国に長く滞在しようと考えていた。年齢は雨雀より一まわり以上も若い二八歳だった。雨雀と完造の二人は赤の広場に近いボリシャヤ・モスコーフスカヤ・ホテルに落ち着いた。今のホテル・モスクワの前身である。

ピリニャーク（『日本印象記』より）

ピリニャークの歓待ぶりにはすさまじいものがあった。到着の翌日の一四日には自宅の夕食に招待してロシア料理でもてなし、一五日の夜は芸術座の「どん底」に連れていき、さらに一六日にはマールイ劇場に案内してフォンヴィージンの「未成年」を見せた。この芝居にはピリニャークの妻が出演していた。「ピリニャーク夫人は美しい娘さんになつていた」とだけ雨雀は日記に書くが、完造はすっかり感激したようである。彼の未刊の日記にはこう書かれている。「一八世紀のロシヤに於ける貴族の生活のぜいたくと野蛮さの中で、只一人の純なる乙女に扮したオリガさん（ピリさんの細君）の美しさ。目覚むるばかりの美しさ！」

完造の日記の一〇月二一日の項には、ピリニャークから雨雀にあてた手紙が三つ折りにして貼り込まれている。A4判のザラ紙に万年筆で走り書きしたものである。その内容は次のとおり。

前略　秋田さん、

きょう連盟のクラブであなたと鳴海さんを招いて一席もうけるべく、全ロシア作家連盟がお待ちしています。われわれはあなた方の通訳と打合わせて一一時までにお出でいただくことにしていました。一一時半になってもお見えにならないので、私はホテルに来て一一時半から〇時二〇分までお待ちしました。あなた方のほかにフランスの作家たちも招待していますので、私はこれから連盟に戻ります。もし夜の一時までにお帰りでしたら、どうかトヴェルスコイ並木通り九八番地「ゲルツェンの家」の連盟のクラブまでおはこびください。

こんなことになって実に残念です。

敬具

ピリニャーク

雨雀と完造はこの夜、スタニスラフスキイのスタジオ劇場へオペラ「エヴゲーニイ・オネーギン」を見に行ったのだった。雨雀と完造がホテルに戻ったときには一時をまわっていた。しかしトヴェルスコイ並木通りまではタクシーをとばせばものの五分である。以下は完造日記からの引用。「全露作家連盟の連中が三〇人ばかり、それにフランスのユマニテの編集者ともう一人の作家、スイスの女流作家などいて大騒ぎしている。映画俳優がカフカースのダンスをやる。オリガさん引っぱり出されて踊る。僕も日本のダンスをせがまれて閉口した。むっつり屋のゲラーシモフ、威張り屋の大男マヤコフスキイ、禿頭のお爺さんセラフィモーヴィチ……などと語る。」

雨雀の日記を見ると、二人は朝の三時までその席にいたことがわかる。ロシアのインテリの夜更かしの習慣はまだ健在だった。一〇月二六日には雨雀と完造はふたたびピリニャーク家の晩餐に招かれて、オリガの母や弟に紹介された。一〇月いっぱい、完造は日記の中で「ピリさん」と呼んでいる。

モスクワ　一九二七年一一月

風向きが変わるのは一一月にはいり、革命一〇周年の祝賀行事が過ぎてからである。ピリニャーク一家が越したばかりの新宅に、一一月一四日に何人かの日本人が招かれた。その中には革命記念日の当日モスクワに到着した米川正夫も含まれていた。

指定の時間は午後一〇時である。雨雀と完造は馬車で出かけたが、完造はほげしい歯痛のため途中から引き返した。やがて雨雀もピリニャークの家が見つからなかったといって戻ってきた。「どうもピリニャークには崇られる」と完造はその日の日記に書く。

一二月になって二人は七日、一〇日、一七日とたてつづけにピリニャーク家に招かれた。このうち一〇日の夕食会には、チェーホフの未亡人で女優のクニッペルのほか、カチャーロフ、クリーモフという名優たちが同席した。ピリニャークは病的といえるほど客好きだった。

一七日の雨雀日記に「五時すぎピリニャーク家を訪い、ちょっと不快な光景に接した。あの人の人格がだんだん疑われてきた」とある。完造はこの日の訪問を黙殺しているので、「不快な光景」が何であるか想像もつかない。

一二月二一日にはピリニャークの肝いりで、例のゲルツェンの家で「日本文学の夕」が開催された。米川正夫は日本文学に及ぼしたロシア文学の影響についてロシア語でしゃべり、一週間ほどまえ湯浅芳子と二人づれでモスクワへやってきたばかりの中条百合子が日本の女流文学というテーマで話をした。(「聴衆が少なかったので座ったまま気楽に話せた」と百合子の日記にある。)雨雀も現代日本文学について話す約束で用意していたが、ピリニャークがいつもの「威張った態度でいるのが不快」だとして、登壇を断った。

ピリニャークと雨雀の仲は完全にこじれてしまい、ふたたび修復されることがなかった。雨雀、完造とは対照的に、ピリニャークと米川の間柄はますます親密の度を加えていった。もともと米川はピリニャークには「ロシヤ的な善良さばかりでなく、じつに男性的な、磊落不覊なところ」がある(『鈍・根・才』河出書房新社、一九六二年)として、このロシア作家に親しみをおぼえていた。米川には雨雀に欠けているロシア文学とロシア語についての深い知識があった。年齢は米川がピリニャークより三歳年上で、右に引用した米川の回想記『鈍・根・才』を読むとわかるが、要するに二人はウマが合ったのである。米川は翌年正月一〇日にモスクワを去るとき、オリガ夫人の甥にあたるアナトーリイ少年を東京へ連れていった。雨雀はそのことも気に入らなかったらしい。その子供を「犠牲者のような感じがして見るにたえなかった」と日記に書いている。

一九三二年の春にピリニャークが再度日本を訪れたときには、アナトーリイを連れ戻すことが表向きの理由となっていた。ひと月あまりの滞在中、雨雀は三回ほどピリニャークと会っているが、親しく話し合った形跡はない。ピリニャークが帰国したとき、米川の妹で琴の名手である文子が同行し、半年ほどモスクワのピリニャークの家に住む。ピリニャーク家と米川家は親戚同士のような付き合いだったのである。

だからといって、雨雀とピリニャークの仲に水をさしたのが米川の登場だったというわけではない。雨雀とピリニャークは性格がちがったことはもとよりであるが、思想信条の点でも水と油のように異なっていた。雨雀は社会主義に生涯の夢を託していた。彼には最後まで理想主義的社会主義者のおもむきがあった。他方、ロシア文学史の中で革命の同伴者と定義されるピリニャークは野性的な原始主義と肉体の力を賛美する現実主義者だった。

完造の日記が「右翼ピリ公一派」を「ロシア文壇のネップマン（成金）」と呼び（一九二八年三月四日）、雨雀がピリニャークを「イデオロギーの上では最も幼稚なものしかもっていない」と痛罵したのは（同四月一六日）、本質をよくついたと言うべきである。ピリニャークはもともと労農派に与していたわけではない。

五カ年計画によって社会主義が根づいていくソビエト体制の中でピリニャークは次第に暮らしにくくなる。日本軍の大陸進出や満州国の成立などで、日ソ関係も極端に悪化する。ピリニャークがはやばやとスターリンの大粛清の犠牲となったときの罪状の一つが「日本のスパイ」だったことはいたましい限りである。

浮世の海の波のまにまに

ロシアの自分史

ペテルブルグのロシア文学研究所は、ワシーリエフ島のマカーロフ海岸通りにある。クリーム色の古めかしい建物の最上階を占めているのが古文書資料室で、ここには中世文学関係の文献、とりわけ旧教徒のあいだに伝わったおびただしい古刊本や手書本が収蔵され、その一部がガラスケースの中に展示されている。創設者のウラジーミル・マールィシェフさんが存命のころは、たしかもっと下の階にあった。彼は若いころから北ロシアの農村を歩きまわり、格別の資力もなくほとんど徒手空拳であれだけの文献を集めたのだから驚嘆のほかない。自分自身旧教徒の始祖アヴァクームの研究に全身全霊を打ちこんでいたし、その一途な人柄によって、容易によそ者を受け入れない旧教徒のあいだで絶大な信用を博していたのだった。

一九七二年、この古文書資料室に部厚い手書本が送られてきた。その内容は、小学生が使う学習ノート数冊に角ばった文字でぎっしり書きこまれたある人物のいわゆる「自分史」で、それが一冊にとじ合わされているのだった。マールィシェフはこれを読みおわると、「閲覧禁止」の付箋をつけて書架に収めた。処置を誤ると執筆者に危険が及ぶおそれありと判断したのだ。なにしろ、ノーベル賞に決まったソルジェニーツィンが市民権剥奪を恐れて授賞式に出席できなかったころである。

それから二〇年後の一九九二年、自伝の全文が『ノーヴィ・ミール』誌一月号に掲載された。あたかもソビエト政権の崩壊を待ちかまえていたかのようなタイミングである。ただ残念なことに、著者はその六年前に九八歳の生涯を終えていた。「浮世の海の波のまにまに」という題名は手書本の自伝を整理して発表したグレープ・マルケーロフがつけたものらしい。彼はロシア文学研究所の中世文学部門の研究員で、マールィシェフの弟子の一人なのである。

苦難の一生

イワン・ステパーノヴィチ・カルポフは北ドヴィナ川の中流に沿った小さな村リャーホヴォの農家に生まれた。自作農とはいうものの、貧しい家庭だった。その上、父親が酒飲みで、家財道具を次々と飲み代に替え、ついには自ら首をくくってしまう。

母親はしっかり者で、あつい信仰の持主だった。初子のイワンを生んだときが難産で、もし助かったらこの子をソロフキ修道院へ一年修行に出しますという願をかけた。村の小学校を卒業したイワンは、一五歳のときに修道士の伯父をたよってソロフキ島へわたり、聖歌隊にはいった。母親はイワンが修道院にのこることを望んだが、イワンは母親と弟を養うためにリャーホヴォに戻ってくる。

百姓仕事のかたわら、イワンは指物師のもとへ弟子入りして生計の足しにする。同時に同好者を集めて小さな聖歌隊をつくった。イワンのパートは生涯テノールだったようである。

まもなく人にすすめられて大きな町ヴェリーキイ・ウスチュグにおもむき、主教座に付属する聖歌隊に採用された。数年後、二〇歳をすぎたころに聖歌詠唱者の地位を得る。農民の身分を出て、聖職者の末席につらなったのである。故郷に近いリャブラ村の教会にポストを与えられ、母親をともなって赴任した。

リャブラの教会に在職した一六年間に第一次大戦がはじまり、一〇月革命が勃発し、内戦がひろがり、ソビエト政権による反宗教キャンペーンが猛威をふるう。その間に、イワンは結婚して六人の子持ちとなり、輔祭の位に昇進した。正教会が分裂し「生ける教会」と称するソビエト寄りの刷新派が台頭してプロパガンダに来るが、イワンと教区民たちはこのグループには加わらなかった。

教会への圧力が次第に強まり耕地すら取り上げられるに及んで、イワンは教会をやめてリャーホヴォに戻ってくる。しかし聖職者身分として市民権喪失者に指定されたイワンに対して、故郷の隣人たちの態度は冷たい。コミューンや新しく組織されたコルホーズ（集団農場）には入れてもらえなかった。リャブラ時代に習得した養蜂の技術と指物づくりの腕で辛うじて暮らしを立てる。

一九三六年、白海にのぞむアルハンゲリスクに出て木工場に就職した。アンケートで宗教との関係を問われ、教会奉仕者と答える。翌三七年の末、突然深夜に逮捕されて裁判ぬきで一〇年の重労働を宣告された。北ロシアの森の中での苦役が一年半ほどつづいた末、検事総長ヴィシンスキイ宛てに書いた嘆願書が効を奏したのか、三九年の春に釈放された。

帰郷後リャーホヴォから少しはなれたチェレフコヴォのソフホーズ（国営農場）に養蜂係りとして採用されて一応生活は安定した。四八年には六〇歳に達し年金生活者の資格を得る。一九五五年、六七歳のときにやっと念願の自分の家が完成した。自伝を執筆したのは一九七〇年から七一年にかけてで、そのときイワンは八二歳から八三歳になっていた。

以上がイワン・カルポフのおおまかな履歴である。本を読んだり文章をつづったりする生活とはまったく無縁の生活だったことがわかる。そのカルポフが晩年にいたって筆をとった動機は彼自身が書いた前書と結びの言葉から明白である。

カルポフは自分が選んだ教会奉仕者の仕事に誇りをいだいていた。幼いとき母から祈りの言葉を教えられて以来、キリスト教の神への信仰を一度も失うことがなかった。彼の目から見れば、科学を旗印にかかげ宗教を否定する権力は耐えがたい悪と映ったにちがいない。その権力に対する抽象的な非難の文字はどこにも書かれていないが、彼が身近に接し自分が体験したその権力の冷酷非情な作用は具体的かつ詳細に描き出される。信者でなくともいい、公平な立場の人びとに「ソビエト社会がどのようにしてつくり上げられたか」を知ってもらいたい。そして信者には「教会にどのような迫害が加えられたか」を語り伝えたい。それがカルポフの第一の願いだった。第二に、現代の教養ある人間は幸福のために物質的な富の増大をめざしている。科学の万能を信じている。しかし、自然現象や人の生活の中には科学の理解の及ばない領域もあるのではないか。カルポフはそういうことも主張したかった。『ノーヴィー・ミール』の誌面で六八ページ、日本語に翻訳すれば新書版で一冊になる長い自叙伝を彼に執筆させた原動力はここにあった。

科学が神の摂理に及ばない例証として、カルポフは一六歳のときに見た馬の暴走の夢、受刑中に見た自宅を新築する夢のことを書きとめている。眠りからさめて、前者は一時間後に、後者は一七年後に寸分の狂いなく実現した。さらに、カルポフがリャブラの輔祭だったころ、北ドヴィナの流れの中ほどで巨大な魚、あるいは蛇のようなものがまばゆいくらいの光を発しつつ空中を飛んでいくのを見た。地上から六、七メートルはなれ、シュウシュウ音を立てながら南西の方向へ飛び去った。この現象に対してモスクワの学者が与えた説明は少しも納得がゆくものではなかった、とカルポフは書くのである。

独学の名文家

もっとも、カルポフの執筆の意図が何であるにせよ、読者を驚かせるのは彼の文章の力である。彼の生涯にはいわゆる美文学と呼ばれる文学作品に親しむ機会や余裕があったとは思われないが、彼の書く一つ一つのセンテンスは簡潔で、正鵠を射ている。無駄な形容句は一切用いず、情緒におぼれず事実を淡々と書きつらねていく技術を彼がどこで身につけたか不思議でならない。むろん感情表現が欠如しているわけではない。叙事と抒情のバランスがみごとにとれているのである。百聞は一見に如かず、たとえば次のような叙述。はじめはラーゲリでの体験、つぎは出所後のことである。

トロッコにのったまま、声を上げて泣いた。どこまで自分は不幸なのか。妻は死にかけている。おのれは身ぐるみ盗まれて、はだかはだしになった。何の罪もないのに一〇年の刑期をくらっているのだ……

牢から帰って聞くと、リャブラの教会はまだ閉鎖されないという。そこで懺悔して聖体を拝領しようと思い立った。秋になって一〇月に教会の玄関まで行ったところ、四〇〇プードの鐘を引きおろしたはずみで、石のたたきと階段がこなごなにくだけていた。聖堂にはいると、ミサの最中だった。聖堂の内部は零下五度で、至聖所に鉄のストーブが置かれていた……

カルポフは記憶力に恵まれていた。とても八〇歳をこえた老人とは思えないほどである。節目節目の重要な日付が月日まで省略されずに書きこまれている。たとえば父親の失踪した日（これだけは年は明示されず、単に七月二〇日）、日露戦争のはじまった日、妻との見合いの日、右に述べた北ドヴィナ川の怪物を見た日（一九二七年九月二四日午後四時）、自分が逮捕された日と釈放された日、などなど。日付がすべて正しいかどうかは別として、カルポフがあらゆる事実を正確に書きとめておこうと努力していることははっきりしている。

ことは日付だけにとどまらない。数もよくおぼえていた。子どものころ、生家のあるリャーホヴォから教会のある最も近い村チェレフコヴォまで大斎期の懺悔に出かけるとき二コペイカのこづかいを与えられたこと、同じころ仲間と連れだって村中クリスマス・キャロルを歌ってまわり八〇コペイカを集めて自分が一五コペイカの分け前を得たこと、リャブラの聖歌詠唱者として赴任するとき祭服を新調するのに八ルーブリの借金をしたこと、リャブラでの聖歌隊が復活祭でのミサで人気を博して九ルーブリ八〇コペイカの寄付が集まったこと、一九二四年に近くの町クラスノボルスクで反宗教討論会が開かれたさい正教会から九人の司祭が出席し、無神論側の弁士は一五人だったこと、などなど具体的な数字にこだわりを示している例は枚挙にいとまがない。のちに養蜂を生業とするようになると、何年には蜜蜂の巣箱をいくつ作ったか、その巣箱から蜂蜜が何プード、あるいは何キログラム採取できたかなどにいたるまで、かならず数字が挙げられている。カルポフは一徹な上に実に几帳面な性格であったにちがいない。

カルポフがペンをとって机に向かったときの動機はたしかに信仰擁護であり、ソビエト社会ひいては現代文明の批判であった。この自伝に描かれる彼自身の暮らしは限りなく貧しく、またロシア農民の生活と性格は暗黒面だけが強調されている。それはカルポフのはじめからのねらいだった。彼自身は旧教徒ではなかったが、この点では一七世紀のアヴァクームをはじめ旧教徒たちが書きのこした自伝的な記録類とカルポフの自伝の書きぶりは共通している。

しかし彼は苦しいこと、悲しいことだけを筆にしたのではなかった。赤貧洗うがごとき暮らしの中でも母親からロシア文字のアルファベットを口移しに教えられたこと、ある年のクリスマスには夜の一二時から翌日の正午まで夢中になってキャロルを歌いながら家々をまわってあるき、とうとう声がつぶれてしまったこと、などの思い出をつづるときは、彼の心もなごんでいたにちがいない。チェレフコヴォをはじめとする大小の村や町で定期的に立った市を描写するカルポフの筆使いも伸びやかである。たしかにカルポフの長い生涯は貧困と不幸と屈辱の連続であった。しかし年金生活者となり、身辺にやや余裕を得て過去を振り返ったとき、はじめは予期しなかったにせよ、明るい思い出もよみがえってきたのである。カルポフが記録した北ロシアの農民の習俗の中には、すでに消滅したものもあれば、なお生きのこっているものもある。たとえば、盲目の霊歌うたいたち（カリーキ）が施しを求めて村々をまわる姿はもう見られないであろう。飲んだくれの父の失踪は森の精（レーシイ）のかどわかしとされ、馬の病気は家霊（ドモヴォイ）の仕業と見なされたというが、それと似たような俗信は今も生きていそうである。一九二〇年代の末にコルホーズが出来てからも、村人たちは失せ物があればそのありかをコルドゥーン（辞書では「魔術師」とある）に訊ねていたという。深い森の奥には今も魔術師と見なされる人びとが命脈を保っているかもしれない。このような点ではカルポフの手記の資料的価値も大きいのである。

ロシアの自伝文学の源をたどればキーエフ時代の支配者ウラジーミル・モノマフ公にまでさかのぼる。しかしロシア文学の長い伝統の中でも、正真正銘の庶民の手になる本格的な自叙伝は他に類を見ないのではあるまいか。マルケーロフが指摘しているように、比べられるものとしては、一部のトルストイ主義者の回想やアヴァクームの自伝があるくらいである。
イワン・カルポフの自伝はロシア文学における一つの奇蹟のように思われる。

夢見る農民

森の中の知識人

北ロシア随一の大河は、白海に流れこむ北ドヴィナ川である。その支流の一つがヴィチェグダ川で、その流域の大半はフィン系の民族コミ人が住むコミ共和国に属している。

イワン・ラスィハエフは一八七八年ヴィチェグダ川の中流に沿う集落ウスチ・クロムの農家に生まれた。九歳のときから四年間小学校に通ってロシア語の読み書きを学んだ。彼の教育は小学校の卒業をもって終わりを告げたが、その後も百姓仕事の合い間に勉強を絶やさなかった。書物の大部分は借りて間に合わせた。必要ならば、自分のノートに書き写したり、抜粋をつくったりしたのである。

イワンが書きのこしたものの大部分は現在コミ共和国の首都のシクティフカルにある国立博物館に収められている。北ロシアの森の中にうもれていた農民知識人の遺稿を発見したのは、ペテルブルグの科学アカデミー図書館の歴史家A・アモーソフのひきいる調査隊だった。

イワン・ラスィハエフは第一次大戦のさいに召集されウクライナを経てオーストリア戦線へ出征したとき以外、コミをはなれたことがなかった。知的な関心を共有する友人が周囲にいた気配もない。にもかかわらず、イワンの胸の中には知識への情熱が絶えず燃えたぎっていたようである。彼が抜き書きした書物のうち主要なものを挙げれば次のとおりである。

コミの郷土誌五点。各種のコミ・ロシア語辞書。古典古代史とヨーロッパ中世史と近世ヨーロッパ史。世界地誌とトルコ帝国地図、ヨーロッパとアジアの地図、パレスチナとヨーロッパ・ロシアの地図。博物・天文学・数学関係一〇点。最も量の多いのが宗教関係で、福音書、祈禱書、聖歌集、聖者伝など多数。文学作品の筋書はプーシキンの『ルスランとリュドミラ』と『大尉の娘』、マーク・トウェインの『王子と乞食』(これはコミ語)、その他五点。

生い立ち

イワン・ラスィハエフはコミの農民としてごく平凡な生涯を過ごした。変わっていたのは、書物を読んだり書き写すのが好きだった上に帳簿をつける技能を身につけていたことと、一九〇二年から一九五三年にわたってとびとびの日記を書きつづけたことである。一九九七年にモスクワで出版されたその記録にもとづいて、彼の生涯をスケッチしてみよう。

壮年時代のラスィハエフ(写真)

若いときにはこの土地の農民がだれでもそうするように、雪のある冬の間に森から木を切り出し、春になると一五〇キロあまり下流にあるウスチ・シソーリスク(シクティフカルの旧名)まで、筏流しをした。それが主要な現金収入の道だったようである。そのほかに、村役場や郡役所で書記に雇われることもあった。そうした収入で二二歳のときにカフタン（一二ルーブリ）を、二四歳で背広（価格不明）を新調し、それから八年後に丸型の柱時計（一一・五ルーブリ）を買った。それらはいずれも特筆すべき事柄だったのである。

イワンは長男で、下に妹が二人、弟が三人いた。妹の一人が嫁に出たあとの一九〇二年に、同じ村の娘のエカテリーナ（カーチャ）と結婚した。イワンは二四歳、妻は三つ年下だった。気立てのいい働き者で、それから五〇年間、幸福な夫婦生活を送る。婚礼をあげて二年目に新しい家をつくりはじめた。一九一〇年に財産を分けてもらい分家したのは、すぐ下の弟が結婚して両親と若夫婦を交えた大世帯の暮らしに波風が立ちはじめたからであった。

その年から一九三二年まで、出征した三年を除いて、毎年の穀物の収穫と作柄がかならず記入されている。一九二三年を例にとれば、次のような具合である。雨がちの天候のために作柄は不良。収穫量は大麦三八プード（播種量の五倍）、小麦二二プード（同七倍）、ライ麦一三プード（同五・五倍）。合計七三プード（一プードは一六・四キロ）。夫婦してこれだけつくっていたのである。豊作の年には取り入れが一〇〇プードを超すこともあった。

ウスチ・クロムの農民は概して自作農で、北緯六二度という高緯度にあっても主食の自給自足は可能だったらしい。むろん、麦のほかにジャガイモもつくっていた。

人生の試練

ロシア史の中でもとりわけ激動の時代に生まれ合わせたのがイワンにとっての不幸であった。

まず第一次世界大戦である。二二歳のときの徴兵検査で、彼は甲種合格していた。大戦がはじまって二年目の一九一五年五月にイワンは召集令状を受け取る。三七歳という中年兵だったが、オーストリアの前線へ駆り出された。この年の秋から冬にかけては塹壕にこもって敵と対峙していた。翌年の一月、味方の兵士の不注意のため一発の爆弾が至近距離で破裂する。イワンは両脚に重傷を負った。その後彼は右足のクルブシあたりが不自由になって、そのハンディキャップは一生彼につきまとうことになる。

傷病兵として除隊となり帰宅する途中で、イワンはセルギエフ・ポサードの三位一体大修道院に参詣し、ついでにコストロマー県ガーリチ市の尼僧院に立ち寄った。父方の叔母が剃髪してそこに暮らしていたからである。当時の男たちにとって出征は命がけの勤務である反面、トゥーリズムのための数少ない機会も提供していたことがわかる。

一九一八年には革命の余波が北の僻地にも及んできた。ウスチ・クロムでもボリシェヴィキ派が権力を確立し、一時イワンは共産党の活動家になるが、信仰心を精算できない分子としてまもなく除名された。休日ごとに教会へ行って賛美歌をうたうのが彼にとって何よりの楽しみだった。翌年の秋には白衛軍が来襲して共産党員を銃殺したり、逮捕したりしていく。イワンもシンパとして捕まりずっと北にあるペチョラ地方へ拉致されたが、さいわい半月ほど監禁されただけで釈放になった。春になると赤軍が到来して白衛軍を撃滅した。ショーロホフが『静かなドン』で描いたような情景がここでも展開したのである。

一九二〇年代は比較的平穏な日々がながれた。イワンと妻のカーチャは農作業に精を出すが、あまりにも北寄りの土地柄であろう、収穫量は実に不安定であった。豊作の一九二九年には一六四プードの取り入れがあったのに対し、その前年の不作の年は三八プードという成績だった。一九三三年以後の収穫量は記録がなくなる。集団化の嵐の中で土地が取り上げられたためである。

当初イワンは村の中で仲間はずれとなり、あやうく富農として逮捕されそうになるが、弟の忠告もあって人前では宗教のことを話題にしないという一札を入れた上で、やっとコルホーズに入れてもらう。一九三三年の春に「コルホーズでの生活はつまらない。仕事に張り合いが出ない。作業は命令されてやるだけ」とローマ字表記のロシア語で書いたあと、イワンはロシア語からコミ語に変えて手記を書きつづける。五〇歳代の半ばからイワンは母語であるコミ語に回帰したのである。(コミ語の部分はロシア語訳がつけられている。)

子どもたち

イワンとカーチャには九人の子が生まれたが、成人したのは三人だけだった。三人とも教会の儀式によらない「市民結婚」をした。両親は反対したけれども、時代は変わっていた。娘たちは勝手に夫と定めた男のもとへ走り、二人とも夫に捨てられた。長女は念入りに二度も失敗した。一九二〇年代に彼女がはじめに離婚したときには、訴訟をおこして持参金と結婚支度の大半を取り戻した。次女の場合には持たせる物がなくなっていた。

長男は第二次大戦に召集され、極東へ送られた。終戦後満州で脚に負傷して戻ってきた。それから人が変わったように酒を飲みはじめ、手のつけられない飲んだくれになった。親の世代に比べて、子どもたちの家庭生活がいずれも悲惨な結末をむかえる経過をイワンは詳細に書きしるしている。子どもたちの不幸はイワン夫婦にとって内戦や集団化政策よりもっと深い痛手だったろう。世間の人情が変わった元凶は神を忘れたソビエト社会にある、とイワンは信じていたにちがいない。

夢のおとずれ

イワン・ラスィハエフの手記は彼の結婚の直前にはじまって妻の死の翌年までつづいていて、あたかもこの一家の年代記という観を呈しているが、他面自らが見た夢を随所で詳しく記述している点でごく個人的ないわゆる「自分史」の趣きもある。

イワンが記録しているかぎりで、彼の夢に最もしばしばあらわれたのはイエス・キリストと聖母マリア、それに聖者たちである。

一九〇五年に見た三位一体の夢はイワンの心にとりわけ深く焼きついた。父なる神と子なるイエスが左右に並んで立ち、中央に聖霊を象徴するハトが翼をひろげている夢の絵をイワン自身がノートに描いている。(彼には絵ごころがあって、色エンピツや紫色のインクを用いた絵をたくさんのこしている。)神や聖者たちはいつも光り輝いており、イワンは夢を見たあと数日間は浮世の苦労を忘れ、至福の境地にひたるのだった。

四世紀の教父の一人、金口《きんこう》ヨハネが彼の守護聖者だった。ヨハネはロシアでイワンと呼ばれるのである。一九一〇年に新居へ移る前夜にこの聖者がイワンの夢にあらわれ、彼が教会へ熱心に通い聖歌をうたうならば、平穏無事で幸福な暮らしと家畜の繁殖はまちがいないと約束してくれた。入営して前線へ送られる直前には、年のころ五〇から六〇歳で赤ヒゲがまばらに生えた男が夢に出てきて、イワンが負傷することを予言した。「軽傷か重傷か」と尋ねると、少し口ごもって「傷は重い」と答えた。つくづく顔を見ると、イコンに描かれる金口ヨハネであった。イワンは家に戻ることができれば、教会通いに精を出すことを誓った。

イワンのような篤信家にとっては、当局による教会弾圧がとくに大きな苦痛だったようである。共産党の政府は国中で活発な反宗教宣伝を組織した。戸数五〇〇、人口二五〇〇のウスチ・クロムの集落に建っていた三つの教会が、次々と閉鎖されていった。三つの教会のうちの一つは食堂となり、もう一つは倉庫に変えられた。

一九二四年の聖母庇護祭（旧ロシア暦一〇月一日、現在の一〇月一四日）の前夜にイワンは次のような夢を見た。イエスが逮捕され、ピラトの邸で自分を神と称した罪状をみとめるように迫られている。イエスは文字を知らないので、役人たちはそばに立っていたイワンに代理の署名をするよう求める。イワンは乱暴な口調で「それでもいいかね」とイエスにたずねる。イエスがうなずいたのでイワンはこう書く。「イエス・キリスト文盲につき、代わりにイワン・ラスィハエフ署名。」目がさめてから、イワンは自責の念にさいなまれる。このころ彼はソビエト側について働き、教会通いをなおざりにしていたのだった。

イワンが書きとめている最初の夢は花嫁の夢だった。婚礼を挙げる直前、夢の中にカーチャがあらわれてイワンがはめていた指輪を求めた。イワンはすぐさま指輪をはずして彼女に与えた、というのである。

イワンの手記の掉尾をかざっているのもカーチャの夢である。コミの農民知識人の晩年はすこぶる孤独なものだったらしい。五〇年連れそった妻が一九五二年に世を去ると、七四歳のイワンが息子夫婦と一人の孫娘のもとにとりのこされた。その息子は酒乱気味で、当然家族との折合いも悪い。イワンの手記の最後の数ページは「亡妻を恋うる記」とでも名づけられそうで、哀切をきわめている。今や彼を慰めてくれるのは夢に出てくるカーチャだけである。ある日イワンが家にいると、カーチャが戸口からはいってきた。胸に抱きしめて「カーチャが帰ってきたぞ」と叫ぶと、妻は「わたしはいつもこの家にいるのよ」と言った。野原で干草を積んでいたり、大麦や小麦を脱穀していたり、あるいは糸を紡ぎに隣家へ出かけたりする姿を見ることもある。イワンと手を取り合い、頭をイワンの左脇にもたせかけて、村の中を散歩することさえある。本の中にカーチャの写真はないが、彼女は小柄だったらしい。

イワン・ラスィハエフの手記はここで途切れている。それから彼はさらに一六年生きて、一九六八年に九〇歳で亡くなるのだが、最晩年を彼がどのように過ごしたか、残念ながら手記の刊行者たちは何も語っていない。

コミの旧習

結婚式

イワン・ラスィハエフは一九〇三年二四歳のときに、自分と同じ村の娘エカテリーナ（つまりカーチャ）と結婚した。花嫁は三歳年下だった。その前年、すぐ下の妹を嫁に出したあと、「両親が私を結婚させたいという希望を表明した」とイワンが自分の手記の中に書いている。こういう言い方は、それより二三〇年ほど前に書かれたアヴァクームの自伝とよく似ている。「母は私に妻をめとることを望んだ」というのが一七世紀の司祭アヴァクームの有名な自伝の一節なのである。（彼の父は早く亡くなっていた。）

家父長制が確立していたロシアの家庭では、若者が自分から結婚したいと言い出すことは不謹慎と考えられていたのであろう。同じ村に住んでいたならイワンとカーチャは少なくとも面識くらいあったと想像されるが、結婚前の交際の程度についてイワンは何も書いていない。

婚礼の式次第は次のようなものだった。以下はイワンが書いているとおりである。「土地の習慣にもとづいて一月二五日の夕方にわれわれは花嫁の家へ出かけた。カーチャは私と私の身内の者たちに贈物をした。結婚の儀式が行なわれたのは一月二七日の月曜日だった。この日は風がつよく、一日中雪が降った。まず午前中にわれわれは行列をつくって花嫁の家へ向かった。花嫁はしきたりどおりに身支度をし、一緒に教会へ行った。ペトロパウロ教会の司祭ニコライと輔祭アレクサンドルが式をとり行なった。指輪を交換するとき、指輪は宝座の上に置かれていた。……式が終わると妻の実家へ行って、そこで夕方まで酒宴があった。暗くなってから自分の家に向かった。家にはいるとき、神棚の中のイコンの前にロウソクがともされていて、イコンが光って目にまぶしいほどだった。」イワンの住むウスチ・クロム村は五〇〇戸、二五〇〇人ほどの住民から成っていた。北ロシアの標準でいえば、村というより、町や市に近い規模である。集落の中央の広場に教会が三つ並んで立っていた。イワンとカーチャの結婚式は当時のロシアの農村でごく普通の慣習に則って挙げられたようである。

この夫婦のあいだに生まれた娘を嫁がせるとき、イワンは相当な持参金と嫁入り支度を与えた。手記からその内容が判明するが、カーチャの持参金や嫁入り支度については不明である。また花婿側が結納として何を与えたかも書いていない。

愛書家

イワンはコミ人だった。コミはフィン系の民族で、古くはズィリャンと呼ばれた。コミ共和国は北ロシアの東寄りの広大な土地を含んでいるが——その面積は日本全土の面積を上回る——、人口は一三〇万たらずである。しかもそこの住民の大半はロシア人で、原住民のコミ人は一五万人ほどである。

イワンは九歳のときから四年間小学校に通って、ロシア語の読み書きをおぼえた。結婚した年から日記風の手記をつけはじめて、約半世紀その手記を書きつづけた。そのノートがのこったおかげで、われわれはコミ農民の生活の内側をうかがい知ることができるのである。

イワンは勉強好きの青年だった。父方の叔母がコストロマー県の尼僧院で剃髪して、尼さんとして暮らしていた。このアントニーナ叔母が結婚祝いに救世主のイコンと聖母マリアのイコンを送ってよこした。一九〇一年にイワンは『ウスチ・クロムのペトロパウロ教会縁起』という小冊子を手に入れ、筆写してから印刷された原本の方を叔母さんに送ったが、一九〇二年には次のような書物を手で書き写している。『聖書物語』（挿絵入り）、『動物学略解』、『植物学略解』、『アレクサンドル・スヴォーロフ将軍』（偉人伝シリーズから）、『初歩数学問題集』、『ズィリャンの地の自然』（画集）。やはりこの年の五月から六月にかけて木材を筏に組んで浮送し、多分その収入の一部をさいてロシア語の新約聖書と詩篇を一ルーブリで購入した。それやこれやで、イワンはすでにかなりの蔵書を所有していた。それらの本をしまっておくために、彼は特別に書棚をつくった。むろん、自分の手でつくったのである。そこには右に挙げた書物のほか八冊からなる聖者伝集、六冊からなる聖者伝集、さらにペルミの主教ステファン聖人伝、聖アレクシイの伝記のほか、英語から訳された『ロビンソン・クルーソー』の手書きの抜粋などがおさめられた。イワンが母親から最初に聞いた言葉はコミ語であったと思われる。ロシア語の読み書きは小学校で学んだと書いていることを疑う理由はない。面白いのは、ロシア語で書きはじめた手記の言葉がときどきコミ語に変わり、五五歳の一九三三年以降は完全にコミ語で書かれるようになることである。

一九三〇年代の初期に強力にすすめられた集団化政策や親不孝な子どもたち——二人の娘、一人の息子がそろって両親の祝福と教会の儀式をともなわない結婚をし、娘たちは離婚し、息子は手のつけられない飲み助になっていた——のために、イワンの後半生は仕合せだったとは思われない。逆境の中では、習いおぼえたロシア語よりコミ語の方が使いやすかった理由はうなずける気がしないでもない。もっとも、イワンは手記の中で民族的差別を受けたとして苦情を述べているわけではない。

助け合い

結婚してまもなくイワンは新しい家を建てることにした。手記によれば、一九〇四年一一月の着手である。翌一九〇五年の五月に屋根をつけた。一階の内装が仕上がるのは一九〇八年である。一九一〇年の九月にやっと新居が完成し、それまで同居していた両親の祝福を受けて引越しを行なった。この年に土地を含めて財産の一部を分けてもらい、いわば分家したのである。

建てはじめて転居までに六年かかっている。人手はほとんど借りなかったことであろう。大工仕事や指物の腕は北ロシアの森に住む成人男子にとってごく常識的な技能だったらしい。

ところがイワンの家は、一九二一年の春に改築を迫られた。もともと湿気の多いところに建てたのが災いして根太がくさり、家全体が前方にかたむいたのだという。たぶん土台の工事がしっかりしていなかったのだろう。六月までに大修理がおわったが、工事は延べにして九〇人の労力を要した。そのうち三〇人分は「加勢」で、のこりは日当を支払うか「労働交換」にしたのだという。「加勢」は親類や隣人による無償の援助、「労働交換」というのは労働力の貸借すなわち手間貸しのことを指すのであろう。わが国の「結い」のような相互扶助の組織が存在したにちがいない。

コルホーズがつくられるより一〇年も前の話である。

詩篇で占う

家の改築にあたって、イワンは占いをたてた。手記の前後はロシア語なのに、この部分だけはコミ語で、イワンは次のように書く。

何か大きなことをするとき、たとえば嫁を迎えるとか娘を嫁がせる場合、神意を知るために頭の上で詩篇を開いてみるがよい。家を建て直すにあたって、詩篇をあけてみるとこう書かれていた。《汝がみずからの手もて為さんとすることはいと善きことなり。主は汝の仕事を助け、幸福な生活を与えられん。穀物もバターもミルクも神の家におけるがごとく満ちたりて暮らすことができるであろう。汝は長生きをし、毎朝毎晩神をたたえるであろう……》

イワンの手記の刊行者は手記のこの部分に注釈をつけ、占いに詩篇を利用するのは中世以来ロシアで広く行なわれたことで、コミ人のあいだにも伝わっていたことがわかる、としている。ただし、旧約聖書の中の一書である詩篇にイワンが引用しているような章句がそのまま見られるのではないようである。ロシア語では同じように「プサルティリ」と呼ばれても、詩篇とは異なったテキストがイワンの手もとにあったにちがいない。

教会通いについては、ソビエト政権が宗教弾圧を次第に強化していったおかげで、賛美歌を自由にうたえる雰囲気ではなくなった。神さまの予言はかならずしも実現しなかったのである。

家分け

一九一〇年の春、まだ復活祭前の大斎期間中から、イワン夫妻は両親と分かれて暮らすことになった。同じ敷地内に建てかけていた新宅が完成に近づいていた。イワンは三〇歳を越えたばかりのころである。

彼が受け取ったのは財産の約四分の一であったという。そのとき弟が二人、未婚の妹が一人同居していたから、この地方では親の財産を子どもたちが平等に分け合う風習があったものと想像される。

イワン夫婦の持ちものになったのは次のようなものである。穀物三〇プード（うち種まき用が一〇プード。一プードは約一六・四キロ）、家畜では五頭の乳牛のうち一頭と、生後三カ月のその仔牛、五歳になる赤毛の去勢馬と羊が四頭（これはとくにカーチャのもの）。家財道具では樽が二個と小型の銅の鍋。ジャガイモ一〇プード、食肉三五フント（一フントは〇・四五キロ）。

分家してから樽、桶、皿、スプーンなどこまごましたものを買い求めなければならなかった。

むろん、農民にとって大切な生産手段である畑も分けてもらった。いわゆる「分与地」は八分の五人分だった。どういう計算でこのような数字が出てくるのか、私には分からない。注に説明もない。分与地とは共同体が集団的に所有していて定期的に成員のあいだで割り替える土地である。イワンの持ち分となったのは四枚の畑で、その広さの合計は五四九平方サージェン（約二・五反か）であった。そのほかに新宅に付属する菜園と、イワンが個人的に森の中に開墾した六〇〇平方サージェンの畑がイワン夫妻の所有物になった。こちらの畑はさきざき共同体に返却する必要がなかった。（のちに、コルホーズに取り上げられてしまう。）

日記によれば、イワンはこれほど早い世帯分けを考えていなかったらしい。すぐ下の弟が結婚した結果、一つ屋根の下に三組の夫婦が同居することになり、家の中に「不和」が生じたのが主要な原因だった、とイワンは書いている。どれほど人情が素朴で風光明媚な土地柄であっても、人間社会であるかぎり、人間同士の感情の衝突や理解の行き違いは避けがたいものであった。

筏流し

イワンが生まれ育ったウスチ・クロムはヨーロッパ・ロシアのすこし大きな地図なら載っている。北ロシアの大河北ドヴィナの支流の一つであるヴィーチェグダに沿った集落である。大きな町だからというわけではない。コミ共和国はロシアの中でもとくに人口が稀薄なので、地図に余白が多いから戸数五〇〇程度の集落が記載されているのである。

イワンは二〇代のころ、ウスチ・クロムから一五〇キロあまりヴィーチェグダ川の下流にあるウスチ・スィソーリスクまで筏に組んで木材を流した。北ロシアの森の中の産物といえば、石油、石炭、天然ガスなどの鉱産物を別として、ほとんど無尽蔵ともいうべき木材である。雪にうもれた厳冬に木を切り出し、川の氷がとける春に浮送を行なう。イワンは毎年ウスチ・クロムからウスチ・スィソーリスクまで筏に乗った。この記述から判断すると、ウスチ・スィソーリスクから先は別のクルーが筏に乗り込んだようである。駅継ぎのような方式で流されていたのだろう。一五〇キロあまりの距離を幾日かけて下ったものかわからないが、逆にスィソーリスクから自宅へは丸二日かかって汽船で遡っていることがわかる。支流とはいえ、一一三〇キロメートルの全長をもつヴィーチェグダは相当な大河なのである。(ちなみに日本で一番長い信濃川は三六七キロにすぎない。)

さて、そのウスチ・スィソーリスクである。もともとウスチは河口の意で、ウスチ・クロムの場合はクロムという川が本流のヴィーチェグダに流れこんでいる場所をあらわす。ウスチ・スィソーリスクは支流のスィソーラ川がヴィーチェグダに合流する地点につくられた町だった。今の地図にこの町の名が見あたらないのは、一九三〇年にシクティフカルと改称されたからである。歴史的にみると、ここはまず最初にズィリャンスキイ・ポゴストと呼ばれ（聖ステファンがズィリャン人のあいだにキリスト教を布教したのは一四世紀のことだった）、エカテリーナ二世の治世の一七八〇年にウスチ・スィソーリスクの名が与えられた。それでも帝政時代は行政的には西どなりのヴォログダ県に含められていた。ソビエト時代になって自治共和国の地位を与えられた。

地名辞典によると、シクタフはコミ語でスィソーラ川のこと、カルは町を意味するという。ソビエト期の初期にはペテルブルグからレニングラードへの場合のように、革命の功労者の名を古くからの都市に冠することが流行したけれども、コミ人の中には革命や内戦で武名を挙げる者があらわれなくて幸いだった。一九九三年の統計ではシクティフカルの人口は二四万三〇〇〇人で、総合大学と教育大学をもっている。

とは言っても、コミ共和国内の人口構成はロシア人が五六パーセント、コミ人はその半分以下の二五パーセントであるから、コミの方が圧倒的にマイノリティになっている。

シクティフカルとはいかにもロシア語らしくない響きをもった地名である。本題とは無関係な事柄だけれど、この町で出版された書物を私は一冊だけもっている。一九六〇年に出たウラジーミル・イワーノヴィチ・マールィシェフ編『一六―二〇世紀のウスチ・ツィリマの写本文集』である。ウスチ・ツィリマはシクティフカルの真北四五〇キロほどにあり、北ドヴィナと並ぶ大河ペチョラの中流に沿った都市である。マールィシェフの本のおもな内容は、ロシア人旧教徒が書き継いだ写本類である。北極圏に近いこのあたりには政府による弾圧を逃れて旧教徒が多く住みついたのだった。イワン・ラスィハエフ自身は明らかにロシア正教会の信者で旧教徒と一線を画していたはずであるが、身体あくまで強健で勤勉でいくらか御幣かつぎで、しかも本好きという点では旧教徒と驚くほど似かよっていた。

エリー湖のほとり

旧教徒ロイ・ロブソン

博士号をとったのが一九九二年だから、ロイは文句なしに新進の研究者の部類にはいる。年はまだ二〇代の半ばを過ぎてはいまい。一九九五年には『近代ロシアにおける旧教徒』を発表して研究仲間を感嘆させた。これは、一七世紀半ばにロシア正教会と袂を分かった旧教徒グループ（いわゆる分離派）の信仰と生活が二〇世紀初頭の時点でどのような様相を呈していたかを詳細に追究した出色の著作なのである。ロイの強味は、彼自身がアメリカに移住した旧教徒の家系につらなっていることである。

北米大陸の五大湖の一つにエリー湖がある。このエリー湖に面した港町エリーに旧大陸から旧教徒が集まりはじめたのは、一八八〇年代のことだった。ロシアを追われてポーランドの北東の端にあたるスヴァルキに一旦移住していたポモーリエ派、そのほかにはベラルーシの首都ミンスクの周辺を故郷とする同じ宗派の旧教徒がとくに多かった。ロイのおじいさんはポーランドの出身だった。一九九二年にワルシャワの近郊で旧教徒学会が開かれたとき、今も旧教徒が住むスヴァルキの村へ日帰りの視察旅行があった。会議に参加して巻舌の英語でエリー共同体の近況を報告したロイは、その村でおじいさんの弟の子孫、つまり又いとこたちとめぐり会い、固く抱き合っていた。

私がはじめてロイと知り合ったのはそれより早く、一九九〇年にノヴォシビールスクで学会が開かれたときだった。プログラムを繰ってみると、ロイはこのシベリアの会議では報告をしていない。まだどこかの大学の院生の身分だったにちがいない。それでもロイが旧教徒の血をひいていることはそのころから専門家のあいだに知れわたっていた。ショートカットの髪型をしてきさくで明るい人柄はヤンキー気質まる出しといってよかったし、旧教徒の末裔でありながらロイ・レイモンド・ロブソンと名前のほうはすっかりロシア人ばなれしているところから、彼は人びとの注目をひく資格を充分にそなえていた。

エリー共同体の変貌

そのエリーで開催された国際旧教徒会議と平行して、エリー市海洋博物館で百年にわたる旧教徒共同体の歴史を物語る写真や古文書などゆかりの品物の展示が行なわれていた。その説明用のカタログに書かれたロイの文章とポーランドの会議での報告などを参考にして、エリー湖畔のロシア人社会の歩みをふり返ってみよう。

一九世紀の末から二〇世紀のはじめにかけて、相当数のロシア人旧教徒が移民船で米国にわたってきた。彼らの主要な落ち着き先はペンシルヴァニア、ミシガン、ニュージャージーであった。ペンシルヴァニア州西部のエリーが一つのセンターに成長したのは、この町にGEの大きな工場やいくつかの製紙工場があったほか、石炭や鉄鉱石や穀物の重要な積出港だったことによる。旧教徒は労働者として生活の資を得ることになったのである。

エリーの教会付属文化会館の壁の絵。古いロシアの村の情景を描いている。

入国のさいに彼らは早速名前を米国風に読みかえられていた。イワンはジョンとなり、姓もマケドンスキイはマクドンソン、シチェルバコフはステルバコと、アメリカ人に発音しやすいように身分証明書に書き込まれた。

一九三五年、雑誌『ナショナル・ジオグラフィック・マガジン』が特集を組んだとき、エリーに住むロシア系旧教徒の数は二〇〇〇人、男はヒゲを剃らず、女は常にスカーフをかぶっていると紹介された。結婚相手も同じ信仰をもつ仲間うちから選ばれていた。彼らの生活を根底から変えさせるキッカケとなったのは第二次世界大戦である。動員された兵士は軍隊の中で強制的にヒゲを剃らされた。日常生活で用いられる言葉はすべて英語になった。独自の儀礼による礼拝のための時間は皆無となった。同じような世俗化の風潮は銃後にのこった家族にも及んだ。若者や娘たちは配偶者を選ぶさいにもはや信仰や出身民族を問わないようになった。一九六〇年代から七〇年代前半にかけて、エリーの旧教徒たちの宗教活動はいちじるしく鈍化した。

その反動が七〇年代の後半になってあらわれる。米国内のマイノリティ・グループが文化的な帰属意識に目覚め、それぞれのルーツさがしをはじめたのである。旧教徒のあいだではその運動は信仰の再生という形をとった。ロシア系住民の共通項＝アイデンティティとして、移民一世のもたらした宗教が頼りにされたのだった。

人びとは教会に戻りはじめた。そこで障害となったのは言葉である。旧教徒の意識はあっても、大半の人びとはロシア語を忘れていた。教会での祈禱にさいしてすべての参列者にわかる英語を用いるべきか、それとも一部の老人にしか通じない教会スラヴ語を使用すべきか、一九七八年に信徒全員の投票が行なわれた。このあたりはいかにもアメリカ流のやり方である。結果は英語派が七五％、スラヴ語派二五％と出た。エリーのキリスト生誕教会ではそれから英語による祈禱が行なわれることになる。旧教徒の教会としては前代未聞の現象である。

それから四年後に、今度は教会に聖職者をおくべきかどうかが問題になった。もともとポモーリエ派は旧教徒の中でも僧侶の権威をみとめない無僧派だった。正教会から分離してから主教の位階をもつ聖職者が跡をたち、その結果として司祭の叙任が行なわれなくなったという事情があった。信徒の中から長老が選ばれて、必要な儀式を執行していた。エリー共同体の中のその長老が、一九八二年に四〇人からなる檀家の委員会に聖職者を復活させるという議題を諮問したのである。

ロイの話によると、この委員会ではずいぶん深刻で根源的な議論が交わされたらしい。三〇〇年前のニーコン総主教による典礼改革の違法性から議題とされたという。五カ月の審議の末、四〇人委員会は在外ロシア正教会の傘下にはいって主教以下の聖職者を置く、という議決に達した。投票の結果は賛成二四、反対七、棄権二、欠席七だった。

反対派はただちにキリスト生誕教会を出て、つい目と鼻の先に三位一体教会を建てた。そこではあくまでポモーリエの無僧派の伝統を守り、今でも昔ながらのミサが行なわれているのである。聖職者を回復するといっても、エリーの旧教徒たちは総本山から派遣されてくる坊さんを迎え入れることを決めたのではない。モスクワにある正教会が一九七一年に旧教徒への呪詛を解いたのにつづいて、在外ロシア正教会も一九七四年に旧教徒との和解をすすめる方針を主教会議で打ち出していた。後者への統合にあたって、エリー教会は主教以下の聖職者を教区の信徒が選ぶ権利、教会財産を自ら管理する権利、さらに在外ロシア正教会から脱会する権利すら留保したのである。長老が最初の主教に叙聖されたことは言うまでもない。

アニタとジョー

会議では報告の合い間合い間に休憩時間があり、飲みものとつまみはセルフサービスだった。おやつはピロシキや各種のクッキーなどで、その一隅にはロシアの雰囲気がただよっていた。最初の日にピロシキを運んできた小柄でエネルギッシュな老婦人が耳もとで「わたしはロイのママですよ」と私に言った。気がついてみると、彼女はお茶やコーヒーのポットに湯がはいっているかどうか、紙コップは足りているか、クッキーの皿は空いていないかと、絶えず忙しそうに会場の扉を出はいりしていた。驚いたことに、ロイの母親のアニタは英語以外は話さなかった。アニタの手伝いをしている好人物らしい父親のジョーも同じだった。ロイのロシア語は母語ではなくて、学習した言語だったのである。

エリーの旧教徒にとっては大聖堂に相当するキリスト生誕教会は、数年前に火災があって新しく建て直されたばかりであるが、すべてのイコンと壁画にキリール文字と英語の二通りの文字が用いられた。市内を一〇分ほど車で走って見学に行くと、待ちかまえていた若いセオドア神父が正教会の歴史を淵源にまでさかのぼって説明してくれたが、その言葉は首尾一貫して英語だった。ロシアから来た学者たちのためには通訳が用意されていた。

教会と道路一つへだてて文化会館が立っていた。その中央ホールにはバスケットボールのゴール板が左右の壁から突き出していたから、ふだんは体育館としても使われているにちがいない。このホールの四方の壁に古いロシアの田園生活を描いた巨大な絵が何枚も掲げられていた。エリーの旧教徒たちはまだロシアを忘れようとしていないのである。それと同時に若い世代にロシアの記憶を懸命に伝えようとしている。

文化会館ではアニタをはじめ教区の婦人会の手料理で食事がふるまわれた。バイキング仕立てで、スープだけでも三種類あった。私は全部味見をしたわけではないが、ミネストローネ風の野菜スープに関するかぎり完全にロシアの田舎料理の味がした。アニタはもうロシア語はしゃべらないが、料理の腕は母親からしっかり仕込まれているのだろう。

アラスカの旧教徒たち

エリーの会議には旧教徒の聖職者たちも数人出席していた。このうち、私にとってはオレゴンのポルフィーリイ神父とアラスカのニコライ神父が初対面だった。

米国西海岸のオレゴンに旧教徒が移住しはじめたのは一九六〇年代のはじめである。中国の東北部（旧満州）と新疆自治区、それにトルコからの三つのグループに分かれていたが、最近ではグループ間の交流が活発らしい。ポルフィーリイ神父は俗姓をトランといい、出身はトルコ系だという。

アラスカの旧教徒はオレゴンでの生活の俗化にあきたらず、さらに純粋な形で信仰を維持するため、六〇年代の末にオレゴンからアンカレジの南のキーナイ半島に再移住した人びとである。その中心になったのはかつて満州の細鱗江（シリンへ）やロマノフカ村などに住んでいた人びとだった。

宗派の点から言えば彼らは礼拝堂派と呼ばれ聖職者をもたなかったが、アラスカに入植してからエリーの場合と同様に専任の司祭を立てようとする気運がつよまった。そしてここでもやはりグループは二つに分かれた。アラスカの旧教徒たちはエリーと異なりまとまった一つの地域に宗教共同体を形成していただけに、亀裂は一層深刻だった。ここのリベラル派は結局ルーマニアのブライラにある容僧派の総本山に候補者を派遣して司祭に叙任してもらう道を選んだ。

エリーと大きく違っていることがもう一つある。アラスカではまだロシア語が忘れ去られていない。学校教育はむろん英語だが、ハイスクールが先頭に立ってロシア語・英語の対訳テキストを副読本として使用している。その中には今や老境にはいった第一世代による満州時代の回想や入植当時の苦労話などが含まれていて、私などのような物好きには興味が尽きない。

アメリカの旧教徒たちはそれぞれの共同体の実情に見合う方法で現代社会に適応しようと努めているのである。

サリキョイ村の歴史

「泣く子は水に投げこめ」

わしらのご先祖はロシアに住んでおった。百姓をしたり魚をとったりして暮らしをたて、自分たちの建てた教会で神さまに祈りをささげ、お上を敬いながら幸せな日々を送っていたのじゃ。だがそれもニーコンと名のる悪魔の使いが正教会の総主教になるまでだった。ニーコンは由緒ただしい信仰をないがしろにして、新しいしきたりをやみくもに正教徒に押しつけたのだ。反対すれば、つかまって殺されたり流されたりするのだった。

わしらのご先祖は長い長い相談のすえ、新しい土地を求めて引越すことに決めたのじゃ。二本の櫂でこぐ小舟を何十隻と手に入れて、家族がそれぞれ家財道具を積みこみ、そこに年寄りや女子どもを乗せて、南に向かった。ドン川にはところどころ砦があって、見張りが立っていた。つかまるといけないから、そういう場所は夜のあいだに通り過ぎることにしていた。

幾日も幾夜もこぎつづけ、やっと河口に近づいた。これが最後という一番大きな砦まで来たとき、アタマン（カザークの隊長）が全員を集めて命令を下した。「ここが最大の難所だ。あすの夜明けまえ、城壁のまぎわをこっそり通り抜けることにする。ほんの少しでも音を立ててはならぬ。目をさまして泣き出す子がいたら、水の中へ投げこめ。」

とうとう広い黒海に出た。幾日もかかって岸ぞいに小舟をこいでいくうち、やっと鏡のように静かな水面があらわれ、そのむこうに古里に似た森や丘が見えてきた。そこはトルコの国だったけれども、古い聖書の教えどおりの信仰を守ることが許されていた。こうして生まれたのがわしらのサリキョイ村というわけさ……

地元の知識人がつづる苦難の過去

ついにセヴァスチャンが自分の村の歴史を書いた。今年の正月に年賀状といっしょに受け取った書物は一八六ページからなる本で、扉には一九九八年、ブカレストのクリテリオン社刊とあった。前の半分がロシア語で、のこりはルーマニア語で書かれているところに、サリキョイ村の置かれた言語状況があらわれている。

セヴァスチャン・フェノーゲンは一九四二年にサリキョイ村の漁民の子として生まれた。村で七年制の中等教育を受けてからブカレスト大学の歴史学部を卒業、その後は村で歴史の先生として働きはじめ、今や三〇年になる。セヴァスチャンが物心ついた子どものころ、八〇歳になる村の物知りの輔祭からよく聞かされたのが、右の伝説だった。

私は一九九三年の秋にサリキョイ村をたずね、ほとんど偶然のようにセヴァスチャンと出会った。リポヴァン協会主催でロシア人旧教徒シンポジウムがドナウ・デルタの大都市トゥルチャで開かれたあと、参加者一同が二台の大型バスに分乗してドブルウジャ地方の旧教徒村を見学してまわり、最後に着いたのがサリキョイ村だった。私たちはそこで鯉こくによく似たスープをはじめ、魚づくしの実に豪華な夕食をご馳走になったのである。

セヴァスチャンがルーマニアのロシア人を結集したリポヴァン協会に一定の距離をおいていることは、歴史の教師をしている知識人でありながら、村からそれほど遠くないトゥルチャの会議をボイコットしていることから推察できた。その理由の一端が今度の彼の本で明らかになった。

それにしても、セヴァスチャンの労作を読んで改めて痛感させられたのが、サリキョイ村のたどってきた歴史の苛酷さである。この村の住民のルーツはドン・カザークである。一七〇七―一七〇九年ドン地方にブラーヴィンの叛乱があった。この首領が裏切りのために殺されたのち、一部がアタマンの一人イグナート・ネクラーソフに率いられてクバンへ脱出した。彼らはピョートル一世に刃向かった叛徒であると同時に、ニーコンの典礼改革をみとめずに正教会から分離し破門を受けた旧教徒だった。一七三七年にアタマンが世を去ってから、一六〇〇名のネクラーソフ派が黒海を西に横切ってドブルウジャに落ち着いた。当時オスマン帝国領だったこのあたりには、ロシア政府や正教会の迫害を避けてロシア人旧教徒がすでに住みついていたから、ネクラーソフ派はそれに合流したわけである。

トルコ政府はネクラーソフ派に旧来の信仰の保持と内部自治を許し租税免除の特権をみとめる代わりに、オスマン帝国の敵が侵入してきたときは銃をとってこれと戦うという義務を課した。トルコの最大の敵といえば、ロシア帝国にほかならなかった。

その上、一七七〇年代にウクライナのザポロージエ・カザークがエカテリーナ二世の軍隊に本拠地から放逐され南下したことが、事態を一層複雑にした。同じカザークでも宗派が異なるところから、ネクラーソフ派は正教徒であるウクライナのカザークと反目し、武力衝突を繰り返した。一八〇六―一八一二年の露土戦争のときにはロシア軍がサリキョイ村に攻め込み、ザポロージエ衆とグルになって暴行と略奪の限りを尽くした。村は無人の野と化し、村びとのかなりの部分がブルガリアやアナトリア半島に移住した。
同じことが一八五三―一八五四年のクリミア戦争のさいにも起こった。ロシア軍はバルカン半島から退却するとき、旧教徒の二人の主教を拉致していった。
一八七七―一八七八年の戦争でトルコは決定的な敗北を喫し、一八八一年にはドブルウジャを含むルーマニア王国が成立する。この時点でサリキョイ村の住民は四四二人で、すべてロシア人旧教徒から成っていた。それから現在までの一世紀あまりは、ルーマニア国内の少数民族というのがロシア系住民の立場となる。当初ルーマニア当局はロシア人に土地の所有さえみとめなかった。第二次大戦後のコミュニズム支配下での不自由な生活についてもセヴァスチャンは筆を省いていない。チャウシェスク体制下での抑圧は言語に絶した。多数派のルーマニア人に属するサリキョイ小学校の校長は、リポヴァンはブレジネフのソビエト＝ロシアへ戻るべきだ、などと放言して憚らなかったという。

リポヴァンは侮蔑語だ

サリキョイ村をはじめとするドブルウジャの旧教徒については、おびただしい史料が存在する。その史料はルーマニア語はもちろんのこと、トルコ語、ロシア語、ポーランド語などで書かれている。セヴァスチャンがそれらをすべて利用しているわけではないが、郷土史家からでなければ聞き出せないホンネが彼の著作の一番の値打になっている。

著者によると、一八六四年にネクラーソフ派が武器を捨てるまで、ドン・カザークの血をひく彼らは集団的に漁業に従事し、収入の三分の二を共同の金庫に収納し、その資金をもって学校や教会や養老院を維持・経営し、さらにいつでも戦争に出かけられるよう軍備をととのえていたという。それに対して、同じサリキョイ村の旧教徒でもカザークに属さない農民出身者は出征の義務を負わない代償として、年間収入のわずか三パーセントをトルコ政府に納めるだけで事がすんだという。

日常の生活意識の面でも二つのグループのあいだに大きなちがいがあった。ネクラーソフ派は「イグナートの遺訓」を忠実に守ろうとしていた。セヴァスチャンが逐一紹介しているわけではないが（村内で「遺訓」は口承されただけ）、それは「酒を飲まず、タバコを吸わず、ヒゲを剃らぬこと。年長者を敬い、妻を侮辱せぬこと……」などの教訓を含むものである。年に一回家長全員が出席する会議を開き重要な事柄を議決し、村長となるアタマンと副官を選出するという民主的な制度もネクラーソフ派の誇りだった。

ところが一八六四年にトルコ政府の要求でネクラーソフ派が武装解除された（カザーク自身の希望で戦争に駆り出される義務から解放された、とする解釈もある）ころからサリキョイ村の住民の気風が大きく変化し、ネクラーソフ派も農民出身の旧教徒もひとしなみにリポヴァンと呼ばれるようになった事実の中に威信の低下が如実にあらわれている、というのがセヴァスチャンの意見なのである。

リポヴァンの語源についてはさまざまな説が出されているが、セヴァスチャンの研究によれば、ザポロージエ・カザークがはじめネクラーソフ派を軽蔑的に呼んだ綽名がリポヴァンであり、日陰者のロシア人というようなニュアンスがあるのだという。

だからチャウシェスク一族の社会主義政権がたおれて、ルーマニア中の少数民族が息を吹きかえしそれぞれの伝統文化を再認識したとき、約一〇万をかぞえるロシア人がリポヴァン協会の看板をかかげたことは、まったくセヴァスチャンの気に入らなかったにちがいない。彼にとって何よりも貴重なのは、ネクラーソフ派カザークが理想とした「イグナートの遺訓」や白水境ユートピア伝説に象徴的にあらわれている高い精神性なのである。

これから村は

セヴァスチャンの本の価値は、リポヴァンという言葉の独特な解釈だけにあるのではない。歴史家である著者は随所で透徹した史観を披露してくれる。

その代表的なものは、一七世紀中葉ロシア正教会の内部でおこった分裂（ラスコール）の原因についてである。二本の指による十字切りなどの儀礼の改革が悲劇の引き金になったことはよく知られているが、セヴァスチャンによれば、そのような改革を強行しようとしたニーコン総主教とアレクセイ帝のイデオロギーは近世ロシアの侵略的パンスラヴィズムの先駆けであったという。

また、ドブルウジャのラジーム湖（あるいはラゼルム湖）はネクラーソフ派カザークが入植する以前からラージン湖と呼ばれていた。これは一六七〇―一六七一年ヴォルガで叛乱をおこしたステンカ・ラージンの残党がこの地に亡命したことに端を発するのではないか、というのも著者の興味ぶかい憶測なのである。

私が最も期待して読んだのは、ベロクリニーツァ府主教座とサリキョイ村の関係である。一九世紀中葉の有名なアタマン・ガンチャールがこの容僧派旧教徒のための府主教座の創設に力を尽くしたことはよく知られている。しかしセヴァスチャンによると、初代のギリシャ人府主教アンブロシオスはロシア語を理解しようとせず、サリキョイ村ではまるで人気がなかったという。それでもネクラーソフ派は全体としてこの府主教座の傘下にはいった。かつて容僧派とその反対派は村内で勢力が拮抗していたが、現在では約八割が容僧系ベロクリニーツァ派の信徒で、のこりの二割は一九九〇年代にいたって古式正教会（かつての逃亡僧侶派）への帰属を決定したという。二つのグループのうちセヴァスチャンの共感は明らかに前者にかたむいている。

いわゆる市場経済体制になってから、サリキョイ村の暮らしは以前にもまして苦しくなった。若い男や女たちの中にはロシアやイスラエルやリビアへ出かせぎに行く者があらわれ、イタリアで仕事を見つけられれば運がいいと羨ましがられているありさまだという。しかし「ネクラーソフ派の子孫たちはこのみじめな状況から かならずや出口を見出すであろう」というのがセヴァスチャンの固い信念なのである。

遠い極東の果てから私は孤軍奮闘する友人に大きな声援をおくりたい気分である。

ヴラーソフ一家

浦潮からの問合せ

横浜市元町二丁目八二番地――一九三〇年代、つまり昭和五、六年から約一〇年間、この場所で亡命ロシア人がロシア風レストラン兼食料品店を経営していた。Moscow Delicacies Shop（モスクワ食餐館）というのが正式な店名だったらしい。

一九九九年の春、私はウラジヴォストーク（以下浦潮）の研究者ヴェーラ・コプコさんから手紙を受けとった。その手紙には亡命ロシア人の尋ね人に関する依頼が含まれていた。それも日本へやって来た旧教徒ロシア人というから、旧教徒ファンを自任する私はびっくりしてしまった。

問題の人物の名前はエフレム・アレクセーヴィチ・ヴラーソフ。二〇世紀の初頭以来浦潮に住んでいたが、どういう事情でそうなったものか、二〇年代には極東ロシア領に森林伐採権をもっていた。注目に値するのは、その伐採権が日本人たち（ロシア語で複数になっている）との共同所有だったことである。今のところ、ロシアにある史料からは、ヴラーソフのパートナーだった日本人の名前はわからないという。だが、一九二〇年代末ソビエト国内でネップ（新経済政策）が終焉し、計画経済への歩みがはじまると、ヴラーソフの活動する余地はなくなった。彼はまず中国に脱出し、上海にしばらく滞在してから来日して横浜に腰を落ちつけた。ここでは最初パンづくりを業とし、やがて魚の燻製と塩づけ（ニシン加工のことだろう）に手を染め、そのうち自前の店を開いて作ったものを販売するようになり、最後にとうとうロシア・レストランを開いた。

職業をこれほど目まぐるしく変えたことを見ても、ヴラーソフがいかに積極性に富んだ人物であったか、想像がつく。帝政ロシアの資本家の中には旧教徒が少なくなかった。モスクワのロゴシスコエ系の容僧派に属したというヴラーソフも、たっぷり商才に恵まれていたことがわかる。その上彼には先見の明があった。一九四一年（昭和一六年）ころ家族を横浜にのこしたまま単身南米のチリにわたり、そこからさらに米国へ移住したのである。日米開戦を鋭敏に察知したとしか考えられない。

ところでエフレム・ヴラーソフには娘が三人いた。その娘たちは横浜にあるカトリック・ミッション系の学校に通ったそうだが、その学校へ行けば何か具体的な手がかりが得られるのではないだろうか、というのがヴェーラさんの具体的な質問だった。学校のことは研究会仲間の倉田有佳さんに訊くにかぎる。はたして彼女は即座にサン・モールの名を挙げてくれた。京浜地区に住む亡命ロシア人の子弟の多くは、男ならセント・ジョージ、女ならサン・モールで学んだというのである。後者ではアイルランド人の尼さんたちが教師をしていた。

さっそくサン・モールに電話してみたが、聞いた話の内容は期待はずれと言えるものだった。サン・モールの校舎は第二次大戦中の末期に米軍機の爆撃をこうむり、古い書類がすっかり焼失してしまった、というのである。ここで頼みの綱はぷっつり切れたかと思われた。

カリフォルニアからの手紙

一九九九年の九月になって、私は浦潮を訪れる機会があった。ヴェーラ・コプコさんに会ってサン・モールでの調査が不可能とわかった次第を報告すると、彼女は「私のほうでは新しい資料を手に入れたわ」と言ってエフレム・ヴラーソフの娘さんから受けとったロシア語の手紙のコピーをわたしてくれた。以下はその手紙からの抜粋である。

エフレム・ヴラーソフはヴォルガ河畔のサマーラで生まれ、旧教徒のための神学校で学んだ。卒業するとある司祭の供をして極東へ来た。少年の身で運だめしをしたのである。成功して結婚後は、浦潮の家で日本領事館に勤務する日本人に部屋を貸していた。彼の姓はハチヤといった。

父親がソビエトを脱出してからまもなく、家族がそのあとを追うことになった。一九三〇年のことである。一家は浦潮から列車でウゴーリナヤ（地図で見れば始発から三三キロ地点。国境まで半分もない）まで行き、そこで農民の娘に扮装するなどの苦労をして国境を越え、三日後に汽車に乗ってハルビンに着き、鉄道関係者と結婚している伯母の家に年末まで滞在した。亡命のための出国にさいしてこの種の冒険をおかすことは決して稀ではなかった。やがて玄界灘をわたってやっと父親に合流し、翌一九三一年一月七日、正教会暦でのクリスマスを横浜で一家そろって祝うことができた。

実はエフレム・ヴラーソフが亡命先として日本を選んだのには、理由があった。日本人パートナーに売却した木材の代金がまだ未回収だったのである。彼は東京の裁判所に訴えを起こして掛売り代金を受け取ろうとしたが、係争は長びいた。一〇年後にやっと判決が下りたときには手おくれで、相手の会社はつぶれていた、という。これは重要な証言で検証したいところだけれども、厖大な民事裁判の記録の中からヴラーソフ訴訟を探し出すのはひどくむずかしそうである。

ヴラーソフの店がどこにあり、何という名前だったかは、種を明かせば、彼の娘の手紙に書かれていたのである。横浜以外にも、ヴラーソフは夏のあいだ軽井沢にレストランと食料品の店を開いた。そこへは渋沢男爵の家族もよく姿を見せたし、世界各国の大使館員や日本の華族たちを得意先にもっていたという。よほど腕のいいコックをやとっていたのであろう。

しかし一九三九年か一九四〇年にチリへ去るとき、エフレム・ヴラーソフは店を手ばなした。売った相手は「ワニノ以来」長年ヴラーソフの通訳をつとめた日本人の妻だった、と娘は書いている。ということは、ヴラーソフらが権利をとって木材を切り出していた場所というのは、ハバロフスク州の中でも南サハリンの対岸のワニノ近くにあったのだろう。

残念ながら、その日本人通訳の名前は娘の記憶にのこっていなかった。だが、元町二丁目八二番地の所在は確認ずみだから、これから調査して突きとめる手段はのこされている。

あとは大急ぎで要点を書き添えておけば、ヴラーソフ一家は復活祭に神田のニコライ堂へ礼拝におもむくことにしていた。ロシア語のよくできるイグナーチイ神父が懇意だった。(同年輩の白系ロシア人であるアクショーノフさんの記憶によると、ヴラーソフ姉妹は美人ぞろいだったという。)

戦後チリにわたってから、一家ははっきりと正教会に改宗した。娘のアナスタシアは正教会の聖堂で結婚式を挙げてヴォロビヨワと姓が変わった。息子たちが生まれ、七〇歳を超えた今はサンフランシスコに移り住んでいる。宗派としては国外正教会の信徒なのである。

万葉集を露訳したグルースキナ

来日まで

アンナ・グルースキナさんは一九〇四年に西シベリアの町チュメーニで生まれた。医師の家庭であった。彼女が一九九四年に九〇歳の天寿を全うしてからは無論のこと、すでにそれ以前から彼女と彼女がなしとげた大きな仕事についてはいくつかの紹介が行なわれている。その最も早いものがI・P・コジェーヴニコワの「万葉集を翻訳した女性」である。しかしまだ本格的な伝記は書かれていないので、われわれは彼女の生い立ちについてくわしいことを知ることができない。

グルースキナが日本語を学んだのはレニングラード（一九二四年一月まではペトログラード）大学である。厳密には、同大学の一部である現用東方語学院だった。ここで一九二二年以降、著名な日本学者ニコライ・コンラドの指導を受けた。コンラドの感化を受けて、彼女は学生時代から万葉集の研究をはじめ、一九二五年に大学を卒業した。卒業論文のテーマも万葉集だったという。

学生時代の研究対象が彼女の生涯のテーマになる。実際には万葉集以降の日本の詩歌の翻訳もあるし、能や影芝居に関する研究論文ものこっているが、彼女の仕事の中で圧倒的な比重を占めているのは、やはり万葉集全巻のロシア語訳である。そのためには、以下に述べるように、彼女の日本体験が決定的といえるほどの意義をもっていた。

グルースキナの身分は一九二五年から一九三三年まではソビエト科学アカデミー附属人類学民族学博物館、別名クンストカメラの研究員であった。これは有名なピョートル大帝の創設した博物館で、世界でも屈指のコレクションを誇っていることはここに繰り返すまでもあるまい。来日したのはこの時期である。日本へ出発する前に、グルースキナはロシアで日本人と会っている。鳴海完造（後述）の一九二七年一二月二七日付の日記（未刊）に次のような一節がある。

「アンナ・エヴゲーニエワ・グルースキナ（清水浪子）と知る」

鳴海は一〇月革命一〇周年の式典に招かれた秋田雨雀に随行してソビエトを訪れていた。彼は式が済んだあともこの国に滞在することを希望しており、半分は観光、半分は職探しの意味もかねて一二月二二日からレニングラードを訪れていたのである。一二月二七日には朝から科学アカデミーのレニングラード支部、クンストカメラ、アジア博物館、プーシキン記念館などへ挨拶してまわり、そのうちクンストカメラでアンナ・グルースキナと面識を得たということらしい。それから三日後の三〇日に彼はレニングラードを離れていて、グルースキナの名前が鳴海日記にあらわれるのはこのとき一回きりである。

グルースキナがすでに清水浪子という日本名を名のっていたことが鳴海日記から判明する。日本風に漢字の姓名をもつことはこのころソビエトで日本語を学ぶ学生のあいだに流行していたらしい。鳴海や秋田たちはモスクワでメリー・ツィン（メリーは略称。正式にはマリアム、あるいはマリアンナ）に紹介され、ほとんど毎日のように会っていたが、彼女の日本名は珍笑子であった。ツィンの友人で、彼女やグルースキナ同様にレニングラードで日本語を学んだエカテリーナ・クレイツェルは桜木春枝と称していた。「日本語が素敵にうまい」と鳴海は日記に書いている（一九二七年一〇月二七日）。クレイツェルはモスクワの国立出版所で働いていた。

同じ年に友人の湯浅芳子と連れだってモスクワへやってきた中條百合子の日記の中にも、珍笑子や桜木春江《(ママ)》が単に光子という女性とともに登場する。百合子は桜木のために「十六夜日記」や「竹取物語」を読んでやった（一九二八年一月一二日、一月三一日）。またグルースキナより一年先輩のエヴゲーニア・コルパクチは伊奈波秋子であった。

ロシアの日本研究者が日本名を名のることはその後は見られぬ現象であるが、そこにはある種の諧謔精神と研究対象への一途な没入ぶりが感じられる。このような自己表現を採用したのは女性ばかりではなかった。たとえば、グルースキナと同年生まれで同じ年にレニングラード大学を卒業し東京のソビエト大使館に通訳として勤務していたミハイル・アンドレーエフは安藤龍夫という日本名をもっていた。これは憶測にすぎないが、これらの日本名がすべてなかなかの好音好字であることを考えれば、彼らの共通の名付け親は大学の師であるニコライ・コンラドだったのではあるまいか。

コンラド自身一九二二年に大学ではじめて日本語を教えはじめたとき、まだ三一歳という若さだった。ソビエトという国家も若かった。清新の意気がみなぎる一方で、まだ自由な雰囲気ものこっていた。一九二〇年代のソビエト社会ではこのようなコスモポリタニズムが許容されていたのである。コンラドを含めて、右に挙げた日本名をもつ日本研究者たちが一九三〇年代の末に例外なく弾圧を受けたことはいたましい限りである。

日本留学

アンナ・グルースキナが日本に滞在したのは一九二八年三月から約八カ月間だった。三月三日の朝関釜連絡船で下関に入港し列車で東京に向かった、という記事が三月四日付けの大阪毎日新聞に掲載されている。一留学生の到着が新聞で報じられたのである。

言うまでもなく、ソビエト科学アカデミー、すなわち「労農ロシア学士院」からの最初の留学生という珍しさもあった。一〇月革命後に成立したソビエト政権と日本との国家関係はさまざまな紆余曲折のすえ一九二五年にいたって正常化した。その後経済の分野で各種の条約や協約が結ばれた末、ようやく学術交流という段階に到達したわけである。ところでこの新聞記事は彼女のことを「芳紀二三のアンナ・シュワルツマン嬢」とし、清水浪子という日本名も紹介している。シュワルツマンは彼女の夫の姓であった。

この当時、コンラドの親友のニコライ・ネフスキイがまだ日本に滞在していた。教え子を日本へ送り出すにあたって、当然コンラドはネフスキイに宛てた紹介状を与えたことであろう。天理図書館に収蔵されているネフスキイの日記（未刊）によれば、大阪から上京中のネフスキイは三月二七日にはじめてグルースキナを訪ねたのを皮切りに、二九、三一日、さらに四月三日というように頻繁に彼女を訪問した。そればかりではなく、この小型の日記帳の余白に次のような詩が走り書きされている。

大きな観音の女神のまえに
あなたと二人で坐りながら
こごえてしまった二人の足を
夢のような他愛ない話で暖めた。

かなわぬ夢の霧の中を
ぼくらはタクシーで疾走した
行く方の知れぬ空間に向かって。
空は墨のように黒くたれこめ
車は風のようにぐんぐん飛ばした。

肩寄せ合って坐っていると
運転手は不機嫌そうに黙りこみ
あなたはときどき手はよけながら
わたしはタブーよ、と繰り返す。

ネフスキイは久しぶりに見る同国人の若い女性に恋心をいだいたにちがいない。
これに先立つ三月一八日にグルースキナが柳田国男を訪問して同席したラムステッド博士らと「歓談」し

たことが柳田の文章からわかっている。その集まりにネフスキイは欠席したが、彼の紹介でおとずれたことはまちがいないであろう。

四月下旬からグルースキナは近畿旅行をこころみ、その帰りの五月三日に大阪にあるネフスキイ宅を訪問した。それはちょうどネフスキイに娘のネリが生まれた日だった。この旅では奈良、高野山、和歌浦、紀三井寺をたずね歩いた。このときのことは四月二七日付け大阪朝日新聞に写真入りで報じられている。写真には、東京の大使館に勤めていた同窓生のミハイル・アンドレーエフと、和歌山市で二人に宿を提供した日本人鈴木信太郎の三人がうつっている。このさいグルースキナは取材におとずれた記者にむかって自作の短歌（後述）を示した。五月五日にはグルースキナは奈良の粋人篤学者九十九黄人（本名信勝）氏宅を訪問して短歌一首をしたためた色紙をのこした。帰京はその翌日である。

さて、「労農ロシアの学士院」から派遣されたグルースキナは日本の学士院にあてた紹介状をたずさえていた。ときの帝国学士院長は化学者の桜井錠二であった。彼はその前年一九二七年にソビエト科学アカデミーの外国人会員に選ばれていた。日本人としては最初の会員である。三月の某日、桜井博士が本郷西片町の佐佐木信綱の家を訪問して「大学の貴下の講義や他の国文の講義をも聴く便宜を与えてもらいたい」と依頼したことが信綱の回想記『明治大正昭和の人々』に述べられている。信綱は一九〇五年以来講師として東京大学文学部で万葉集の講義を担当していた。彼自身が学士院会員に任ぜられるのはこの六年後であるが、万葉集の権威としての声価は定まって久しかったのである。外国からの留学生のために学士院長が自ら専門家の自宅を訪問するなどということも、今では想像できない心づかいである。

グルースキナが自分で選んだわけではないが、信綱に師事できたことは彼女の留学にとって運命的な意味をもっていた。信綱は最後の国学者ともいうべきタイプのすぐれた万葉研究家であったばかりではなく、短歌の実作者でもあり、短歌の結社竹柏会を主宰していた。その歌風は「温雅清新、情趣ゆたか」と評され、人柄もおだやかで親切であった。グルースキナは竹柏会に迎えられしばしば信綱の家を訪ねることになったし、竹柏会の機関誌『心の花』に何回も寄稿する機会を得た。同誌に掲載された彼女の文章を時代順に並べれば次のとおりである。

1 一九二八年五月号「レニン・グラドに於ける日本学と日本へ来ての感想」(六頁)〔署名〕アンナ・グルースキナ＝シュワルツマン(清水浪子)。その内容は、コンラドが日本の古典文学を講じていることを伝え、自分が見た日本の自然の美しさを賛美している。

2 一九二八年一一月号「日本に居った八ヶ月間」(一五—一六頁)〔署名〕清水浪子。内容は別れの挨拶。日本社会の急速な変化を指摘している。

3 一九二九年三月号「れにんぐらど学士院より」(七一頁)〔署名〕清水浪子。帰国後の礼状と年賀状。

4 一九五七年二月号(七〇〇号記念)「日本民族文化の宝」(一二五頁)〔署名〕清水浪子。ただし原文はロシア語。内容は留学の回想と近況報告。

5 一九六四年四月号(信綱追悼号)「回復出来ない喪失」(一一四頁)〔署名〕アンナ・グルースキナ／清水浪子。

これらの寄稿と並んでグルースキナの日本での動静をよく伝えているのが、『心の花』に連載された信綱の妻雪子の随筆「西片町より」である。その一例として、『心の花』一九二八年六月号所載の「ろしあびと」と題された文章を引用しよう。

歌集『泉』の出版せられた祝賀を兼ねて開かれた小集会（三月二八日に行なわれた。このときに撮影された写真がのこっている。グルースキナは第一列の正面にすわっている――中村）の折に話をされた露西亜びとシユワルツマン夫人、やまと名の清水浪子さんが、しばらくぶりで訪問された。いつもの巧みな日本語で、その後、京都、大阪、奈良に旅しまして、あこがれてをりましたお国の古代の芸術を、心ゆくまで見てまはりました。これからは、万葉の抄訳や、いろいろの研究を少しでもまとめたいと思います、というてをられる。若い女性の、殊に外国の人の熱心さに、自分たちもまけてはならないと思ふ。

六月一〇日に自宅で開かれた信綱の内輪の誕生日パーティーにはグルースキナは花束をかかえてあらわれ、夕食のあとの余興でロシア民謡を歌った。「露国の民謡とて、もとより意味はわからぬが、声はまことにうつくしかった」と雪子は書いている（『心の花』七月号）。秋になると帰国するグルースキナと外国へ出かける女性の同人と帰国した同人の女性のために、学士会館で歓送迎会が開かれた。この席上でのグルースキナの挨拶が『心の花』一一月号に掲載された文章である。

清水夫人が古今集の離別の歌〔あかずしてわかるる袖の白玉は君がかたみとつつみてぞゆく〕を引いての話は、どうしてこれほど日本語が上手になられ、洗練された口調が述べられるであろうと感心したことであった（『心の花』一二月号、「西片町より」）。

雪子の文章から、このときグルースキナが参会者のために自作の短歌をしるした短冊を書いたことが判明している。この日も彼女は独唱を披露した。

グルースキナが帰国のために東京を出発した日は正確にはわからないが、一〇月か一一月であったと推測される。「西片町より」によれば、雪子夫人や竹柏会の同人たち、それに折から来日中の日本研究者コルパクチが花束をもって駅まで見送った。信綱が贈った送別の歌に対して、敦賀から返歌が来た。往路と異なり、帰路はウラジヴォストーク経由を選んだのである。

前列中央グルースキナ。右隣が雪子。後に立つのが佐佐木信綱〔鈴鹿市教育委員会蔵〕

万葉集のロシア語訳

グルースキナが留学で得た成果の第一は佐佐木信綱の指導を得たことであろう。東大での聴講の内容についてはくわしいことがわからないが、信綱の指示や忠告にしたがって万葉集についての主要な参考文献は滞日中に買いそろえたにちがいない。来日してまもなく信綱から『万葉選釈』を贈られたことは『心の花』一九二八年九月号に載せられた信綱への短信から分かる。「万葉時代の歌人の芸術を研究してをるほど嬉しい事は御座いません」と彼女は同じはがきの中で書いている。

帰国後も信綱との文通はつづいた。現在信綱の郷里、鈴鹿市の佐佐木信綱資料館に所蔵されている資料によってそのことがうかがわれる。たとえば、一九五七年七月一〇日付でグルースキナから信綱に宛てた手紙は日本から『万葉集事典』（一九五六年）を贈られたことに対する礼状である。この種の書物が外国人研究者にとってどれほど有益であるかは強調するまでもあるまい。同じ手紙の中でグルースキナは『新訂万葉集選釈』（一九五三年）と『新訂新訓万葉集』（一九五四年）が自分の手もとにないので送ってくれるように依頼したあと、「私は万葉集の翻訳をもうじき終えようとしていますが、先生のこれらの御本があればどれほど助かることでしょう」と述べている。

この手紙はロシア語で書かれている。グルースキナはその気になれば日本語で書くこともできたし、ローマ字で日本文を書くという手もあった。事実、上記資料館の収蔵書簡にはそのような手紙が何通か含まれている。しかし一九三〇年代以後、ソビエトから発信される手紙は当局のきびしい検閲を受けることになっていた。それは一種の国民的な常識であった。グルースキナは無用の嫌疑を避けるために、一九五七年の時点ではまだロシア語で手紙を書かざるを得なかったのである。

グルースキナには用心をする特別な理由もあった。上でもちょっとふれたように、コンラドやネフスキイの二人の師をはじめグルースキナの上記の同僚たちはすべて一九三〇年代の末に逮捕された経験をもっていた。夫のシュワルツマンは一九三七年に逮捕されたまま戻らなかった。グルースキナ自身はその翌年の二月に逮捕され、翌年の二月までレニングラードの監獄に拘留されていた。彼女が獄中で一貫して示した毅然たる態度に打たれて、最後には検事が彼女に握手を求めたというエピソードを日本研究者のネリ・レシチェンコが伝えている。

それにつづいて独ソ戦がおこり、グルースキナもレニングラード封鎖下での苦しみを味わった。一九三三年にはじめられた万葉集二〇巻の翻訳は一九六〇年ごろまでには完成していた。しかしそれが三冊本として刊行されるのは一九七一年から七二年にかけてである。一九八七年には作者別に編集された一冊本の『万葉集選集』が出版された。

三巻本ロシア語訳万葉集の序文の中でグルースキナは信綱の業績を次のように評価している。


最近において万葉集の最高の権威と見なされているのは帝室学士院会員で元東京帝国大学教授の佐佐木信綱である。彼はさまざまな角度からこの作品を扱ったおびただしい著述を行なっている。彼の監修のもと、さらに四人の学者（武田祐吉、久松潜一その他）の参加を得て一九二四年には基礎的な本文研究である二五巻からなる『校本万葉集』が刊行された。

短い異読を付し、テクストを現代日本語風に書き改めた信綱の手になる普及版の詞華集『新訓万葉集』は非常な人気を博し、一九五四年に再刊された。万葉集全体に注釈をほどこした校訂本、さらには名歌を集めた多くの選集や研究論文もある。

信綱の仕事の総仕上げともいうべきものの一つが『万葉集事典』であり、これはこの作品にまつわるありとあらゆる事柄をとりあげ、詳細きわまる書誌学的な便覧をつけた百科辞典である。


また、『心の花』一九六四年四月号の「信綱追悼号」でグルースキナは次のように書いている。印刷された原文のままの引用である。邦訳者についての注記はない。

私は東京帝大で万葉集についての先生の講義をお聴きすることの出来たのを回想すると、深く感謝いたします。国へ帰って万葉集の仕事に従事した時、先生から価値の多い参考書になった労作をいただきましたことを回想すると、お礼の申しようが御座いません。今万葉集を全訳して出版準備中で御座いますが、私の露訳万葉集の出版の前におなくなりになったことを非常に残念に思います。

この壮大な仕事のほか、グルースキナには『日本の詩歌』（一九五四、一九五六年）、『日本の五行詩』（一九七一年）などの訳詩集や、『日本文学・演劇論集（古代、中世）』（一九七九年）のような学術的な著述があることも書き加えておこう。

身分の点では彼女は一九三三年にクンストカメラから東洋学研究所に変わり、一九四二年には勤務地もレニングラードからモスクワに移った。東洋学研究所の研究員というステータスはその後も長くつづいた。教師として学生の指導にあたったこともある。一九七二年に文学博士の学位を授与されたのは万葉集全巻の翻訳の功績がみとめられたのであろう。ソビエト作家同盟に迎えられるのもこの年である。

また一九九〇年秋には日本政府から瑞宝章（勲四等）が贈られた。

グルースキナの短歌

「散文の翻訳者は原作者の奴隷であるが、詩の翻訳者は原作者のライヴァルである」というロシアの詩人ジユコフスキイの言葉はよく知られているが、万葉集の訳者であるグルースキナはたしかに詩才にめぐまれていた。ロシア語で詩を書いたグルースキナは日本滞在中に何首か和歌を詠んだ。ただしその歌は、以下に示すように、万葉調を模したものではなかった。万葉学者である師の信綱が万葉ぶりにこだわらなかったのと軌を一にしている。どうやらグルースキナは来日以前から古今集や新古今集の歌にも親しんでいたものと推測される。奈良時代の古代人の声調は外国人にとって模倣しにくいのかもしれない。現在知られている限りの、彼女の作品を次に紹介しよう。

1　秋山のもみじを見れば旅人のわかるる袖の色そまりけり

一九二八年四月二七日付大阪朝日新聞の記事の中で記者が引いているもの。短冊に筆で書かれたこの歌が写真でも示されている。作者が吉野や紀伊の山をまわったのは春であるから、むろん実景を叙したものではない。旅人の袖はもみじの色を反映して赤くそまるのであろうか。それとも別離の涙のために色がかわるのであろうか。

2　吉の山桜のあとを見ゆれども花の昔の香きこえける

奈良の九十九黄人氏蔵の色紙。九十九はネフスキイの知人であった。グルースキナは、おそらくネフスキイのすすめで立寄ったのであろう。洒脱な黄人がグルースキナの古都見物の案内を買って出たとも考えられる。この色紙にはロシア語で「あたたかいおもてなしに対する心からの感謝のしるしに、一九二八年五月五日」という詞書がついていて、清水浪子の名の下に一五mm×一八mmの楕円型の朱印が押されている。グルースキナが吉野をおとずれたとき、花はもう散り果てていたにちがいない。「見ゆれども」は「見わたせば」と言うべきところか。

3
わがたびは何にたとへむあけぼのの花の木かげのうたたねのゆめ

佐佐木信綱資料館収蔵の短冊。「たび」とは四月から五月にかけての近畿旅行のことかもしれないし、あるいは留学のための日本滞在そのものをさしているとも考えられる。

この歌は六月五日に開かれた公孫樹下歌会での詠草として『心の花』同年七月号に紹介されている。この会は信綱を中心にして東大の国文関係者がつくっていたもので、二月に一回の割合で山上御殿で開催されていた。昭和三年度の最初の集まりがこの六月のもので「会する者佐々木先生を始め一八名、殊にロシアから留学に来ていられる清水浪子さんの出席は一異彩でした。歌評に自己紹介に、夏の夜の更くるに早きを嘆じた次第です」と同会幹事田中定二が書いている。このときに印刷された形は「わが旅は何にたとえむあけぼのの花の木蔭のうたたねの夢」

4
やまとをば何にたとへむはなやかにさまざまにほふ春の花束

佐佐木信綱資料館収蔵の短冊。『心の花』一九二八年一一月号には「やまととは何にたとへむ花やかにさまざまにほふ春の花束!」の形で印刷されている。「さまざま」とは日本文化の多様性を意味している。「日本の精神というと、所々を見てから、文化の意味に於いても一般のあらはれの意味に於いても、ちがった日本は、私にさまざまににほう花束と同じやうに見えます」と作者は説明する(「日本に居った八ヶ月間」)。

5
旅人は君がしるべにみちびかれやまとの歌のこころしりえつ

「佐佐木先生に」という詞書がついている短冊が佐佐木信綱資料館に所蔵されている。帰国途上の敦賀から送られてきたというのがこの歌であろう。

6　わが心ゆめかうつつかひむがしの歌の花さく国をおもへば

『心の花』一九二九年三月号七一頁に掲載されている。グルースキナは帰国するとすぐに信綱宛てに日本語で礼状を書いてよこした。これは第二信の年賀状の中にある歌である。念のために全文を掲げる。

新年あけましてお目出度うございます。日本での新年の時は面白うございますでせう。生憎く私は、新年のまへに帰国致さなければなりませんでした。つくった歌を先生に御覧に入れます。

〔右の歌〕

御判読下さいませ。奥様へ宜しくお伝へ下さいませ。浪子。

7　こほろぎのなく声きけば旅人の……

『心の花』一九二八年一二月号の佐佐木雪子「西片町より」に引用されている。送別会でグルースキナが即興的に詠み、短冊に書いたという。秋の虫に詩情をかきたてられ、別れの悲しさと重ね合わせようとした（らしい）ことはきわめて日本人的な心のはたらきである。残念なことに下の句が伝わらない。

私の想像では、ここに挙げた以外にもグルースキナはなお多くの和歌を詠んだものと思われる。彼女の遺稿の中から、あるいは日本にのこされた短冊の中から、新しい作品が発見されるかもしれないという希望がもたれる。

短冊の形式を借りてグルースキナはロシア語の詩も書いた。さすがにこれはペン書きであるが、「佐佐木信

綱先生　清水浪子」とあるから、上記5の短歌と同時に敦賀から送られてきたのかもしれない。ロシア語のテクストは省略してその散文的な逐語訳を以下に示す。カッコ内はグルースキナの向こうを張って、私が勝手に万葉風を模して意訳したのである。

いとしい人の指輪のように
水色の錦にかけた真珠の首かざりのように
まぶしいばかりに美しい——
あなたの幸多き里は。
この里をあなたは故郷と呼んでいる。
（玉ひかる真珠のごとくわが君の古里こそはあやにうるはし）

わが国ではだれしもが詩人にはなれない。
だれしもが詩神に愛されるわけではない。
だがひとたびこの国に来て
あなたに逢えば、たちまち詩人になれよう。
（日の本は歌びとの国わが君は歌びとの神ムーザのごとし）

ロシアの夢——コンスタンチーノフ回想

フルシチョフの問い合わせ

私が座右の書にしている本の一つは、コンスタンチーノフさんの手になる『北槎聞略』のロシア語訳である。これは日本語テキストを単にロシア語に移しただけのものではなく、大黒屋光太夫をはじめとする伊勢漂流民のロシアでの足跡を丹念に考証しているからである。そのコンスタンチーノフさん（われわれはコンさんと呼んでいた）が光太夫研究をはじめた動機を私が知ったのはつい最近のことである。

コンスタンチーノフ氏
（『今日のソ連邦』1967 年第 3 号）

一九五六年一〇月に鳩山一郎首相がソビエトを訪問した。両国の首脳会談のあと有名な国交回復宣言が出されるわけであるが、日本代表団を迎えるにあたって、クレムリンから東洋学研究所（当時の名称はアジア諸民族研究所）あてに次のような質問が発せられたのだという。——日本とロシアは何百年間もいがみ合ってばかりいたのか、歴史上日本がロシアに対して友好的な感情を示した例はなかったか。

このエピソードを伝えているのは朝鮮系のワシーリイ・リ（李）氏である

（『ダーリニー・ヴォストーク』一九九四年七号）。どうやらファインベルグ女史の『露日関係史』が一冊の本にまとめられたのも、ソビエト政府のこの下問と関係があるらしい。

この年コンさんはシベリアからモスクワに移り、東洋学研究所に勤め出したばかりだった。シベリアでは一五年間ラーゲリの囚人だったのである。レーニン図書館の書庫で資料をさがしはじめたとき、彼はある司書から手書きの和本『魯斉亜国睡夢談』を示された。その本は二〇世紀のはじめに日本学者スパリヴィン博士が京都の古書店で入手したもので、一九三八年極東大学の東洋学部閉鎖ののち、他の蔵書とともにモスクワへ送られてきたのだった。内容はと言えば、大黒屋光太夫ら一行のロシア漂流記、ならびに一一代将軍家斉が帰国した光太夫と磯吉を江戸城内で引見したもようを記録したものである。光太夫らはロシア側の好意でラクスマン使節に送られて帰国したのであるから、日露親善の話題としては打ってつけの実例だった。

フルシチョフが鳩山首相との会談で光太夫のことをどう語ったかわからないが、コンさんの研究は一九六〇年に右の書物を『ロシアの夢』（Sny o Rossii）と題して翻訳し詳細な注釈をつける形で実を結んだ。それまで修士の学位すらもたなかったコンさんは恩師コンラド教授の特別の推薦によって一躍歴史学博士となった。それは光太夫のロシア見聞録としてはさらに充実している『北槎聞略』にコンさんの関心が向かう第一歩となった。

蛇足になるが、井上靖の小説『おろしや国酔夢譚』、ならびにそのロシア語訳たる『ロシアの夢』という題名はこのような事情に由来しているのである。

大人の風貌

コンさんには二度お目にかかっている。最初は歴史家の亀井高孝《たかよし》先生のお供をしてモスクワをたずねたときである。一九六五年のことで、言語学者の村山七郎先生を交えて三人の旅だった。

コンさんはこのとき六二歳、恰幅がよくて背丈がどう見ても一八〇センチ以上はあるのに、日本人としても小柄で七九歳になる亀井先生に鞠躬如として仕えるようすが印象的だった。このときわれわれはモスクワ市内の団地にあるコンさんのお宅に招かれて、ロシア風の正餐をご馳走になった。歴史家のトペハさん夫妻と、日本語学者のスィロミャートニコフさんが相客として招かれていた。コンさんから「わたしの細君です」と言って紹介されたのが奥さんのセラフィーマさんだった。

セラフィーマさんとは二度目の結婚であること、ハバーロフスクの収容所で二人が囚人として出会ったということは、その前に聞いていた。しかしコンさんはことさら深刻な表情で履歴上の重大事を明かしたわけではなかった。世間話でもするかのようにサラリと言ってのけたのだったが、こちらの胸にはずしりと重くひびいた。つねに悠揚せまらぬ挙措と変わらぬ温顔のかげに不条理な長い年月の苦難がかくされていたかと思うと、粛然とした気分にならずにはいられなかった。

それから五年後に、私はモスクワに留学することになる。町の地理に一とおりなじんでみると、コンさんの家のあるノヴォ・チェリョームシキンスカヤ通りは大学への通学路からさほど遠くないことがわかった。そのこともあずかって、私は友人をさそって二、三度セラフィーマさんのもとをたずねた。そのころはもうコンさんが亡くなっていたのである。カーニバルに当たる二月半ばのマースレニツァの祭りには、この時期のロシア料理として知られるブリヌイ（クレープ）の焼き方を教わった。セラフィーマさんは料理の腕に絶対の自信をもっていたのである。

コンさんは一九六七年の夏に日本へやって来た。私としては再会である。文豪レフ・トルストイの遺物展に関連しての派遣だったと思う。亀井先生はまだご健在で、一夕、コンさんと彼の同行者の歴史学者でモスクワ大学教授のフェドーソフさんを新橋のある料亭に招待された。私もお相伴に呼ばれた。その席には芸妓が来た。三味線に合わせて舞いを披露してから、重たそうな衣装を着た芸者さんが酌をしてまわった。慣れない場所で私はほとんど動転していたが、二人のロシア人学者はすっかり饒舌になった。とくにコンさんは同僚の話す分まで通訳しなければならず、多忙をきわめた。その折りばかりではない。一月半ほどの滞在日程の中味を聞くと、ひどくたてこんでいることがわかった。果たして帰国後ひと月ほどでコンさんが急逝したという知らせを受けとったときには、やはり旅の疲れのせいではないかという疑念が去らなかった。

『北槎聞略』のロシア語訳がレニングラードの若い同僚であるゴレグリャード氏の手で刊行されるのは、没後一一年を経た一九七八年である。

日本語の縁

コンさんは一九〇三年にイルクーツクで生まれた。一七年のロシア革命に際会してさまざまな紆余曲折があり、結局一九二三年からモスクワ大学東洋学部で日本語を学んだ。コンラド博士についた最初の大学院生だったという。一九二七年に来日し、一九三一年から三三年まで早稲田大学で学ぶ。このことは伝記辞典などにも書かれているものの、まだ二〇歳代のコンさんが日本で何をしたか、早稲田で何を学んだか、本人に直接たずねる可能性がなくもなかったのに、それを怠ったのは残念でならない。

確実なのはコンさんが日本語にみがきをかけたのが最初の日本滞在時代であること、また彼は早くから赤軍に籍のあったことである。東京のソ連大使館での肩書は陸軍武官通訳であった。後述するチクナヴェリャンツさんの証言によれば、ゾルゲとも交際があり、この稀代の諜報部員はモスクワでコンさんの住まいをたずねたことがあったという。

日本で培ったコンさんの人脈はきわめて広範囲に及んだ。今は亡き蔵原惟人氏、黒田辰男氏などおよそ同年輩の人びととの付き合いはこのときにはじまった。一九六七年の来日は旧交を暖める絶好の機会だったようである。私は亀井老先生の背中ごしにコンさんを仰ぎ見ているだけだったが、戦前の日本についての知識の深さには舌を巻く思いがした。

早稲田を出たコンさんはモスクワに戻って、フルンゼ名称陸軍大学に入った。日本軍の歩兵操典などを翻訳したのはこの時期である。結婚して二人の娘も生まれた。エム・アイールスキイ（M. Airsky）という初期のペンネームは妻と子どもたち（マリア、アンナ、イリーナ）のイニシャルをつなぎ合わせたものである。

一九三九年に粛清の魔の手がコンさんの身の上にも及んだ。日本のスパイと密告され、残忍な拷問の末に死刑の判決を下されたのである。コンさんに不幸をもたらしたのは日本とのつながりだったが、彼を辛うじて死の淵から救ったのも日本語の知識だった。日本から送られてくる草書体の一次資料を読み解ける人材がコンさんのほかには見当たらなかったからだという。死刑が二〇年の懲役刑に変えられ、ハバロフスクに送られる。旧満州国に近いこの地では、コンさんの能力がますます光を放つことになった。生物兵器による細菌戦を準備した七三一部隊のおぞましい所業をコンさんはいち早く見抜き、厖大な資料を収集して戦後の軍事裁判のときに役立てたという。

前にちょっと名前を出したワシーリイ・リさんは、コンさんが収容されていたラーゲリの警備兵だった。監視にあたっているうち、コンさんの人格に感化されて弟子になったのである。

一九五四年、つまりスターリンの死の翌年、コンさんは刑期を五年間短縮されて自由の身になった。獄中で知り合ったセラフィーマさんが外で待っていた。

つながる人びと

一九九八年の秋のこと、北大スラブ研究センターのニューズレターを読んでいた私は驚くべき記事に遭遇した。センターの研究員として来日し札幌滞在中の地理学者アレクセイ・ポストニコフ博士が自分の父親の名としてコンさんの名前を挙げていたのである。しかもその記事にそえられていた写真は、生き写しといっていいほどコンさんに似ていた。

私はすぐさまポストニコフさんと連絡をとった。そしてまもなく開催されたスラブ研究センターの冬期研究集会に出かけていった。実際に会ってみると、ポストニコフさんは声まで父親の遺伝子を受け継いでいた。息子は父親の逮捕直前にあたる一九三九年三月末の生まれだった。母親が再婚した相手の姓がポストニコフだったわけである。

私はアレクセイさんから父親にまつわる思い出話をいろいろ聞かせてもらったが、最も興味ぶかかったのはコンスタンチーノフ家の始祖のロマンスである。いつのころか、ロシア人がイルクーツクに学校を開いたとき、ツングースの旧称でも知られるシベリアの原住民エベンキ族の若者がこの学校に入学した。彼は抜群の成績をおさめて卒業し、今度は教師として学校にのこされるが、やがてロシア貴族の娘と恋仲になって結婚しコンスタンチーノフ家がはじまる。この貴族の娘というのは、ロシアのシベリア進出の端緒を開いたストローガノフ家の出身だった、というのである。ロシアのような多民族国家にあってはとりたてて珍しい話ではないにせよ、コンさんのような日本学者の体内に東洋人の血が混っていた事実にはある感慨をおぼえずにはいられない。

一九九九年の夏になって、もう一つ幸福な偶然が私をおとずれた。以前特派員としてモスクワに駐在しておられた読売新聞記者の大舘《おおつき》人一氏を通じて、コンさんの伝記ともいうべきロシア語のかなり長い原稿を読むことができたのである。著者はアンナ・チクナヴェリャンツさんといい、モスクワの名門校バウマン工業大学の助教授をしている。専門は哲学である。

アンナさんは例のノヴォ・チェリョームシキンスカヤの団地でコンさん夫妻と隣人づき合いをしていた。コンさんの家には子どもがいないので、外出するさいには息子をあずけることもあった。やがてアンナさんはコンさん夫妻の深みのある人となりに魅せられ、夫妻それぞれの前半生を聞き出して、A４判のタイプ用紙で一二〇ページほどのまとまった文章を書き上げたのである。ワープロできれいに清書されている。題名が『地獄をくまなく経めぐって』となっているのは、収容所時代の苦しみがとくにアンナさんの同情を買ったからであろう。アンナさんのような若い世代にとって、スターリン体制下での大粛清はやはりショックなのである。アンナさんの筆はロシアの日本研究の歴史にまで及んでいる。適度に文飾もあって、文学作品のような出来栄えである。隣人にこのように慕われるだけでも、ヴラジーミル・コンスタンチーノフさんとセラフィーマさんのゆかしい人柄が知れようというものである。

リハチョフ博士随行記

サハリンの「ジャガイモ頭」

「ロシアのえらい学者です。エリツィン大統領の友人ですよ。なるべく静かに走ってください」

私はタクシーに乗るたびに、運転士にこう頼むことにした。大統領の友人というのは、いささか誇張である。しかしリハチョフ博士はロシア文化基金総裁であり、一九九一年夏のクーデタのときには、ペテルブルグの宮殿前広場でエリツィン支持の演説をぶったことがある。そればかりではない。一九八六年にソビエト文化基金の名前でこの組織が発足したときから、博士は総裁の職についていた。ソビエトが消滅するまではゴルバチョフ夫人のライサ・マクシーモヴナが名誉総裁だった。基金は公的性格をおびた機関だったから、博士はゴルバチョフ大統領とも何回か面談をする機会があった。その意味では、私は博士が大統領たちの友人と言ってもよかったのである。

あるとき、私がこの前口上を言い忘れてタクシーに乗りこんだことがあった。車内で交わす会話を聞きつけて、運転士が私に話しかけてきた。

「お客さん、ロシアの方じゃありませんか。」

「どうしてわかるの。」

「私はサハリン育ちですよ。むかしの豊原、今はユージノサハリンスクというのかな、そこでロシアの子供たちと遊んでいたんです。」

「ロシア語まだおぼえていますか。」

「挨拶ぐらいはね。」

博士と令嬢のリュドミーラさんにむかって、私は運転士とのやりとりを説明した。

「挨拶のほかにどんなロシア語を知っているかね」と博士は興味を示した。相手はしばらく考えて、こう答えた。

「ロシア人とけんかをするとき、よくこう言いましたね――ガラワー・カルトーシカって。」

八六歳の博士と五六歳の令嬢リュドミーラさんがこらえかねたように笑い出した。直訳すれば、「ジャガイモ頭」という意味なのである。その種の悪態はロシアでも耳にしたことがないという。いくら『中世ロシアの笑い』の著者の一人とはいえ、これほど屈託のない笑いを老碩学から聞けるとは思わなかった。そのあと、何かヘマをしそうになるたびに、「ガラワー・カルトーシカ」が博士の口から出た。

樺太で生まれた運転士が忘れずにいたもう一つのロシア語は「コメンダント」すなわち警備隊長だった。ユージノサハリンスクの最高権力者で、子供ごころに怖さが身にしみていたという。

「ほらね、言葉とはそういうものなんだね」と博士が感じ入ったように言った。

博士は一九二八年から三二年までの四年間、北ロシアの白海にうかぶソロフキ島の収容所に入れられていた。釈放されてから最初に発表した学術論文が泥棒言葉の研究だったことは、公式に刊行されている業績リストによってよく知られている。言語の問題は博士の頭から決してはなれないのである。もっとも、あとでわかったことだが、博士のいわば処女論文は囚人のトランプ博打について考察したものである。リュドミーラさんもそう言っていた。ただ何かの会話のついでだったので、どこへ発表されたのかうっかり聞きもらしてしまった。今まで発表された伝記類には記載されていない。若き日のトルストイのように、博士もかつてはトランプに夢中になったことがあるのだろうか。

初めての来日

リハチョフ博士はロシア大統領の友人の資格で日本へやってきたわけではない。今回の招待者は国際交流基金で、二〇世紀を総括する国際シンポジウムに参加するため、日本をおとずれたのである。一九九三年八月下旬から九月の初旬にかけて八ケ岳のふもとで開かれたこの会議のテーマには「コミュニズムの崩壊」「ナショナリズムの将来」「社会科学の危機」「エコロジー問題」等々が並んでいた。

博士の生まれは一九〇六年、当時ロシア帝国の首都だったサンクト・ペテルブルグである。一九一七年の革命の実況を物ごころついた少年の目で目撃したばかりか、政治犯収容所の恐怖を身をもって体験し、ソビエト政権のすべての時期を生きぬいた。したがって、このシンポジウムのために博士ほどふさわしい人物は他に見当たらなかったと言ってもよい。

博士を日本に迎えるについては、もう一つの期待があった。博士にはヨーロッパの庭や公園を論じた著書がある。『庭園の詩学』の題名で邦訳も出ている（坂内知子訳、平凡社、一九八七年）。私は庭園学については門外漢であるが、この本を面白く読んだ。ヨーロッパ、とくにロシアのさまざまな庭園の様式を、それぞれの時代の思想の表現としてとらえているのである。ソビエトの出版物としては珍しく、写真や絵もふんだんに収められている。それに、これは博士の持味なのだが、何よりも記述が具体的で、生気にあふれている。

残念なのは、そこでは日本の庭園がまったくふれられていないことだ。原書の初版が出たのは一九八二年で、その翌年キーエフで国際スラヴィスト会議が開かれたとき、私は博士に会う機会があった。

「日本にもいい庭があるのですが」とおずおず切り出してみた。

「まだ見たことがないのでね」というのが博士の答えだった。一九八七年に、博士の日本訪問が実現しかけたことがある。日本比較文学会が国際シンポジウムを企画してソビエトの数人の専門家とともに招待状を出して、博士からも承諾の返事があった。しかし直前になって病気のために行けないという連絡が来た。ロシアの招待客のうち博士だけが見えなかったのである。

それだけに、今回の来日は博士にとっても、私などのようなロシア文化の研究にたずさわる者にとっても、待望久しいものだった。

しかし何分にも、相当な高齢である。成田でお目にかかったときの第一印象は、新聞や雑誌などに出る写真より、だいぶ老けられたな、というものだった。ステッキこそついていないが（翌日浅草で一本買い求めることになる）、足もとが幾分おぼつかない。だが人手を借りるほどではない。背もいくらか低くなられたようだ。しかしうれしいことに、声はしっかりしている。ホテルへ向かう車に乗ってからうかがうと、アジアをたずねるのはこれが初めてとのことだった。

「今まで出してもらえなかったのでね。でも比較文学会によばれて来なかったのは本当の病気のためで、政治的発病ではなかったのだよ。」

共産党政権のおぼえがめでたくなかったのである。

中世ロシア研究を土台に

ドミートリイ・リハチョフの学者としての出発点はロシア文学、それもピョートル大帝以前の古い時代のロシア文学である。

父親は電気技師、祖父はペテルブルグの「世襲市民」だった。貴族ではないが、農民や町人よりは格が上の身分である。

革命の熱気がさめやらぬ一九二〇年代にレニングラード大学で学んだ。資本主義に妥協したいわゆるネップ（新経済政策）の時期で、芸術や学問の世界にはまだ自由闊達の気風がみなぎっていた。大学では最初のうちシェイクスピア研究を志すが、英文学の領域ではしょせん英国人を抜けないとさとって、自国の中世に転じた。しかし、文学研究の堅牢な理論と手がたい実証的方法は外国文学研究で会得した――これは本人の回想である。一九二八年二月に突然逮捕されてソロフキ島の収容所に送られたのは、革命後に改められた正字法と比較して旧正字法の長所を主張したためである。ごく内輪の研究会での発言だったが、トロツキーを追放したばかりのスターリン政権は文化統制を急速につよめつつあったのである。

レニングラードに戻ってからは出版社の校正係をしていたが、一九三八年ロシア文学研究所に所員として採用され、学者としてのキャリアがはじまった。まもなく独ソ戦が勃発し、九〇〇日におよぶ長くてつらい包囲の時期があったものの、若い学者は充実した学術論文や著書を次々と発表していく。

ロシア中世関係のリハチョフの仕事は三つの時期とグループに分けられると思う。第一のグループは一九四〇年代から五〇年代の前半まで。この時期には中世都市ノヴゴロドの文化と歴史が研究対象となり、古年代記、それに『イーゴリ軍記』など個々の作品の校訂や現代語訳が行なわれた。しめくくりが『ロシア文学の成立』である。

第二のグループは五〇年代の後半から七〇年代の初めまで。ロシア中世文学史の理論的な整理と全体的俯瞰が作業の中心となる。大著『本文批判法』につづいて、『中世ロシア文学における人間』『中世ロシア文学の詩法』『一〇―一七世紀のロシア文学の展開』のいわば三部作が発表される。この三冊はいずれも国家賞をはじめ、何らかの賞を獲得した。博士の仕事はつねに独創的な視点と新しい発見を含んでいる。思考が柔軟なのである。

ロシアの中世文学はロシア人にとってすら半ば忘れられた存在だった。自国の古い歴史と文学の再発見をうながしたのがリハチョフの功績である。これをきっかけに、中世ロシア文化がソビエト出版界のブームになった。

第三のグループは一九七〇年代。この時期には文学の枠を越えて、娘のヴェーラと共著で『中世ロシアの芸術的遺産と現代』、二人の弟子たちとの共著で『中世ロシアの笑い』(中沢、中村による共訳あり、平凡社、一九八九年)が刊行される。後者は一言でいえば、バフチンのカーニバル論をロシアの中世に適用したものである。

八〇年代になるとリハチョフの関心の対象は中世の限界すら超えていく。前述の『庭園の詩学』のほか、プーシキンやドストエフスキイなど近代作家の作品を論じた文章が『文学~現実~文学』の中にまとめられ、さらに一般読者に最も親しまれることになるエッセー『ロシア論覚書』が一九八〇年の雑誌『ノーヴィ・ミール』三月号に掲載された。

卓抜なロシア論

七〇年代までに出たリハチョフの著書はいずれも何回か版を重ねたけれども、児童出版所から出された『イーゴリ軍記』を除けば、一回の発行部数が一万部を上まわることがなかった。しかし『ロシア論覚書』はたちまち単行本となり、五万あるいは一〇万の単位で繰り返し刊行されたのだ。

幸いなことに、この本は『文化のエコロジー　ロシア文化論ノート』（長縄光男訳、群像社、一九八八年）として邦訳が出ているほか、その一部が子供向きに書き加えられた文章を加えて『ロシアからの手紙　ペレストロイカを支える英知』（桑野隆訳、平凡社、一九八九年）の中に収められている。

著者の言葉によれば、これは折にふれて書きためられたロシアとロシア文化の特質についての感想をまとめたものであるという。それだけにリハチョフの筆にはよどみがない。発想は自在に飛躍しながら、ロシアのみならず現代の世界全体のかかえる問題ともかかわり合っている。たとえば、自由（ヴォーリャ）に対するあこがれがロシア人の特性であるとしてリハチョフはこう書く。

広大な空間はロシア人の心を常にとらえて離しませんでした…『ヴォーリャ』——それは行けども行けども果てしがなく、大きな河の流れに乗ってどこまでも旅をすることができ、自由の息吹き、見遥かす大地の息吹きを吸い込み、風で胸を一杯にふくらませ、頭の上に大空を感じ、足の向くままに、どこへでも行くことのできる大きな空間です（長縄訳による）。

学者というより、詩人の文章である。

これはロシアへの賛歌であるが、ロシア人へのいましめも含まれている。ナショナリズム批判がそれである。「ナショナリズムは民族の強さではなく弱さのあらわれである」とリハチョフは説く。大切なのは愛国心である。愛郷心といってもよい。大きな民族は少数民族がその言語や文化を維持し発展させるのを助けなければならない。これは当時のソビエトにおいてロシア人のとるべき態度を念頭においたものにちがいない。もっとも、当時のソビエト領内、現在のＣＩＳ諸国の各地で、まもなくナショナリズムの火の手が上がることまでは予想していなかっただろうが。

とはいえ、博士のアンチ・ナショナリズムは今も一貫していて、日本での新聞記者とのインタビューでは愛国心や愛郷心が他民族への憎悪と結びついてはならぬことをつねに力説していた。

最近の文筆の仕事のことをつけ加えておく。八〇年代の後半になってからは、何種類かの回想録が出版された。中には著者の許諾を得ないで印刷された「海賊版」もある、と博士は笑っていた。一九九三年の春には『古代からアバンギャルドまでのロシア美術』という巨冊を出して世間を驚かせた。イタリアで印刷されただけあって、美しい印刷である。今まで発表された文章も含まれていて、世評はリハチョフ学の集大成と目している。

市民運動の旗手として

研究者リハチョフの才能は学界ではいち早くみとめられ、一九四七年に年代記研究で博士号を与えられた。

五六年には科学アカデミーの準会員に選ばれた。このときすでに正会員にという声もあったが、非党員という立場が妨げになった。正会員に昇格するのは七〇年である。五八年以来ロシア文学研究所の中のロシア中世文学部門の科長として現在にいたっているが、研究所の所長に任命されたことはない。これも非党員という身分のせいだった。

とはいっても、博士の活動舞台がロシア文学研究所の壁の中に限られていたわけではなかった。年譜によれば、一九六一―六二年レニングラード市議会議員とある。これはどうやら一期ですんだらしい。

一九六五年から各種団体の文化財保護委員としての活動がはじまる。それは専門の学問的業績では最も中心的な第二グループの三部作が執筆されつつあった時期にあたっている。よくも気が散らなかったものである。そういえば、私が初めてレニングラードのロシア文学研究所に博士をたずねたのもこの年だった。初対面の博士から、研究所の所員たちの集まりで日本での中世ロシア文学の研究状況を報告するように命じられて、私は大いにあわてたものだった。資本主義国からの新米の研究者に博士が少しも隔意をいだかなかったことのあらわれである。

ペテルブルグ第一の目抜き通りをネフスキイ大通りと呼ぶことは、ロシア文学の愛好者ならだれもが知っている。一九世紀以来のその歴史的景観を維持しようとする運動に、博士はすでに五〇年代から参加していたという。ロシア国内の各地に博物館をつくろうという呼びかけにも早くから加わった。モスクワにゴーゴリ博物館、ヤロスラーヴリに『イーゴリ軍記』博物館を設立したのは博士のお手柄だった。一九八八年のキリスト教受容千年記念祭を期に、国有化されていたモスクワ市内の旧ダニーロフ修道院が正教会に返還された。それにも博士の尽力があったらしい。

もっと人目をひいたのは、北ロシアを流れる大きな河川の水を逆流させ、中央アジアの乾燥地帯に送って砂漠を緑地化する自然改造計画に反対の声をあげたことである。計画を立てたのは党や政府の側で、作業はすでに実施段階にはいっていた。それに対して一部の科学者や文化人グループがはげしく反対し、世紀の大計画をとりやめさせたのである。リハチョフ博士はいつも抗議の先頭にたっていた。

そのほか、モスクワの南にある有名なヤースナヤ・ポリャーナのトルストイ博物館の運営問題、レニングラードの科学アカデミー図書館に火災が起こったあとの防火体制強化、モスクワのレーニン図書館の改築などなど、博士はロシアで文化にかかわる大小の問題が生ずるたびにためらわず社会的発言を行なってきた。

それは当然ながら、一部の勢力の反感を招いた。自宅前の路上で暴漢におそわれ、負傷したという噂も伝わってきた。この種のテロはソビエト体制下各地で頻発したらしい。ＫＧＢがかげで糸をあやつっていたのであろう。リュドミーラさんの双子の妹にあたるヴェーラさんが八一年の九月にある疑わしい状況のもとで事故死したときも、博士の市民運動に対する無言の警告と人びとには受けとられたという。

それでも博士はひるまなかった。一九八四年に出た上述の『ロシア論覚書』の第二版では、書物の扉に向かい合って、博士の写真といっしょにヴェーラさんの遺影が掲げられている。それは闇の勢力に対する挑戦状のように見えなくもない。

博士にむかって権力の側から手をさしのべてくるのは、一九八六年にゴルバチョフがペレストロイカ路線を打ち出したときだった。前にも書いたように、この年に設立されたソビエト文化基金の総裁に推され、八〇歳の誕生日にはソビエト最高のレーニン勲章まで与えられたのである。この年、レニングラードの作家グラーニンはわが国では目下「リハチョフ現象」が生じていると『文学新聞』に書くとともに、若き日の博士がソロフキのラーゲリで四年間を過ごした事実を初めて公表したのだった。

好むと好まざるとにかかわらず、時代が博士にまばゆいばかりの脚光を浴びせ、運動の波頭にまつり上げたのである。

「悪夢だった」共産主義

二人の大統領の友人といっても、どちらかといえば博士はエリツィン・ロシア大統領のほうを高く買っている。ゴルバチョフのはじめたペレストロイカは、それとして高く評価しての上である。「差し向かいで話していても、ゴルバチョフ大統領はこちらの言うことを理解しているかどうかわからない。そこへいくとエリツィンはちがうね。まともに話をきいてくれる。」

博士にとって応接の態度だけが問題なのではない。ゴルバチョフの背中にはまだ共産党という黒い大きな影があった。ソビエトという国家機構の中にあってその政府を指導すると号した党の外にあることは、それだけで大きなハンディキャップを意味した。博士はたえず疎外された者の孤独感を味わっていたにちがいない。

八ケ岳山麓でのシンポジウムのあと、東京で記者会見があった。その席上、コミュニズムの崩壊について質問を受けた博士は、吐いてすてるようにこう言い切ったという。

「あれは悪夢でした。」

ロシア共産党の指導者たちはマルクシズムの古典さえろくに読んでいない無教養な連中だった、というのが博士の口ぐせである。

とはいえ、ボリシェヴィズムの圧政に責任を負わなければならぬのは、ロシア人だけではない。スターリンやミコヤンはカフカーズの民族の出身者、博士にとって身近な例ではソロフキ収容所の残忍な所長がエストニア人、人殺しが趣味の「コメンダント」はラトヴィア人だった。悪夢に対しては旧ソビエトのすべての民族がひとしく罪を感じなければならない、というのである。

八ケ岳から戻ってまもなくのころ、ウクライナが黒海艦隊の半分をロシアに「売りわたした」というニュースが新聞にのった。もともとこの艦隊がロシアとウクライナのどちらに帰属すべきかが紛争のまとになっていて、数カ月前に半分ずつ分け合うことで片がついていたのである。博士も英字新聞でいち早くその情報を仕入れていた。朝食をとりながら話題がそのことに及ぶと、博士は目にみえて頬をゆるませながらこう言った。

「水兵は大部分がロシア人だからね。軍艦を半分ずつに切るなんて土台無理なんだよ。」

エリツィンは支持しても、ウクライナのクラフチュク大統領についてはまったく信頼できない、という口ぶりである。ウクライナが独立すること、ウクライナ語をその国語とすることに異議はない。しかしロシア人をウクライナから追い出すことはまちがっているし、ロシア語の使用を禁じることも正しくない。なぜならロシア語は芸術的に洗練されていて、学術用語の体系を完備しているのだから、というのが博士の意見である。

どう見ても博士はロシアの愛国者である。しかし、ナショナリストでは、むろんない。むしろ、民族派と呼ばれるグループからは敵視すらされている。理由は簡単で、ロシアが初めからヨーロッパ世界の一員である、というのが博士の持論だからである。その考えは中世ロシア文学の歴史的性格を規定するときからのもので、博士の固い信念なのである。ロシアとヨーロッパの違いをことさら強調する思想、ヨーロッパとアジアの中間にあるロシアが独自の使命をになうべきであるとするユーラシア主義の考え方を博士は断乎として斥ける。

西欧的な価値基準はロシアでも受け入れられるというのである。

エリツィンの改革にさからう議会の代議員たちは特権にしがみつく権力の亡者にすぎない——それが国際文化会館で行なわれた公開講演での結論のようなものだった。

礼節あって衣食足る

一九八九年に博士は人民代議員に選ばれた。ソビエト体制幕引きの時期の国会議員だったわけである。博士は知識人の立場を代表して演壇に立ったが、そこで強調したのはあらゆる文化活動にたずさわる人びと、とりわけ学校の教師や看護婦たちの待遇改善をもとめることだった。

ロシア社会の現状が混乱のきわみにあることを、博士は否定しない。ボリシェヴィズムによる七四年間の支配がロシア人の心を荒廃させたからである。帝政時代のロシアには誇るべき文化があった、と博士は考える。

「帝政の復活についてどうお考えですか」という質問が公開講演のあとで出された。

「それには千年の準備が必要です。貴族制度や領主文化のような基盤のないところで帝政の復活は不可能です。」

しかし帝政はなくとも、ロシアには文学、音楽、絵画、演劇などの伝統的な文化があり、さらに正教会という宗教がある。それを受けつぎ、発展させることによってロシアは再生できる、というわけである。

現在の状況はたしかにカオスである。しかしこのカオスこそ将来の発展への可能性をひめた状態である。現に新しい才能の芽が今のロシアで育ちつつある、と博士は自信をもっているようだった。

京都のホテル前で。リハチョフ博士（中央）とリュドミーラさん（右）。
左は博士を訪ねてきた当時日本滞在中のスヴィリードフ氏（次節参照）

ある新聞社のインタヴューで、現在のロシアに日本が援助をするとすれば、文化面と経済面のどちらを優先させるべきかという質問が出た。

「文化です」即座に博士は答えた。「たとえば若い学者たちの研究成果の出版を助成するような。もちろん医療援助も不可欠です。しかし経済援助は有害無益といっていいでしょう。マフィアたちの懐をこやしてやるようなものですから。」

博士の付人兼通訳としてその場に居合わせた私としては、東洋には「衣食足って礼節を知る」という格言もあるのですが、と口を差しはさみたくなった。口出ししなかったのは、博士の反論が容易に推察できたからである。

礼節を知ることが文化である。泥棒が横行していれば、何百台の貨車で援助物資が送られてこようと、その品物はたちまち雲散霧消してしまうではないか……「礼節がなければ衣食が足るはずはない」と博士は確信している。確信には勝てない。

博士は文化の重要性を別の場所では比喩をつかって説明

した。

「ここにある高層建築があるとします。われわれが目にするのは出来上がったときですが、建築家は図面をひくときにその姿を心に描いているのです。図面がなければ建物は決して実現できないはずです。」

イデーの優越性が博士の文化至上主義の根底にあるにちがいない。

食べ物の味も文化であるが、食事に関してリハチョフ父娘はきわめて禁欲的だった。なるべく多様な日本の伝統的な食文化に接してもらおうと考えてメニューをえらんだが、いつも「おいしい」「美しい」という感想ばかりで、格別の興味を示されることがなかった。

「日本の有名な作家たちの多くは食通を自任していますが、先生は食べ物の味にうるさくありませんか」とリュドミーラさんに水をむけてみた。

「パパは作家じゃないわ。でも、食べ物のことでグチをこぼしたことはありませんね。」

「ご馳走の出るパーティーによばれることが多いでしょうに」と私。

このとき博士自身が横から口を出した。

「パーティーには出ないことにしている。だから最近はよばれることもなくなったよ。」

食事ばかりでなく、現代物質文明の精華ともいうべき電化製品にも博士とリュドミーラさんはあまり関心がなさそうに見えた。お目当ては日本文化だったのである。

京都の庭

博士はゆったりと歩く。昔からの癖である。

人に接する態度は慇懃をきわめる。講演会のあとで、博士の著述の邦訳書にサインを求める若い人たちの長い行列ができた。博士はその一人一人に、ていねいな文字かざりや絵文字のまじったサインを与えた。図柄はそれぞれ別のものだった。エレベーターには決して女性より先にのらない。万事にわたって、物腰がエレガントなのである。

新聞社とのインタヴューはせいぜい一時間と約束していたが、時間内に終わることがなかった。博士が話をつづけるので、記者のほうから打ち切るわけにいかないのである。そして話の中味は辛辣でも、口調はいつも穏やかだった。しかも目の光は人の心を射るように鋭くて、晩年のトルストイのような風格がある。

一見してただならぬ風貌のおかげで、タクシーに乗るときも運転士に余計な説明など一切不要なことにやがて気づいた。

東京では自由な時間が少なくて、小石川の後楽園を見学しただけだったが、京都ではまる二日のあいだにいくつもの神社や寺院をまわった。

「京都の町はいい。気分がおちつくよ。高い建物がないせいだろうね」——博士の第一印象である。東京がモスクワとすれば、博士が生まれ育ち今も住んでいるペテルブルグは京都にあたる。町のたたずまいも似かよっている。

庭を見に来たとわかると、タクシーの運転士が自分も家に庭をつくっていると言い出した。京都人は屋敷に空地がなければ、ベランダや屋上にでも庭をつくりますよ、というのである。博士が『庭園の詩学』で論じている庭とはずいぶんスケールのちがう話であるが、博士にはそれがすっかり気に入ったらしかった。

まずおとずれた竜安寺では、縁側にすわりこんだまま長いこと立ち上がらなかった。スピーカーから流れてくる解説はひととおり伝えたが、あまり意に介さぬ風である。何か考えをまとめているらしい。そんなときはリュドミーラさんも私も、ずっとだまって待っている。博士は、心にうかぶ感想をすぐに口にするたちではないのである。石庭の土壁の外に寺院全体の庭がある。さらに寺をかこむ背後の山々が寺を含みこんで一個のコンプレックスをなしている。そんな重層性に注意が向いていることはあとで幾分想像できた。

金閣、銀閣、それに桂離宮や平安神宮などをまわりながら、ときおり立ちどまってはメモをする。銀閣寺だったろうか、博士は路傍の石に腰をおろしているとき、一つまみの白い砂利石をひろってポケットに入れた。

「叱られないだろうね。」

「大丈夫です。」

「コマロヴォの夏の家でぼくも石を集めているんでね。」

コマロヴォはフィンランド湾に面した松林の中にある。アカデミー会員用の別荘地なのである。

砂利もさることながら博士はコケにもっと心を動かされている風だったが、こちらは生き物なのでポケットにおさめるわけにはいかないのだった。

博士の片言隻句、それに新聞記者とのインタヴューなどから察するところ、ヨーロッパの庭が休息と娯楽の空間であるのに対し、日本の庭は祈りの場所というのが博士の当面の結論であるらしい。

「先生、『庭園の詩学』の新しい版に日本の庭についての章をお書きになりますか」と私はたずねた。

「いや、日本の庭については新しい本を書く必要があります。そのためにこれから日本語を勉強します。」

私には返す言葉がなかった。博士は日本文化に惚れこんだのである。

スヴィリードフ追悼

悲報

「ついさっき、ユーラが亡くなったそうです……」

友人の安井亮平さんからこう知らされて、私は耳を疑った。一九九七年の大晦日の前日のことである。

ユーラは腎臓に持病があってここ五年ほど人工透析を受けてはいたが、命にかかわるほど病状がすすんでいるとは思われなかった。ただ、気がかりなことがなかったわけではない。透析の負担が心臓にかかって、余病を併発しているという噂を聞いていた。ひと月ほど前、私が最後に受けとった手紙にも、たぶん来年の一月には心臓にカテーテルを通すことになるだろうと書かれていた。夏の終わりには、右足のくるぶしをいためて歩行困難になったという便りも届いていた。散歩もままならぬとすれば、心臓にはますます応えていたにちがいない。

不意をつかれた思いがつよかった理由がもう一つあった。お母さんのアグラーヤさんがその前夜に関西空港から帰国したばかりだったのである。私が電話を受けた時点では、どう考えても、ペテルブルグの自宅にはまだ到着しているはずがなかった……

レニングラードで

ゲオルギイ・ゲオルギエヴィチ・スヴィリードフに初めて会ったのは一九八一年の夏のことで、場所はレニングラードだった。ネヴァ川に面した東洋学研究所を訪ね、彼の執務室に通されたのである。彼はそのころ三〇歳をすこし超えたという若さにもかかわらず、学術書記というポストについたばかりだった。ソビエトのアカデミックな研究機関の中で学術書記は所長につぐ責任の重い地位なのである。彼の前の机は長さが二メートルほどで、その前日におとずれたロシア文学研究所のドミートリイ・リハチョフ博士がすわっている机の二倍ほどもあった。妙な比較の記憶がのこっているのは、博士の机はかつて有名な言語学者のシャーフマトフ愛用の遺品だったという話を聞いていたからである。

大きな机の主は黒いあごひげをたくわえ堂々たる体格をしていたが、話してみるとごく親しみやすい人物だった。そのふくよかな顔にはいつも善意の微笑がうかんでいた。私たちはすぐに打ちとけた。彼が日本の中世の説話文学を専門としていることは以前から聞いていた。私がロシアの中世文学をテーマとしていることに、彼は格別の興味をいだいたのかもしれない。それが私の第一印象だった。しかし彼が日本人のあいだに驚くほど多くの友人＝サポーターをもっていたこと、しかもそれは世間で学者と呼ばれる人間たちに限らなかったことなどを考え合わせてみると、彼には他人とのあいだに瞬時に親和力を醸成する特別の資質がそなわっていたと考えるべきであろう。

古い日記を繰ってみると、この年の八月の半ばから月末にかけて、私はレニングラードの市内や郊外の名所をあちらこちら案内してもらっている。夏の離宮のツァールスコエ・セロー、噴水で知られるペトロドヴォレーツ、パーヴェル帝の宮殿があったパーヴロフスク、「コッテジ」と呼ばれるニコライ一世の別荘などは郊外への遠出である。そのうちのいくつかはユーラ――私はいつか彼の名をつづめてユーラと呼ぶようになっていた――のお母さんが運転手づきで差しまわしてくれた車で見物したのだった。都心の運河ぞいにあるプーシキンの旧居博物館へは一人で何度行っても切符が売切れで入館できなかった。そのことをこぼすと、すぐに一緒に出かけ顔パスで門を通過させてくれた。同じようにしてエルミタージュ美術館にも何回か通用門からはいった。館長の老碩学ピオトローフスキイに紹介されたこともある。そのときには、フランス人画家の手になると伝えられてまだ未発見の漂流民大黒屋光太夫の肖像や、山下りんの描いたイコンのことが話題になった。「スヴィリードフです」という一言で、どこでも重々しい門がむこうから開くという感じだった。ユーラ自身が有名だったわけではない。お父さんがソビエト国内でだれ知らぬ者のない作曲家だったのである。わが国で言えば文化勲章か国民栄誉賞に匹敵するような勲章をいくつももらっていた。(そのお父さんが息子のあとを追うように一九九八年の一月六日に亡くなったのは、何かの因縁というものであろうか。)

作曲家はレニングラードの音楽院の卒業であり、ユーラはレニングラードで生まれたのだった。両親が早く離婚した上、父親とは畑ちがいでも、ユーラは父の七光りを存分に享受しているようだった。鷹揚でにくめない人柄のユーラは、いかにも良家の坊ちゃんという印象を人に与えた。しかし知り合ってしばらくしてから出身をたずねると、父親は中央ロシアのクールスク県の生まれで、おじいさんは小さな村の村長をしていたことがわかった。そういえば作曲家の代表作の一つは「クールスクの歌」だった。ユーラはロシアの生粋の農民(ムジーク)の血をひいていることを内心では大きな誇りにしていたと思う。

病気

その翌年、一九八二年から八三年にかけてユーラが日本へやってきた。彼としては二度目の来日である。八二年の秋に、私は原因不明の病気にかかっていた。体のどこかに痛みがあるわけではないが、つねに疲労感がつきまとって体重が目に見えて減っていくのだった。いくつかの病院でさまざまな検査を受けたが病気は見つからなかった。いくぶん投げやりに近い心境にあったある日、ユーラが国立にある私の家へたずねてきた。ユーラの提案で私たちは自転車に乗って多摩川の土手へサイクリングに出かけた。ユーラがサドルにまたがると、日本の自転車はこっけいなほど小さく見えた。体重を訊くと、ユーラは少し前まで百キロあったが今はそれほどでもない、と答えた。私も目下不本意ながら減量中で原因はわからないと話したところ、ユーラは急に真顔になって、病気の正体を突きとめるまで何十個所でも病院をたずねるべきだと言った。そのときのユーラの強い口調は今も忘れられない。

ユーラの忠告もあって私はまた医者まわりをはじめた。病気の名前がわかったのはそれからまもなくである。治療は簡単で、飲み薬を服用するだけでやがて体重も一年ぶりで元にもどった。

快方に向かった翌年の春には、ある友人の車を駆って山中湖の山荘まで遠出をした。期待していた富士山は雲にかくれて姿を見せなかったが、ユーラは日本の山のたたずまいが殊のほか気に入ったようだった。

ユーラの病気の場合は私とは逆だった。腎臓に故障があることはわかっているものの、それはほとんど宿痾と化してしまい、有効な医薬品も治療手段も見つからないのだった。私の研究室などで雑談をしていると、せわしないくらい頻繁に手洗いへ立った。病気のつらさを身に沁みてわかっているからこそ、他人の病気や苦悩に人一倍ふかい同情をもったにちがいなかった。

お父さんの顔もあってソビエト国内では最高の医療サービスを受けられたはずで、事実クレムリン御用達の病院に入院したこともあるということだった。その病気を日本の医学もついに治すことはできなかったのである。

仕事にうちこむ

病気に苦しめられながらも、ユーラは実に勤勉だった。一九九五年に出たロシアの東洋学者の伝記著作辞典にスヴィリードフの項目が立っている。それによると生まれたのは一九四八年五月九日、レニングラード大学東洋学部を一九六九年に卒業し、東洋学研究所レニングラード支部の研究員として勤務をはじめた。一九七九年には説話文学の研究で文学修士になった。列挙された論文の題目を見るかぎり、とりわけ宇治拾遺物語がユーラの専攻テーマだったようである。十指にあまる紀要論文が書かれたあとで、その集大成という形で一九八一年に単行本の『日本中世の散文としての説話（構造と形象）』が出版された。外国文学の研究者として順風満帆の経歴である。

私は中世日本文学の門外漢であるので、残念ながらユーラの研究を正しく評価することができない。ただ著者の狙いがどこにあったかを紹介することにとどめよう。ソビエト時代の伝統で、ロシアの書物には扉のうらに数行の概要が印刷されているのである。

……著者は説話集において題材を組み立てているもろもろの方法を考察し、読者におよぼす心理的作用のメカニズムを再現している。特別の注意が人物の形象の問題に向けられている。説話集の文学的形式が中世日本文学の文脈の中で、また文学の一般理論との関連において提示されている。

同じ辞典を見ると、ユーラが東洋学研究所レニングラード支部の学術書記の職にあったのは一九八一年から八八年まで、とある。行政職を兼ねていたこの時期は、彼にとって研究面で新しい飛躍のための助走期間でもあったらしい。一九八七年にユーラの編集になる『日本の作家たちの見たソビエト』が出版された。これは片山潜、秋田雨雀、宮本百合子らにはじまって東郷正延、工藤精一郎、田中かな子などの諸氏にいたるソビエト・ロシア論を一冊に集めたものである。すでにロシア語で発表されているものもあれば、編者が新しく翻訳したものもあった。あとがきは細かい活字で一五頁におよぶ力作だった。ユーラの興味が中世から一気に現代にまでおりてきたことがわかる。この本の発行部数は五万部だった。

それにつづくユーラの仕事は松本清張の三つの推理小説の翻訳である。まず『霧の旗』。これは江戸川乱歩、松本清張、森村誠一、三好徹の四人による都合八篇の作品を集めたもので一九九〇年の出版であるが、分量の点でユーラが行なった表題作の翻訳が断然他を圧している。同じ一九九〇年に『影の地帯』と『眼の壁』の二つの小説が一冊の本として刊行された。こちらはユーラ一人の手になるもので、巻尾に「松本清張と現代日本の推理小説」という論文までついている。これら二冊の本の発行部数はそれぞれ二五万部である。最初からそれだけ印刷したのである。日本ならベストセラーとさわがれそうな部数である。

推理小説の翻訳は中世研究者スヴィリードフにとって賭にも似た飛躍だったのではないだろうか。ペレストロイカという政治的社会的現実が彼に脱皮を迫ったのである。「日本の作家たちの見たソビエト」では、まだソビエトの社会主義体制を日本の知識人がどのように理想視したか、革命の指導者レーニンがいかに讃えられているかが中心的なテーマになっていた。松本清張の翻訳は一九八〇年代の後半、おそらくは二、三年間にわたる集中力の持続を訳者に強いたにちがいないが、ある意味では翻訳という単純作業に沈潜することが、ユーラにとってカタルシスの役割を果たしたのであろう。

ユーラが最後に日本へやってきたのは一九九二年のことである。今度はお母さんも一緒だった。東京に到着した直後に会って驚いたのは、かつて黒々としていたあごひげに白いものがまざりかけていたことである。四〇代の前半にしてはごましお早すぎるのではないかという気がした。ソビエトは消滅してロシアという国名に戻っていたが、ユーラの日本への思い入れは変わらなかった。

岡山に着いてまもなく腎臓の病気が悪化して入院したという知らせを聞いた。治療方法は人工透析しかなかった。やがてユーラとお母さんは京都に移り、はじめは伏見区、つぎに北区に住んだ。もちろんどこでも一日おきに病院で透析を受けなければならなかった。もはやロシアに帰ることはできなくなったのである。

ユーラの最後の大きな仕事は椎名誠の『哀愁の町に霧が降るのだ』の露訳である。これは何回かにわたって雑誌に連載されたが、単行本としては一九九六年にモスクワで出版された。発行された部数は二〇〇〇にすぎないが、訳者の序文には力がこもっている。彼は椎名文学の翻訳にすすんで取り組んでいたふしがある。そこには現代日本人の心理が鏡のように反映していると考えていたのかもしれない。このほかユーラはモスクワで出版されている『日本年鑑』に安井亮平さん、私、京都の廣岡正久さんの順で日本人ロシア研究者の横顔を紹介した。病躯に鞭打っての執筆は痛々しい感じがしたが、学者としてのユーラは頭をつねに働かせておかなければ気がすまなかったようである。そして、どんなときにもみごとな文章を書いた。原稿や手紙などの手書きのものはなぜかいつも極端な右さがりで、文字に独特の風格があった。

異境で病むユーラにとって最大の慰めは、岡山でも京都でも親切な友人知己にめぐまれたことである。ユーラの人柄に接すれば、民族や性別を超越して周囲の者はすすんで世話をやかずにはいられなくなるという雰囲気があった。この場合、人徳という以外に適切な言葉がない。

ユーラは疑いもなくロシア知識人の最良の典型だった。

詩人トロチェフ

日本に生まれて

トロチェフさんには二冊の詩集がある。最初の詩集『ぼくのロシア』は一九六七年に昭森社から出版された。もっとも、私がもっているのは本物ではなくて、味気ない電子複写である。第二詩集の『うたのあしあと』は一九九八年に土曜美術社から出たばかりのとき、出版社に直接注文して手に入れることができた。ロシア人でありながら日本語で詩を書く詩人のことは、かなり以前に太田正一さんから話を聞いていた。太田さんは彼をコースチャと呼んでいた。学生時代から友だちつき合いをしていたそうである。トロチェフさんの肉親については、沢田和彦さんの「女優スラーヴィナ母娘の旅路」（奥村・左近編『ロシア文化と近代日本』世界思想社、一九九八年）にやや詳しい紹介がある。

数奇という言葉は、トロチェフさんの人生のためにあるようだ。しかしここでそのことを書こうとは思わない。興味のある方には沢田さんの右の文章を読んでもらえばいい。第二詩集の巻末には鶴見俊輔氏による簡明な解説も収められている。ここでは一人の人間としての、また詩人としてのトロチェフさんの横顔をほんの少し紹介してみたい。

トロチェフさんの作品の第一の特徴をなしているのは自然への親近感である。詩人は自然に没入していると言ってもいい。その代表的な例を二つ三つ挙げよう。（以下の引用でAは第一詩集、Bは第二詩集を示す。）

春（A）

えだのさきに
つららのネオンサイン
ひかりながら
ふゆのなみだ………

二重奏（A）

きみの　ほそながい
　ゆびさき　から
こと　の　こえ　が　ながれる
　にわ　の　みずたまり　を
　　雨だれが
春　の　うた　を　ひいて　いる

フーゥガ（B）

森の中で　であったかわいい小川
いそがしくながれてゆく

おわらないバッハのフーガが
いつもほがらかに
とけたダイヤのように光り
森から田んぼのあいだを
村の橋もぐってさきへ　さきへと
フィナーレなしのバッハのフーガの小川

ここでうたわれているのは、詩人が長年住みなれた草津の自然であろうか。いや、上州でなくとも、信州・東北や北海道でも見られそうな風景である。

もともとトロチェフさんは日本語で書いているから、彼の作品にロシアの古典的な詩に内在するような韻律を求めることは無意味である。しかし彼の詩集を読んでいるうちに私がまず連想したのは、エセーニンのリズミカルな作品であり、彼がうたったリャザンの白樺の森だった。トロチェフさんの詩の中には、血でつながっているロシアと、彼が生まれ育った日本という二つの民族の感性がたくまずして融け合っているような気がする。

正教徒の祈り

詩人トロチェフは敬虔なロシア正教徒である。第二詩集の編集後記を書いている森田進氏によると、修錬士という位階もさずかっているという。

その詩集が出版された直後に、私はある会合の席で一度だけトロチェフさんに会ったことがある。そのとき私が何かのついでにロシアの旧教徒の歴史に興味をもっていることを話すと、数日後に彼からV・アンドレーエフの『ラスコール、ロシア民衆史におけるその意義』が送られてきた。一八七〇年にペテルブルグで出版された、この分野での古典的名著である。れっきとした古書で、最近のリプリントなどではない。トロチェフさんに私淑している若い友人のワジーム・シローコフさんの話では、彼の書棚は稀覯本でうまっているらしい。

その彼のあつい信仰と学識がときに詩の形をとることがある。

ニコライ堂（A）
パラダイスが　うつる
礼拝
その明るさで
おれのこころの　ゴミ　みえた
それは　後悔のなみだで　とれる
おもい罪

この世の中（B）
かぜに　おとされる

あめに　ながされる
どろに　よごされる
あしに　ふまれる

かわいい　さくらのはな……

詩人がさくらの花に聖母のイメージを重ねている、という鶴見氏の指摘に私は同感する。キリスト教の神は本来嫉妬ぶかいが、トロチェフさんの信仰は実に寛容である。

ほうりゅう寺（B）
五重のとうぬらす雨
やねのはしから
雨だれがおちる
しゃかの
なみだか　なあ……

次の「畝傍山《うねびやま》」（B）でこのロシア人詩人は日本の古代の神々と会話を交わしているといってもいいだろう。

畝傍山を
このあおい目で　みる
わが　みみ　まんようしゅう　のこえ　きき
その　こえ　の　中に　とけて　ゆく
さと　の　おもいで

浜から　のたびで
たいよう　みたり
雨に　あたり
雪に　ころび
じょうしゅう　の　おんせん　に　つき
やまと　の　うた　わが
なぐさみ

次の「ナガサキ　しばらく」（A）は詩人が自分の生まれた町にささげた鎮魂歌である。

ボクも　キミも

かわったな
おまえの空　いま
まっさおだが
火の滝になった
あの九日の　空
まだ胸に　もえている
まだもえている
まだもえている

望郷の歌

生い立ちにはふれないと言ったが、やはり書きおとせないことがある。もっぱら詩人の教育にあたったのは、祖母にあたるモスクワ生まれのロシア女性だったことである。彼女は貴族の出身であった。父親のミハイル・トルシチョーフも白軍の近衛士官だった。（詩人の姓も本当はトルシチョーフなのだが、日本人にわかりやすくトロチェフと名のっているらしい。）ロシア人の血と正教信仰のほかに、詩人の胸にはふかい望郷の想いがたぎっているのである。

僕のロシア――（十月革命）――（A）
ロシアよ　ロシアよ

僕の広い　広い国
ぶたれた
いじめられた
殺された
僕のロシア
アカハタのかげに
涙の「ボルガ」
骨の森
血の沼
君の涙をふきたい
君の傷を洗いたい
僕の手が
病気の鎖でしめられた
このうたのこだまも聞こえない
僕のロシア

こころの古里（A）

おれの　こころの　古里は

ひろい　しずかに　ながれる川
とけた　ゆうやけの　金
そこへ　うつる
むこうの岸から　とどく
農民の　うた
ずーっと　ずーっと　つづく畠
みぎに見える村
教会……
星のようにひかる　十字架

熊笹が生いしげった草津の丘から眺める下界の景色はロシアに似ている——詩人は祖母からそう教えられた、という。彼はそこでまだ見ぬヴォルガの流れをまざまざと思いうかべ、ロシア民謡の調べを耳にするのである。

ロジナ（B）

北西に顔をむけて
目をつぶって
ロジナが見える

森
麦畑
川
ロジナの姿
村も
川も
麦畑も
森も
深い雪がかぶさっている

葬式の祈りをうたっている
ふぶき

墓場になってしまったロジナ
お前の苦しみの声
神までとどく
そのとき……　そのとき……
ロシアの春が

明るい青空からおりてきて
野原の花が
また
咲き出す

詩集ではロジナに「国」という説明がつけられている。祖母や父母の生まれたロシアが彼の故郷なのである。

トロチェフさんの作品にはあたかもピアノの小曲といった趣がある。どれほど短い詩でも、一篇ずつが独自のモチーフとメロディーをそなえていて、首尾が呼応し、しかも完結している。そのメロディーは時に明朗で、時に悲しげであるが、いつも語調に富んでいる。そのような音楽性は芸術家だった両親から素質として受けついだものにちがいない。

農村作家ベローフ

作品の舞台

作者である「私」が北ロシアのある農民と友だちになり、彼の村をしばしばおとずれるようになる。名前をフェージャというこの農民は、ごく平凡なコルホーズ員である。作家はやがてこの村に腰を落ちつけて、春先から初雪までの時期を過ごす。どうやら彼はそこで小説でも書いていたらしい。執筆のかたわら、その半年ほどのあいだに行なった村の家畜や鳥たちの観察の記録がこの動物ものがたりである――翻訳者である私はそのように受けとっていた。

この思いこみに一層の根拠をあたえたのは、『村の生きものたち』(成文社、一九九七年)の出版にあたって作者自身から送られてきた日本の読者のための「まえがき」である。ベローフさんはそこで、動物にまつわる昔話や諺が世界中の民族のフォークロアの中で大きな部分を占めているとした上で、こう述べているのである。「だからといって、私はこの作品が昔話のように空想の産物であると言いたいわけではありません。反対にこれはまったくのノンフィクションなのです。(でも村の住人たちの名前と姓は変えてあります。本当のロシアの農民は自分の名前が活字になるのを好まないからです。)」

チモーニハ村で隣人の農民と語るベローフさん（左・安井亮平氏撮影）

ベローフさんは作家としても人間としても、ウソをつくような人ではない。およそケレンミのないのがベローフさんの身上といってもいい。ノンフィクション（ロシア語では「ドクメンターリヌイ」。ドキュメンタリーと邦訳すべきか）であるからには、この作品に描かれているとおりの情景が現在でも北ロシア、とりわけベローフさんの故郷であるヴォログダ地方の田舎では日常的に見られるにちがいない。私が漠然とそのように想像していたとしても、あまり非難されないだろうと思う。

ベローフさんの生まれたところはヴォログダ州チモーニハ村という。ここにはベローフさん所有の家がのこっていて、ベローフさんはその家をいわゆるダーチャ（別荘）として使っている。私の友人の安井亮平さんはこの村を冬と夏の二度にわたっておとずれたことがある。モスクワから北へ六〇〇キロはなれたところにヴォログダ市があり、そこからさらに真北へ九〇キロのぼったところにハーロフスクという町がある。これは日本なら郡の中心地にあたるところである。安井さんによると、モスクワからハーロフスクまでは鉄道で一〇時間半かかる。そのハーロフスクからチモーニハまではさらに九〇キロの距離がある。この九〇キロの間には野原と深い森、それに丘と谷が交互につらなっている、と安井さんは書いている。人家はごくまばらに散らばっているにすぎないようである。

チモーニハだって充分に田舎なのに、ベローフさんは一体どこの村へ出かけて行ってひと夏を過ごしたのだろう。翻訳をしながらいだいていたこの疑問を、私は直接ベローフさんに質してみた。作家が奥さんともども来日してから二日目のことだった。

「フェージャはどこに住んでいるのですか。」

「あれはね、私の隣人さ。名前はファウストっていうんだ。」

私は驚いてしまった。『村の生きものたち』の舞台はチモーニハだったのだ。いくらノンフィクションとはいえ、文学作品ならその程度の虚構は許されるだろう。ファウストという名前についていえば、アタマのFの音が通じるので、平凡なフョードルという男子名の愛称であるフェージャに変えられたのである。固有名詞の変更はベローフさんがあらかじめ「まえがき」で断っているとおりである。

ファウストはわれわれにはドイツの伝説、とくにゲーテの作品を通じて親しい名前である。それにしても北ロシアのごく辺ぴな村の農民がよくもこんな名前をもらったものである。変わった名前といえば、ベローフさんの出世作ともいうべき中編小説『いつものことさ』の主人公はイワン・アフリカーノヴィチである。つまり、彼の父親の名はアフリカーンだった。このアフリカーンはベローフさんの長編小説『前夜』に登場する。むろん、ファウストもアフリカーンもロシア正教会がみとめる名前ではなかった。キリスト教の歴史の中でいまだかつてこんな名前の聖者は存在しなかったからである。ちなみに、ベローフさんの名前はワシーリイといい、彼のお父さんの名前はイワンだった。どちらもれっきとしたクリスチャン・ネームである。もっとも、ファウストとアフリカーンはともに一九六六年にモスクワで出版されたN・ペトロフスキイ編『ロシア個人名辞典』に記載されている。男女合わせて二六〇〇ほどの人名中に登録されているところからみると、ロシア人の名前としてかなり稀ではあっても、奇妙きてれつという程でなかったにちがいない。一九一七年の革命ののち、ロシア社会全体が変革の熱に浮かされている時期には、聞いただけで吹き出すような名前が次々と考え出されたものだった。

さてフェージャがベローフさんの隣人とすれば、『村の生きものたち』に登場する彼以外の村人たち、つまりフェージャの妻のエゴーロヴナ（彼女は四〇歳で、この夫婦には子供がいない）、フェージャのライヴァルともいうべき年金生活者のオスターホフじいさん、小柄で騒々しい雌犬マリカの飼主であまり人付き合いのよくないリジアばあさん、強情な雄山羊のためにさまざまな厄介を背負いこむマリアばあさん、それにリョーニカ以外名前のわかっていない何人かの子供たちは、すべてチモーニハ村の住民ということになる。

チモーニハ村

ベローフさんにはチモーニハ村の歴史について書いた作品がある。直訳調で言えば、ドキュメンタリー物語と銘うった『故郷で思うこと』である。故郷というのは文字どおりの意味であるばかりか、チモーニハ村が属している集団農場の名前でもある。まだモスクワの文学大学を卒業したばかりで、地方新聞の新米記者という身分だったベローフさんが、お母さんといっしょにチモーニハに帰省するところからこの物語がはじまる。

ベローフさんが調べたところでは、ヴォログダのこのあたりのことは早くも一七世紀初頭の土地台帳に記載があるという。モスクワ大公国でロマノフ王朝が成立したばかりのころである。しかし歴史の長い村とはいうものの、チモーニハはわれわれの観念からすれば、せいぜい大字か小字に相当するような小集落にすぎなかったようである。第二次世界大戦の直前まで、チモーニハには二四戸の農家があった。それが一九八〇年代までのこったのはたった六戸にすぎなかった。過疎と呼ばれる現象がここでも生じていたのである。ついでに言っておけば、アフリカーンというのは実在の人物で、チモーニハ村の住民であり、さらにベローフさんとほぼ同じ年ごろのトラクター運転手、つまりトラクタリストであることがこの作品からわかる。

『故郷で思うこと』の中でベローフさんは自分の両親や、父方母方それぞれの祖父母たちのこと、自分の少年時代や幼な友だちなどのことを回想している。中編小説『大工物語』のモデルらしき人物たちも登場する。しかしベローフさんは昔をなつかしんでいるのではない。ロシアの農村を荒廃させた官僚主義をするどく批判しているのだ。それがこの作品の眼目だった。作者は心底から怒っているのである。何しろ「故郷」コルホーズでは三〇年間に三一人も議長が交替したのだった。大半は上から任命されて部外者が脇から送りこまれたのだという。これではコルホーズが責任をもって運営されるはずがなかった。このほか医療サービスの劣悪さ、行政効率を上げると称して小さな集落を取りつぶそうとした政府のやり方なども攻撃の対象となっている。七〇—八〇年代にはもうこんなことまで活字の形で言えたのかとあらためてびっくりするほどである。

その後ソビエト体制が崩壊し、チモーニハ村の過疎化はさらにすすんだ。一九九四年の夏にこの村をおとずれた安井さんはこう書いている。「ここで冬を暮らすのは七人。老婆五人と爺さん一人、それに中年のアル中。……隣村では二人、その先の村は三人が冬を越すだけである。しかもほとんどが老人。……ベローフさんも本拠はヴォログダ市である。」

『村の生きものたち』に描かれているチモーニハが現状をつたえるものでないことははっきりしている。それではいつのチモーニハだろうか。作者はこの掌編集の中で一ぺんも年代に言及していない。いつの出来ごとかは伏せている。断っておくが、以下はベローフさんに確かめたことではない。『村の生きものたち』の記述にもとづいて私が勝手に憶測したことである。

「ヴァルダイとスクリーン」によると、フェージャは家にテレビをもっている。これは年代を推測するための有力な決め手となる。ロシアの農村にテレビが普及したのはいつか。あいにく私の手もとには恰好な統計資料がないけれども、テレビの大衆化という点で日本の一九五〇年代に相当するのは、ロシアではおそらく一九六〇年代だったのではあるまいか。私自身がはじめてロシアの土をふんだのは一九六五年であるが、ナホトカからハバロフスクまでの鉄道の沿線の家々の屋根に、ときおりテレビのアンテナが立っていたのをおぼえている。フェージャの家庭はそれほど裕福とは見えないので少しゆずって、一九七〇年前後と考えてもよかろう。『村の生きものたち』がはじめて活字になるのは一九七四年の初めであるから、まあ当たらずといえども遠からずといえよう。フェージャの妻のエゴーロヴナはこの時点で四〇歳である。フェージャは戦争中に軍事訓練の指導員をしていたというから（「カラスのこと」にそう書かれている。前線で負傷して後送され、除隊になったものか）、一九四〇年代はじめに二〇歳を越えていたはずで、一九七〇年には五〇歳に近かったと考えられる。この夫妻は年齢がやや開いていたのである。

この夫婦には子供がいないことになっているが、『村の生きものたち』の中の「ある春の朝」や「野うさぎ」からは子供たちの元気な笑い声や泣き声が聞こえてくる。しかし『故郷で思うこと』が一九八六年に単行本となって刊行されたときには、「現在、村に子供はいない」という脚注がつけられた。おそらく一九七〇年ごろから北ロシアの農村は急激に衰退の方向にむかったのである。子供たちが成人して都会に出ただけでなく、小さな子供をもつ壮年の夫婦たちも家族をあげて村を去ってしまったにちがいない。

あれこれ考え合わせると、『村の生きものたち』はベローフさんが滅びゆく故郷の村にささげた一篇のレクイエム（鎮魂曲）であったという気がしてくる。

がちょうは何羽いたか

フェージャは大の動物好きである。自宅でいろんな家畜を飼っている。

家にいない家畜を挙げるほうが早い。猫を二匹うちに置いているが、二匹とも実にお行儀がいい。大きな家畜小屋にはふつう雌牛のポリャーナと小さな仔牛がはいっている。〔三頭の羊（そのうち一頭が雄）が小さな家畜小屋のほうに棲んでいる。〕雌のがちょう二羽と雄の一羽が二つの家畜小屋に挟まれた囲いをねぐらにし……

いま私の手もとには『村の生きものたち』のロシア語テクストが四種類あるが（それぞれ一九七六、一九八三、一九八四、一九八九年の刊行）、この作品の冒頭におかれた「はじめに」の中でがちょうの数が雌雄合わせて三羽であると紹介されている点で、各版のあいだに相違はない。

フェージャのがちょうはイタチに襲われたことがあった。そのくわしい状況は「イタチ」の章で説明される。肉食動物であるイタチが地下から穴を掘り、一羽の雌がちょうの左脚を食いちぎっていった。フェージャは片脚を失ったがちょうを「整理」せざるを得なかった。一方「イタチ」より前におかれた章に「道中ご無事で」がある。ここでは、さしもの動物愛好者のフェージャも、毎朝ガアガア不愉快な叫び声をあげるがちょうには手を焼き、トラクター運転手にゆずってしまうことになっている。そのときの数は「雄が一羽に雌が三羽」だった。

ここで厄介な問題が生じる。はじめ雌雄計三羽だったがちょうが一羽の雌をイタチのために失ったというのに、トラクタリストに譲渡されるときにはなぜ四羽となっていたのか。

『村の生きものたち』を読んだ者なら、これは大した難問と思われないはずである。なぜなら、フェージャががちょうをいくら毛嫌いしても、がちょうのほうはフェージャを好いていたのだ。フェージャは厄介ばらいした気でいても、がちょうは不承知だった。トラクタリストの家は村を流れる川の下流にあってフェージャの家との距離は三キロもあったが、がちょうどもは夏のあいだだけで二回もフェージャのところまで流れをさかのぼって戻ってきたという。いろんな事情を考慮すると、川の名前はソフタ川、トラクタリストはあのアフリカーンなのかもしれない。

もともとがちょうは四羽いた。彼らがすべて一旦トラクタリストにゆずられた。しかし結局は後者の家に居つかず、出戻りのような形でフェージャのもとへ逃げ帰った。やがてそのうちの雌の一羽がイタチのために落命して、三羽となった。「はじめに」は本文が書き上げられてから最後に執筆されたと考えればいいのである。

すべて愛読者というものは多少とも著者の味方であるから、執筆のクロノロジーを逆転させるくらい大した苦痛ではないが、がちょうの最終的な出戻りのほうは作者がまったく口をとざしているので、この解釈が幾分無理という印象は否めない。こういうときは作者に訊いてみるにかぎる。

「がちょうはいつイタチに襲われたんですか。はじめフェージャの家にがちょうが三羽いると書かれているのに、トラクタリストの手にわたったのが四羽だったというのは矛盾があるように思うのですが。」

ベローフさんはこんな質問を予想もしてないようだった。

「おかしいな。そんなはずはないんだが。ファウストの家じゃ、がちょうが本当にイタチにやられたんだよ。」

それ以上の答えをベローフさんから得ることはできなかった。

奇妙といえば、もう一つおかしいことがあって、前のページの冒頭に引用した「はじめに」の文章のうち、〔　〕でかこんだ羊についての一文は最初の単行本である一九七六年版だけにあって、その他の版のテクストではのこらず脱落している。今度の日本語訳は一九八九年版にしたがっているので、むろん含まれていない。ただ日本語版で使用された図版だけは、一九七六年版につけられたニコライ・ウスチーノフさんの挿絵を用いているのである。〔　〕内の省略が著者の推敲にもとづくものかどうかは、ほかのことにまぎれて確かめることができなかった。

誕生日

いつかベローフさんと話をしていて、話題が年齢のことになった。

「われわれは同年生まれです。しかし、こちらのほうが年長なんですよ――私は年長という言葉にかなり力をこめて発音した――私は一月生まれ、あなたが生まれたのはたしか秋でしたから。」

ベローフさんはロシアでは第一級の有名人だから、大小の文学辞典の類にはかならず生年月日まで記載されている。彼の誕生日が一〇月二三日ということを私はかなり以前から知っていた。

「あの日付を当てにしてはいけないよ。ぼくが勝手にきめたんだから。」

ベローフさんが生まれた日は家族の中でだれも確かには記憶していなかったのだという。はじめは信じがたいように思われたが、どうやらその事情はソビエト期のロシア農民として例外的なものではなかったらしい。

ベローフさんの中編小説『大工物語』は、一四歳になった農村の少年が技術学校にはいるためハーロフスクにある地区センターまで戸籍簿の写しをもらいに出かけるエピソードからはじまる。村からハーロフスクまでは田舎道で七〇キロあまりの道のりだった。一昼夜眠らずに歩きとおして、やっと役所に着くのである。少年は生まれてはじめて履歴書というものを書く。

「父×××、一九〇五年生まれ、母×××、一九〇七年生まれ。父は戦死、母は現在コルホーズ員。小学生四年課程を修了後、七年課程の中学校に編入、一九四六年同中学校卒業。」

少年は明らかにベローフさんである。書式にかなうよう履歴書を三回書き直したけれども、肝心の出生証明書は発行してもらえなかった。最初のときは「農業台帳の抄本」を持参するようにと言われたし、二度目の断りの理由は「地区の戸籍書類の中に出生記録がないから、州の文書課に問合せなければならない」ということだった。三度目に地区ソビエトに出向いたときには、「ふとった頬にイボのある無表情な女主任」が少年にむかってこう叫んだ。「あんたには記録がないの。何にもないのよ。わかったかい。」

ベローフさんが生まれた一九三二年は、ロシアの農業集団化が完了した年とされている。農業の個人経営をやめさせ、貧しい農民を利用してコルホーズを組織するという大仕事が二年ほどのあいだに急速になしとげられたのだ。富農とレッテルを貼られた篤農家たちが何百万人も自分の村を放逐された。この時期、ロシア中の農村が上を下への混乱の最中にあった。生まれた子どもの出生届けどころではなかったにちがいない。

結局のところベローフさんは技術学校にはいることをあきらめ、大工になるために職業学校へはいった。「地区委員会では鼻の赤い親切そうな医者が、君は何年の生まれ、と聞いただけだった。そしてすぐに出生証明書をつくってくれた」と『大工物語』にある。

この医者が生まれた月日まで考え出してくれたとは思われない。おそらく兵役義務で軍隊に入隊したときか、それともモスクワの文学大学に入学するさい、ベローフさん自身がさまざまな事情を斟酌して決めたのであろう。ちなみにベローフさんがわが国の高等学校教育にあたる第八年から第一〇年までの三年間の課程を修了するのは、兵役を終えて結婚しヴォログダ州の地方新聞に勤めるようになった二五歳のときだった。

文学大学とは、普通の大学の文学部などで勉学する機会をもたなかった青年たちに実践的な文学教育を与える学校だった。昔風に言えば、ベローフさんは苦学力行の人なのである。

アルコール

『村の生きものたち』の主人公はまず第一にチモーニハ村の小動物たちであるが、村びとたちの性格も実にみごとに描き分けられている。飼う者と飼われるもののあいだに密接な関係があるというのが作者の立場でもある。村の住民の代表格は例のフェージャである。前にも書いたように、フェージャは動物が大好きで、たいていの動物たちから好かれてもいるが、どういうものか酒に目がなくてよく失敗をする。

コルホーズから郵便配達を頼まれ、ヴェールヌイ号というおとなしい雄馬まで与えられたというのに、この仕事も長つづきしなかった。一度鞍からおりたら戻れそうもないためフェージャが「馬からおりるのを恐れていることがよくあった」し、主人がどこかへ雲がくれしてヴェールヌイ号だけが郵便かばんを鞍につけて村の中をまわってあるくようなことさえあったのは、いずれも過度の飲酒からおこるしくじりだった。

ベローフさん自身はどうか。来日したベローフさん夫妻とはじめて食事をしたのは、早稲田のあるレストランだった。梅雨がはじまっていて汗ばむほどの気温ではなかったが、私は日本流に食前のビールを注文した。「わが国では夏の夕食の前にビールで乾杯するのは儀式みたいなものですから」と言い訳をしながら。ベローフさんも奥さんもグラスにちょっと口をつけたのは、日本の儀式にやむを得ず敬意を表わしたという按配だった。そのあとグラスの中味は少しも減らないのである。しばらくして私は奥さんにたずねた。

「オリガ・セルゲーエヴナ、中国風のお茶はいかがですか。日本では冷たくして、砂糖を入れずに飲むのですが。」私はウーロン茶のことをこう説明した。

「私もそれをもらいたいね。」とベローフさんがいった。

ベローフさんが酒をまったく飲めないというわけではない。ゴルバチョフのペレストロイカ時代に国会議員をしていたとき、何かのパーティーでテーブルにウォトカが出された。「こちらは飲めない人です、という声が聞こえたから、一気にあおってみせたんだ。」ベローフさんにはそういう気性のはげしいところがある。若いときには元気にまかせ仲間といっしょに浴びるほど飲んだ。それをぷっつりやめたのは、アルコールがそれを飲む本人にも子孫にも有害であることを痛感したからだという。かつてアルコール中毒はロシア農民のかなりの部分をむしばむ病魔だった。この事情は現在もさして変わらない。現にチモーニハ村にもアルコールで身をもちくずした病人が一人いるのだ。ベローフさんはこの事態をふかく憂えているのである。その後私はベローフさんと何回も食事をともにする機会があったが、この夫婦はワインや日本酒を注がれたとき、強いて断ろうとしないものの、最初の一口以上にすすむことは決してなかった。

要するに、ベローフさんはアルコールを飲まないという原則を立ててそれを守っているうちに、飲まない習慣が身についてしまったということらしい。

ベローフさんはタバコもやめて久しい。酒は飲まない、タバコも吸わない、それにウソもつかないというのでは、まるでベローフさんが謹厳実直で無味乾燥な聖人君子という印象を与えかねないけれど、実像はそれとはかけはなれている。

論より証拠、ベローフさんには『ヴォログダのホラばなし』という作品がある。ここではある農民の目から見た彼自身の生い立ちとコルホーズの日常が誇張と頓智と辛らつな皮肉をまじえて、さながらキッチョムばなし風に語られている。残念なことにヴォログダ地方の方言が全篇にちりばめられていて、まだ私は読みとおしてはいないのだが。

ベローフさんはやんちゃで冗談やシャレには目がなく、お上品ぶったことが大嫌いである。取りすましていると見られないために、わざと羽目をはずしてみせることさえ辞さないたちなのである。

『ヴォログダのホラばなし』の続きを書いたんだよ。印刷が間に合わなかったから、もってこなかった。帰り次第送ってあげよう。エリツィンをはじめクレムリンの連中を片っぱしからやっつけているんだ。」

ベローフさんは意気軒昂としている。たしかに今は政党とかかわりをもたず、主としてヴォログダ市に腰を落ちつけているが、私が『村の生きものたち』の「あとがき」でまちがって書いたように、田舎町に「隠棲」どころのさわぎではないのである。

ソルジェニーツィンのやわらかい手

本国では著名でも、外国ではまるで知られていない人物がいる。ロシアの場合、ロモノーソフがそれにあてはまる。彼は一八世紀の人で、よく「詩人にして化学者、言語学者にして物理学者」と称される。僻地の庶民の出身ながら、自然科学と人文科学にまたがる学問の大天才だった。ピョートル大帝が一七二四年に創設したロシア科学アカデミー人文部門の最初のロシア人会員にして、モスクワ大学の創立者といえば、おおよその事情がわかってもらえると思う。

そのロモノーソフの名前を冠した金メダルを授与しますという通知が私の手もとに届いたのは四月末のことだった。授賞理由は「スラヴ学の領域での研究と、日本におけるロシア文学・文化の普及への貢献」。一九五〇年代の末以降、毎年国内一人、国外一人ずつに与えていて、今年はロシア人では作家のソルジェニーツィン氏が選ばれているという。さらに追い打ちをかけるように、日本人としては六〇年代の湯川秀樹、朝永振一郎両博士以来の受賞ということを、NHKの知人が調べて教えてくれた。こんなふうにキラ星にかこまれれば、普通の人間はだれしも目がまわる思いがして当然だろう。

そのうち、科学アカデミーから二度目の知らせが来た。今年一九九九年は本アカデミーの創立二七五周年に当たるから、特別に盛大な総会と式典を行ないます、ついては授与式は六月二日に決まりました、受賞者は三〇分間の講演を行なうしきたりです、というのである。

さて、式の前日モスクワに着いてみると、街はプーシキン生誕二〇〇年でわき返っていた。この文学者も、国外では案外知られていない。『スペードの女王』や『大尉の娘』の作者といっても、思い当たる読者は少数であろう。実はゴーゴリも、ドストエフスキイも、トルストイも、プーシキンの確立した文学的伝統から出発しているのである。道行くロシア人にこの国第一の詩人はとたずねれば、一〇人のうち一〇人からプーシキンという答えが返ってくるにちがいない。この詩人の誕生日が六月六日ということもあって、空港からモスクワの都心部に通ずる大通りの随所に、横断幕がはためいていた。横長の布の一本一本に、人口に膾炙したプーシキンのさまざまな詩行が染め出されている。私の目にとまった中で最も印象的なのは、「立てロシアよ、高くそびえよ」だった。

この国が今おかれている状況を考えれば、これほど意味深長なスローガンはないにちがいなかった。去年(一九九八年)の夏には経済危機が突発して、それ以来ルーブリは低迷をつづけたままである。宗教を同じくするバルカン半島の盟邦セルビアへの空爆は一向にやむ気配がない。過ぎし世の詩人からでもいい、力づよいはげましの声を聞きたいという気持は痛いほど理解できた。

それにしても、日本なら鷗外や漱石の誕生記念日を当局がこれほど力こぶを入れて祝うだろうか、という疑問がわいたのも事実である。やはりこの国では、文学と社会とのかかわり合いが格別なのである。

いよいよ式の当日になった。この日はソルジェニーツィンに会うのである。一八世紀ロシアの代表的文人兼科学者がロモノーソフ、一九世紀最大の詩人がプーシキンだったとすれば、二〇世紀の文豪の一人としてソルジェニーツィンの名を挙げるのは、文学的常識にかなっていることだろう。科学アカデミーの大ホールでの式典開始直前に私は彼に引き合わされたが、予想に反してご当人はロシア人として中肉中背の体つきだった。どうやら私は姿かたちまで偉丈夫と思いこんでいたのである。

握手した手の感触も意外だった。『イワン・デニーソヴィチの一日』や『収容所群島』を書いた手は非常にやわらかな、あたたかい手だった。

彼が読売新聞に招待されて日本各地を旅してまわったのは、一九八二年のことである。一カ月にわたるおしのびの旅行だった。

「日本の印象はいかがでしたか。」

「よかったね。気に入りました。」――これは外交辞令であろう。

それから話は木村浩さんのことになった。木村さんはこの作家の大部分の作品を邦訳し、日本旅行のときも案内役をつとめたのである。

「まだ若いのに残念でした。」

そういうソルジェニーツィン氏は今年八一歳になるのだが、血色もよくて元気そうに見えた。彼の講演は現政権を痛烈に攻撃するはげしい内容のものだった。ただ政治家の演説と違って大げさな身ぶり手ぶりはなく、用意した原稿をきびしい顔つきで読み上げただけである。それでも「エセ改革」とか「デモクラシーの旗をかかげた海賊国家」というような語句が断片的に耳にとびこんできた。作家の批判精神は少しも衰えをみせていないのである。

つづく私の講演は日露間の文化交流の歴史を概観したものだったが、話を終えて席に戻ると、今世紀の文豪がわざわざ私のところまで握手を求めに近づいてきた。その時の顔は講演中とは打ってかわり、好々爺の顔だった。

第Ⅱ編　文学・フォークロア・書物

ロシア人のパレスチナ巡礼

講とアルテリ

私が小学生のころ、信州の田舎に御嶽《おんたけ》講と呼ばれる組織があった。毎月少額ずつ積立てをしておき、特定の時期になると村から数人の男女が白装束に身をかためて木曾に向かうのである。山のふもとの駅には仲間が何百人も集まっていて、全員が声を合わせて「六根清浄」と唱えながら山頂まで夜を徹して登るという話を、子ども心にも珍しい思いをもって聞いた。

むかしロシアの田舎にもそれとよく似た習わしがあったようである。モスクワ大学出身のLさんは、おばあさんからその話を耳にしたと言った。おばあさんの郷里というのはウクライナのむこうのモルダヴィアで、かつてベッサラビアと呼ばれていた。団体を組んで聖地巡礼に出かける風習は、むろんこの地方がソビエトに編入される以前のもので、そのグループはアルテリと呼ばれていたという。

ロシア人にとって聖地はいたるところに存在した。私の手もとにある一九〇七年版の聖地案内記はロシア帝国領内の修道院を県別に列挙していて、一つ一つの修道院の開基年と創立の経緯、修道僧や尼僧の数、所領の広さや宝物などをこまかく説明している。全国の修道院の数はこの時点で一一〇五である。

国内で格別に多くの参詣者を集めたのは古都キーエフの洞窟修道院、北海にうかぶ島の上のソロフキ修道院、それにモスクワ近郊のセルギイ三位一体修道院だった。

国外で知られたのは東ローマ帝国千年の都のコンスタンチノープル（現在のイスタンブール）、北ギリシャの聖山アトス、そしてパレスチナとシナイ半島などである。私はこのうちアトスには二度訪れた経験がある。アトスでロシア修道院の別名をもつパンテレイモンに泊めてもらったときには、一度に数千人も収容できそうな宿坊の設備の壮大さに目を見はったものである。

正教パレスチナ協会の貢献

正教徒にとっても究極の聖地はパレスチナだった。キリストが歩んだ土地へのロシア人の巡礼は少なくとも一二世紀の初頭にはじまっていた。ダニールという南ロシアのある修道院長が詳細な旅行記を書きのこしているのである。ダニールは一六カ月にわたってエルサレムに滞在したほか、パレスチナ各地を旅してまわった。第一回十字軍がエルサレム王国を建てたあとで、ボードワン一世が統治していた時期だった。最近米国の二人の研究者がダニール以後のロシア人の書いたすべての東方聖地巡礼記を虱つぶしに調べあげてカタログをつくった。それによると一七世紀末まで中世ロシアの六〇〇年間に執筆されたものが三二点、一八世紀に属するもの

ロシア人のパレスチナ巡礼

（年度）	（人数）
18 世紀末	数十人
1840 年代	400 人
1859	950 人
1869	1,098
1880	2,009
1889	3,817
1899	5,882
1903	7,046
1910*	9,000
1913**	12,000

* この年に世界中からエルサレムを訪れた巡礼の総数は 15,000 人。
** ロシアからの巡礼数を 30,000 人とする資料もある。

一〇〇点、一九世紀以降が一四〇〇点となっている。時代が下るほど人が筆まめになったわけではなく、昔はパレスチナまで足をのばすこと自体がむずかしかったのである。

プイピンの有名なロシア文学史、各種百科事典などを参考にしてロシアからエルサレムをおとずれた巡礼の数を簡単な表にしてみれば別表（前頁）のとおりである。

一九世紀の前半には、十字軍の時代さながら、パレスチナをめぐって先進欧米諸国のあいだではげしい先陣争いがはじまっていた。一八三九年に英国の国教会がエルサレムに宣教団を創設した。一八四七年にはローマ・カトリックがエルサレムに総主教を送りこむ。東方正教会のエルサレム総主教はいわゆるペンタルキア（初期キリスト教の五本山）以来の格式を誇っていたが、何世紀にもわたって公邸はイスタンブールにあった。それがカトリックに遅れまいと、同じ年に重い腰を上げてエルサレムに遷座した。ロシア正教の宣教団が活動をはじめるのはその翌年である。極東でニコライの日本宣教団が産声をあげる一〇年ほど前のことである。ロシアの宣教団の仕事の中には、現地へやってくるロシア人巡礼の便宜をはかることも含まれていたが、その任務を効果的に遂行したのは一八八二年に創設される正教パレスチナ協会だった。

官民から巨額の浄財を集めて発足した協会は、鉄道会社や汽船会社（黒海の義勇艦隊が発足していた）と協定を結んで正規料金の約半額にあたる割引切符を発行させた。（この結果、たとえばモスクワからパレスチナまでの三等料金は四六ルーブリ五〇コペイカと安価になった）。イスタンブールとアトス山に引きつづき、エルサレムにも巡礼者用の宿坊が建設された。巡礼は一年のうちでも春の復活祭に集中していたから、希望者全員に無料でベッドを提供するまでにはいたらなかったものの、それでも宿泊条件は全体的にいちじるしく改善されたのだった。

パレスチナのアラブ系住民の中には正教徒もいた。協会がかかげた目的の一つは、これらアラブ系正教徒のために学校を建てたり教師を養成したりして啓蒙を助けることだった。

ロシアはかねてからトルコ帝国領内の正教徒の保護者をもって任じていた。トルコ内部のスラヴ系や正教を奉ずる諸民族の中にはロシアを異民族の圧政からの解放者と見る向きも少なくなかったから、正教パレスチナ協会の活動にはロシア帝国の国家意志の表現、外交政策の一環という面があったことは争えない。

協会の仕事の三本柱の一つは聖地考古学の研究を援助し発掘の成果を発表するための学術雑誌の発行であった。一九一七年の革命直前までに六三巻が刊行された『正教パレスチナ論集』は今でも不滅の価値を誇っている。

だれが巡礼に出かけたか

おそらく正教パレスチナ協会が建てた宿坊の記録を利用したと思われるのだが、ロシア人巡礼の職業的分布を調査した数字がある。それによると一九世紀の八〇年代にパレスチナを訪れた巡礼の八〇・一%が農民、一二・二%が官吏、二・七%が貴族、一・七%が商人だった。それから一〇年後の調査では農民七〇・九%、プチブル一〇・八%、コサック八・五%、下級官吏三%、聖職者一・八%、地主一・八%、官吏一・一%、貴族〇・五%であった。職業や身分の分類基準が異なるので、変化の趨勢を知ることはできないとはいえ、農民が大多数を占めていることだけは明瞭である。農民階級に属する者でも国外の聖地に出かけられるようになったのである。鉄道が普及したり、ロシアの自前の汽船会社が営業をはじめたことなども与って力があったのだろう。

それに劣らず感嘆するのは、女性の数が多かったことである。男女別の統計を見ると、一八八〇年代には女性が全体の六四%を占め、一八九〇年代になると女性の比率は六五・六%に達した。大ざっぱに言って、三人のうち二人は女性だった。

二〇世紀の初頭に写された一葉の写真が私の前にある。題して「エルサレムにおけるロシア人巡礼たち」、一九八八年八月五日付の新聞「ルースカヤ・ムイスリ」に掲載されたものである。

エルサレムの宿泊所の前の広場で撮影されたものらしく、一五〇人ほどの巡礼が一団となってカメラの方向に顔を向けて立っている。背景には数本の糸杉が幹を垂直に空に突き出している。まず人目を奪うのは農婦とおぼしき女たちの数が圧倒的な割合を占めていることである。彼女らは白や黒のスカーフで髪の毛をくるみ、とりどりのスタイルの厚ぼったい上着をまとっている。時期は復活祭にきまっているから、古里のロシアを出発したときにはまだ真冬の寒さがのこっている時候だったにちがいない。片手に杖をもつ者が多く、もう一方の手には大きな風呂敷づつみのようなものをさげている。最前列だけでアルマイト製らしいヤカンをぶらさげている者が何人か見える。

トルストイの巡礼哲学

聖地へ詣でるばかりが信仰のあかしではない、という正論も古くからロシアでは主張されていた。三位一体修道院を開いたロシア随一の聖者セルギイですら、国外に巡礼した経験がなかった。セルギイの聖者伝の中で、ことさらそのことが強調されているのである。唐突な比較だが、中世ロシアには遣随使や遣唐使のように外国に留学して名をなした聖職者は見当たらない。ギリシャやバルカン諸国からロシアに招かれる名僧は少なくなかったのだが。

近代になって流行しはじめた遠隔地巡礼に頭から冷水をふりかけたのが作家のトルストイである。彼が「二人の老人」を執筆したのは一八八五年のことで、それは正教パレスチナ協会が発足してから四年目に当たっていた。

どうやらトルストイ自身が住んでいた中央ロシアらしいある村で、二人の老人がエルサレム詣でを思い立つ。一人は村でも指おりの金持エヒーム、もう一人は中くらいの農民エリセイだった。彼らはそれぞれ旅の費用として一〇〇ルーブリを用意する。例の割引切符がエルサレムまでの往復で五〇ルーブリ足らずだったことを考えると、妥当な線である。トルストイは細部の描写を絶対に手抜きしない。そのころの相場では一ルーブリは邦貨の六〇銭だったから、二人は六〇円ずつを懐にして出かけたことになる。

ただし彼らが村を出たのはとうに復活祭の過ぎた五月の初めであること、彼らが黒海の港町オデッサまでまったく鉄道を利用しなかったことが特徴的である。

話の筋のためには、老人たちは歩いていく必要があった。中央ロシアからひたすら南下してウクライナにはいってから、楽天家のエリセイがふと水を飲むために道をそれる。そこで彼は飢え死にしかかっている一家にめぐり合う。思わずエリセイはエヒームのことも巡礼のことも忘れて、その貧しい家族を死の縁から救い出し立ち上がらせることに全力をつくす。鎌や馬まで買い与えたので、旅をつづけることができなくなってしまった。彼は一人で村へ帰っていく。

しっかり者のエヒームは道づれとはぐれたものの、オデッサから船に乗って無事にエルサレムに到着する。ここでは郊外のロシア人用の宿舎に泊まったと書かれているから、正教パレスチナ協会の恩恵をこうむっているのである。

エルサレム巡礼のハイライトは聖墳墓教会である。正教徒が礼拝する順番がきてエヒームがこの教会にはいったとき、彼は堂内の会衆の最前列にエリセイそっくりのハゲ頭の老人が立っているのを見る。それどころか、エヒームが六週間パレスチナの各地をまわっているあいだ、いたるところでエリセイの姿を見かける。帰り途、エリセイの助けた家にエヒームが立ち寄るとその家族はエリセイを天使のようにあがめていることがわかる。そこでエヒームはこう考える――「あいつはわしを出しぬいたんだ。」

作者はキリストの墓におまいりするより実質的な人助けのほうがずっと神の心に叶うことを説いているのである。トルストイの説教癖は鼻につくけれども、この話は一ぺん読み出したら途中で止めることができない。恐るべき筆力である。

聖地の近況

ロシア革命の後、ロシア正教会が所有していた国外資産は、モスクワの正教会と対抗する形で発足した在外正教会が管理運営せざるを得なくなった。パレスチナの修道院や教会や宿坊なども例外ではなかった。しかし、イスラエルが建国されてソビエトとの国交を樹立した時点で、これら諸施設の所有権が外交上の係争事項になった。一九八〇年代にロシア正教会が勢力をもり返しはじめてから、財産争いは一段と尖鋭化しているらしい。

むろん、そんなこととはかかわりなく、ロシアからの聖地巡礼が帝政時代をしのぐ勢いで復活していることは言うまでもない。飛行機ならひとっ飛び、とにかくマス・トゥーリズムの時代なのである。

ニカン国の謎

ハバーロフの遠征

アメリカ人の開拓者魂が西部進出の原動力になったとすれば、ロシア人のフロンティア・スピリットは東方シベリアに向かって発揮された。

アムール川に沿ったハバロフスクの町に、この地方の歴史と深いかかわりをもつ二人の人物の銅像が立っている。一人はハバーロフ、もう一人はムラヴィヨフである。後者、つまりニコライ・ムラヴィヨフは一九世紀の中葉に東シベリア総督の職にあった。一八五八年に清国とのあいだに愛琿条約を結び、アムール川の北岸をロシア領と認めさせることに成功した。この功績によって彼は本来の姓のあとにアムールスキイの称号を帯びることを許される。制服帯剣のムラヴィヨフ・アムールスキイ伯爵が腕組みをして高い台座の上からアムール川の上流を傲然と見つめている姿は、ロシアという国がもった極東支配への強烈な意志の権化のようである。

これに対して、カザーク風の毛皮帽子をかぶり鎖かたびらに身をかためたエロフェイ・ハバーロフの像は、目立たない公園の一角に立っている。彼はこの町に自分の名を与えたとはいえ、創始者とはみとめられていないのである。彼が数百人の部下をひきいてアムールの中流と下流への遠征を敢行したのはムラヴィヨフに先立つこと二〇〇年あまり、一六四九年から五三年にかけてだった。満州を根拠地とする清朝による中国支配がはじまったばかりの時期である。

ハバーロフの一隊はヤクーツクからレナ川の上流を遡って南下し、アムール川に沿う砦のアルバジンに出た。アムール川が最も北上する地点である。そのあとカザークたちは下流に向かい現在ブラゴヴェシチェンスクやハバロフスクなどのあるあたりを通過し、ほとんど河口まで達したようである。ツングースをはじめとする原住民から毛皮をヤサーク（貢税）として徴収したから、ハバーロフらが征服者としてこの地へやって来たことは明白である。ただ清国政府軍の強力な抵抗や仲間割れのために、事は計画どおりに運ばなかっただけである。

一六八九年にはロシアと清のあいだにネルチンスク条約が結ばれた。この条約によってロシア側のアルバジン城塞は撤去されることになり、当分のあいだロシアのアムール流域支配の野望が断たれた。

ハバーロフが政府に送った報告書の中には遠征にさいしての熱っぽい抱負を感じさせる文言が少なからず含まれていた。「アムールは第二のヴォルガとなろう」とか「この地（アムール流域）は全シベリアに匹敵する」というような表現がそれである。遠からぬ地に夢のような理想郷ニカン国（ニカンスコエ・ツァールストヴォ）ありとする言及もハバーロフ文書が初出である。一九九九年に若い友人であるウラジヴォストークの極東大学のウラジーミル・ソコロフさんがこの謎の地ニカン国について大部の博士論文を書いた。以前から彼の研究は聞いていたし、今回そのドクター論文要旨と関連資料を恵与されたので、以下に紹介してみたい。日本とも関係のあるテーマなのである。

東方のキリスト教国

ハバーロフがヤクーツクの長官フランツベーコフに提出した報告書によると、一六五二年三月、今のハバーロフスクよりもっと下流のアムール河畔で満州族と戦ったさいに、ニカン国についての情報を得たという。それは中国とも、さらにその交戦国である「ボグドイ」(?)とも別の国であり、金を産出する山をもち、しかもその住民はキリスト教徒であるというのである。

ソコロフ博士の論文はこのニカン国の問題をはじめて正面から取り上げ、その伝説の実体を解明しようとした画期的なものである。

東方のキリスト教といえば、人はだれでもプレスター・ジョンの伝説を思い出すはずである。当然のこととして、ソコロフ博士もこの伝説の展開を綿密にたどっている。

マルコ・ポーロの『東方見聞録』にテンドゥク(天徳)と呼ばれる地方があらわれることはよく知られている。マルコ・ポーロによれば、この地を治める王はプレスター・ジョンの末裔であった。チンギスハンはこの王の娘に結婚を申し込んだところ、きっぱりと拒絶されたので戦いをいどむ。両軍のあいだに前代未聞の激戦が行なわれた結果、王は戦死しチンギスハンが大勝利をおさめた、と『東方見聞録』にある。王国があった場所は現在の内モンゴルであるとされる。

プレスター・ジョンの名はそれより早く、少なくとも一二世紀からヨーロッパで知られていた。三位一体の議論をめぐり五世紀の宗教会議でネストリウス派が異端の宣告を受けた。この派のキリスト教徒の司祭《プレスター》を兼ねる王ヨハンネス(英語ではジョン)が東方に王国を建てたと信じられたのである。たしかに唐代には景教の名のもとにキリスト教が中国に広まり、元朝支配時代にもふたたび勢いを盛りかえしたという歴史的事実がある。それに加えて、十字軍による聖地パレスチナ奪回がなかなかすすまない情勢の中で、アジアからの援軍を期待したい心理がこの伝説をヨーロッパに流布させたと考えられている。

ソコロフ博士がプレスター・ジョン伝説や『東方見聞録』を重視するのはニカン国伝説の成立にそれが重要な役割を演じていると考えるからである。ヨーロッパの地図史の中で極東のキリスト教国がどのように描かれてきたか、ソコロフさんは詳細に跡づける。それをここで繰りかえす余裕はないが、要するに、一六世紀後半のメルカトル図法の普及にともないテンドゥクが北東アジアに位置づけられることが決定的となる。たとえば一七世紀のある地図では北東アジアの大きな半島のつけ根にアルゴンと名づけられた場所があり、そこには注として「かつてプレスター・ジョンの統治するキリスト教徒の国があった」とラテン語で書かれているし、一六五四年から六〇年に描かれたサンソンの地図では、テンドゥクの名がタングゥートに変わり、その東寄りに Nivlhan と Nivcheo と表記される場所がある。この地域の背後にユピと呼ばれる半島の国があり、その近くに日本の本州や蝦夷島が見える、という。

極東、それも日本ではなくて大陸の一部にキリスト教徒の国が存在することはヨーロッパの地理学者のあいだでは常識となっていたのである。

スパファリイの記録

ハバーロフの一党がアムール流域で一時的に威をふるってから二〇年あまり後、モルダヴィア出身のモスクワの外交官スパファリイが使節団をひきいて北京に駐在した。帰国後執筆した中国についての著作の中で彼はニカン国を古い中国の名称と見なしている、とソコロフさんは言うが、私の手もとにあるキシニョフ版の本ではその点を確認できなかった。ただしスパファリイは新世界のアメリカや日本でカトリックが成功をおさめた勢いを駆って中国でも布教を意気ごんでいると紹介したあと、われわれ、つまりロシア側としては神の助けとツァーリの幸運の星のおかげでギリシャ正教が中国に浸透することを、たしかに期待している。彼の言葉にしたがえば、かつて中国に伝来したキリスト教はイエスの一二使徒の一人トマスがもたらしたもので、アレクサンドリアの総主教の管轄に属する府主教にひきいられていたという。

スパファリイの本で注目されるのは、日本と呼ばれる「名高い大いなる」島に関する一章が特別に立てられていることである。そこでは日本はアムール川の河口の対岸からはじまり中国に近いところまで一〇〇〇露里以上にわたって長々と延びていると書かれている。また中国から日本までは二昼夜の航海で足りるという。これを見ると、スパファリイがニカン国を日本国と同一視していないことは明白である。

レーメゾフの地図

ソコロフ博士が調査したところによると、ニカン国についてふれている文字テクストは二一点、ニカン国のありかを書きこんでいる地図は一一葉であるという。上に、地図のう

レーメゾフの地図。左上にニカン国がある。

ち最もすぐれているレーメゾフのものを示しておこう。

セミョーン・レーメゾフは一六四二年生まれで一七二〇年以後に没したシベリアの歴史家兼地理学者である。トボーリスクのクレムリンを築いた技術者としても知られている。彼が有名な「シベリア地図書」を描いたのは一六九九年から一七〇一年にかけてである。

彼の地図を見ると、まず左の上方に日本島が大洋に浮かんでいる。海をへだててその右に朝鮮半島が突き出ている。そう、この地図では現在の普通の場合と反対に、南が上で北が下に描かれているのである。日本海（この海の名は記入されていないが）をはさんでわが国と向かい合う場所、つまり今の沿海州にあたる位置に囲いがしてあって、まぎれもなくニカン国と記入されているのが見てとれる。ご丁寧なことに、ニカン国の北にニカンカ川が流れている。ニカンカ川の中ほどで合流する川の名がテンドゥクンとある。それよりずっと北寄りに大河アムールが東に向かって直流している。河口ちかくにギリヤークの国が存在する。ニカンカ川とアムール川のあいだに峨々たる山脈がそびえ立っているのは、ハバーロフ隊を含むロシアの探検家たちが今のハバロフスクあたりでアムールに流れこむウスリー川の流域になかなか足を踏みこめなかったことを図形的に示しているのであろう。

ソコロフ博士の研究の価値は右に述べた歴史的な史料を単に列挙していることにあるのではない。ハバーロフの報告書の中でニカン国の名がはじめて登場する理由を、同時代のロシア人の気持ちになって追体験し、きわめて説得力に富む心理的な解釈をくだしている点にすぐれた学術的な意義があるように思われる。ソコロフさんは研究の方法としてユーリイ・ロートマンの記号領域の理論を適用したと書いている。

そうなるとわれわれはロートマンの古典的名著『ロシア文化講話』（邦訳では『ロシア貴族』筑摩書房、一九九七年）を連想せずにはいられないが、ソコロフ博士の興味ぶかい研究もいつの日か完全な形で翻訳されることが望まれる。

また博士自身が述べていることであるが、ロシアの歴史家の中にはニカン国を日本と見なす説もあったという。地図上の位置も発音も近いから、当然である。

一九世紀の末から二〇世紀にかけて沿海州には大量の入植者があった。ヨーロッパ・ロシアやシベリアから移住してくる農民が多かったのである。彼らのあいだにニカン国の噂は広まっていたのだろうか。旧教徒のユートピアである白水境伝説との関係も含めて、その点の詳細な検討をまだ目にすることができないでいるのはいささか心のこりである。

地獄へ往復した旅芸人

デムコワ教授の新発見

ロシアでも中世文学の新作品の発見が時おり報じられる。最近のいちじるしい例はペテルブルグ大学のデムコワ教授の場合である。今は名を変えているレーニン図書館のバールソフ・コレクションの古写本の中から見つかったのである。

エルピジフォール・バールソフといえば、カレリアの泣き女イリーナ・フェドーソワの口説きの刊行者としてフォークロリストには親しい名前であるが、彼には中世の手書き写本の大コレクターという一面もあった。ペテルブルグの神学大学を卒業したバールソフはまもなくルミャンツェフ博物館（のちのレーニン図書館、現ロシア国立図書館）に就職し、たちまち古文献の収集と研究の両面においてモスクワの専門家グループの中心的存在となった。なにしろ、あの浩瀚な『ロシア歴史遺物論集（チョイドル）』の編集主任を三四年間もつとめた傑物である。デムコワ教授によると、問題の写本は北ロシアの旧教徒の共同体において、一八世紀に書き写されたものであるという。

デムコワ教授と書くと堅苦しくひびく。仲間うちでの呼び方でナターリア・セルゲーエヴナは、日本人のあいだに知己が多い。いや、門人といったほうがもっとふさわしい。中世ロシア文学研究のメッカはペテルブルグに相違ないが、そのペテルブルグで勉強するとなると、まず大学の文学部の扉をたたくことになるからである。私の知っているだけで、彼女のクラスで学んだ日本の若者は三人もいる。親切で開いた心の持ち主なので、教師として打ってつけである。私は手堅い文献学者兼旧教徒問題の専門家としての彼女を古くから知っているが、結婚した娘さんが米国に暮らしているとかで、英語がずばぬけて達者なのに驚いたことがある。

そのナターリア・セルゲーエヴナが今年一九九七年に『中世ロシア文学、詩法・解釈・原資料』と題して論文集を刊行した。今までさまざまな紀要や学術雑誌などに発表した論文を一冊にまとめたのである。出版元はペテルブルグ大学。この本の中に新発見作品の紹介とテクストが含まれている。ただしこの論文がはじめて発表されたのはドミートリイ・リハチョフ博士の生誕八〇年記念論文集と銘うった『新旧文学の研究論集』だった。作品の内容は次のとおり。

「地獄へ往復した旅芸人の物語」

むかし、ある町に高利貸の男がいた。家族は妻と二人の息子だった。男が死ぬと柩に収めて葬ったが、掘った墓穴が地獄に届くほど深く陥没して、たちまち柩が見えなくなった。家族はどうしてよいかわからず、悲しんでいた。

そこへ笛を吹く旅芸人がやってきた。旅芸人は高利貸の家族が嘆いているわけを聞き、褒美をもらうことを条件に、高利貸の魂がどこにいるかつきとめてくることを約束する。

旅芸人は大きな編み籠をつくらせてそれに乗りこみ、縄にぶらさがって深い穴の中におりていく。

高利貸の柩のところまでくると、ありとあらゆる悪鬼どもがあたりに群がっていた。柩のそばでこんな問答が交わされる。

「魂はどこにいるんだ。」

「炎の中で焼かれているところさ。」

「連れ戻すことはできるかね。」

「できるとも。やつの女房と子どもが着のみ着のままになり、財産をのこらず教会と乞食にほどこせば、ここから助け出せるんだ。」

「ところで、おれの居場所はどこかね。」

指し示されたのは、炎が上がり悪臭ただよう小屋だった。旅芸人は仕方なくそこでグースリ（ロシアに古くからつたわる撥弦楽器）を弾き、踊りはねながら悪鬼どもの機嫌をとりはじめる。そのうちグースリの糸がプツンと切れた。彼は笛をとりに家へ帰りたいと言うが、悪鬼どもは一旦地獄へ来た者は決して帰さないと断る。旅芸人はこう言った。

「おれはまだ死んだわけではない。付き添いの悪鬼を一匹つけてくれ。きっとありったけの笛をもってくるから。」

あざむいて地上に戻った旅芸人はわが家の前を素通りして、ある司祭をたずねる。そして司祭の前に身を投げて、涙ながらに一部始終を懺悔した。やがて旅芸人は待ちくたびれた悪鬼のもとへ来て、自分は神のしもべになったから、サタンのところへ戻らぬと言う。

ついで旅芸人は高利貸の遺族をたずね、地獄で見聞きしたことを物語る。遺族は司祭のもとへ来て、財産をのこらず教会と乞食のために寄進すると申し出る。

死後四〇日間の祈禱をつづけているうちに、高利貸の魂が地獄の責苦から解き放たれたことがわかった。柩が地面まで浮かび上がってきたからである。人びとは神の慈悲をたたえて喜び合い、それから死者のために四〇日間の祈禱を欠かさぬようになって、今もその風習がつづいている。

高利貸の運命

これとよく似た話がもう一つ伝わっている。一五世紀にノヴゴロドで成立したと考えられている「シチール市長の物語」がそれである。

中世の商都として知られたノヴゴロドの市長にシチールという者がいた。高利貸で蓄えた金でヴォルホフ川の岸にポクロフ教会を建立したが、大主教イワンは不浄の金でつくられたとしてその教会の献堂式をあげることを断った。大主教に言われたとおりシチールが経帷子を着て柩に横たわり、その柩をポクロフ教会に置くと、たちまち柩が地下に落ちこんでいった。大主教は教会の壁に地獄にいるシチールの絵を描かせる。一方、シチールの息子がノヴゴロド市内の四〇の教会で四〇日間の祈禱をささげていると、壁に描かれたシチールが頭から次第に地獄をぬけ出

グースリを弾く中世の旅芸人

し、その祈禱を二回繰り返したときには腰まで自由となり、三度目にはとうとう全身が地獄から解放されて柩が地上に戻った、というのである。

こちらの物語も、人の死後四〇日間の祈禱を怠らぬようすすめて話をしめくくっている。デムコワ教授が見つけた新作品とちがい、シチールの物語はずいぶん古くから数多くの写本で知られている。今は亡きニコライ・グッジイの編纂した『中世ロシア文学選文集』にも収録されているほどである。高利貸の反道徳性と、それさえ帳消しにできる四〇日間の祈禱の利益の大きさを強調する点で、二つの物語が共通のイデオロギーの産物であることは明白である。

このような事情から、「地獄へ往復した旅芸人の物語」がやはりノヴゴロドの地で発生した作品と考えられる、とデムコワ教授が説くのは説得力がある。

ノヴゴロドはハンザ同盟の東の拠点であり、一五世紀の後半以降何回かにわたってモスクワ大公国の軍勢の侵入を受けるまで、おそらくロシア随一の富裕な都市だった。こういう土地柄で高利貸がとりわけ人目についたことも、また格別な憎悪の対象となったことも容易に想像がつく。

懺悔する旅芸人

ロシアの口承叙事詩にブィリーナと呼ばれるジャンルのあることはあまり知られていないにしても、リムスキイ＝コルサコフが創造した数多くのオペラの中に『サドコ』があることは中学生の常識であろう。船に乗って世界中を乗りまわしたノヴゴロドの大商人サドコの前身が旅芸人だった。ロシア語でいえば、スコモローフである。サドコは結婚の席などに呼ばれて座を賑わせていた。あるとき彼のグースリ演奏を耳にして感動した水の王が、賭の必勝法を伝授する。サドコは町の商人たちを相手に命がけの大博打をうって勝ち、自分も商人になり上がるのである。

外国から金銀財宝を積んでノヴゴロドに戻る途中、サドコの商船隊が大凪《なぎ》につかまったことがあった。籤引の末、サドコが人身御供となって海底の海の王のもとへおもむく。サドコがグースリを弾くと海の王が踊りだした。サドコがすべての船乗りの守護聖者ニコライに心の中で助けを求めたとき、グースリの弦がプツンと切れた。それがきっかけとなって、サドコの帰国がかなうことになる。

弦が切れるモチーフはデムコワ博士の「物語」でもまったく同じ機能を果たしている。その点は共通していても、二つの物語の中で旅芸人の立場は正反対といっていいほど食いちがっている。サドコは誇り高いグースリ弾きであり、千載一遇のチャンスに剛胆さを発揮して商人となったのだった。

ところが地獄へ往復した旅芸人の場合、高利貸の魂を地獄から救い出す手段を悪鬼どもから聞き出したのはいいが、その救済の実行はキリスト教の司祭にゆだねざるを得なかった。そればかりか、彼は旅芸人という身分を恥じて前非を悔い、どうやら以前の職業を廃業したらしい気配である。

これはデムコワさんがあえて指摘しないことだけれど、付け馬をしたがえて地獄からこの世へ戻ったところまでは悪漢小説の主人公らしいが、高利貸の遺族から約束の褒美を受け取ることを忘れたのは中途半端な悪漢ぶりである。それというのも、バールソフ・コレクションのこの作品が旧教徒の手で書き写されたことと関係があるかもしれない。概して旧教徒は道心堅固で、旅芸人と折合いが悪いことは初期の指導者アヴァクーム以来の伝統だったからである。

「地獄のバイオリン弾き」

もっと元気な旅芸人もいた。一八五〇年代から六〇年代にかけてアファナーシエフが編集した『ロシア民話集』の第三七一番は「地獄のバイオリン弾き」という題をもっている。

ある金持の男がいた。死んでから地獄におち、ためこんだ金のことでひどい呵責を受けていた。あるときバイオリン弾きがふと地下に落ちこみ、地獄でこの男と出会う。金持は旅芸人が地上に戻ったら、門のわきと穀物の乾燥小屋の床下に金貨をいっぱいつめた鍋を埋めてあるから、掘り出して乞食に配るように伝えてくれと頼む。そのうちバイオリン弾きも悪鬼どもに見つかり、楽器を弾かされる。三年が三日のように過ぎた。やがて「主よ、祝福を」と唱えると、弦が切れた。バイオリン弾きは弦をとりにゆくという口実で付き添いの悪鬼を伴い地上へ戻ってくる。

地上に出ると、ある村で婚礼の最中だった。夜明けまでバイオリンを弾きつづけると、ニワトリが鳴き、そのとたんに悪鬼が姿を消した。金持の子供たちは言われたとおり鍋を掘り出すと、乞食たちに施しをはじめた。ところが金貨は人に配れば配るほどますます増えていった。王さまの命令で五キロの長さの橋をつくって、やっと金貨を使い切った。おかげで金持は地獄から出してもらった。

この話ではバイオリン弾きが悪鬼を撃退する手際が見事である。旅芸人は商売を変える必要に迫られていない。聖職者は一人も姿を見せない。鍋の金貨を受けとるのは乞食だけで、教会は含まれない。いかにも口頭で伝承された昔話らしい雰囲気である。

注釈によるとこの話が書きとられたのはトヴェーリ県ズプツォフ郡である。トヴェーリもスコモローフで有名な土地柄だった。

中世ロシアの呼び方

デムコワさんの論文の本旨からは幾分逸れてしまったけれども、「地獄へ往復した旅芸人の物語」の紹介は右のとおりである。実は彼女の新しい著書を手にして私がもっとも驚いたのは、書名が『中世ロシア文学』となっていることだった。従来の「古ロシア」という呼び方を意識的に避けたようである。

ナターリア・セルゲーエヴナは意識的に新しいタームを採用することによって中世ロシア文学界に一石を投じようとしたのかもしれない。さいわいにして、かつて旅芸人を不当に卑しめたようなイデオロギーの圧力は消滅しているので、彼女の試みが単に伝統からはずれているという理由だけで非難されることはないはずである。

パンと塩

光太夫との出会い

ユーリイ・ロートマンは『北槎聞略』がよほど気に入ったらしい。『ロシア文化講話』(邦訳は『ロシア貴族』筑摩書房、一九九七年)の中でロシアの結婚式についての光太夫の観察をくわしく引用し、注釈を加えている。ロシア式雪隠の構造についての光太夫の蘊蓄にもどこかで言及していたような気がする。

ロートマンは光太夫を「ある日本人旅行家」とだけ呼んで名前をあげてはいないのだが、私はこの記述にぶつかったとき、異郷をさまよっている最中に思いがけず同胞にめぐり会ったような気がした。漂流民光太夫からの聞き書きを編集した『北槎聞略』のロシア語にまで目を通すとは、とあらためて碩学の博覧強記に感服したものである。

同じ体験を『パンと塩』で繰り返すことになった。実は原書の出版という点では、こちらが一九八四年、ロートマンの本は一九九四年だから、『パンと塩』のほうが一〇年も早いのである。この本はロバート・スミスとデイヴィド・クリスチャンの共著なのだが、光太夫を引用しているのは古代から一八世紀までを担当しているスミス氏である。参照されているのは『北槎聞略』の中の竈《かまど》の構造、それにもう一箇所、貴賤で異なるロシア人の茶の飲み方とその値段である。巻末の参考文献リストには、ちゃんと一次史料として明記されている。ちょっと残念なのはここでも光太夫の名が伏せられていて、文献リストの中の書名が Kratkie vesti ——つまり「聞略」とだけあって、北槎がはぶかれてしまっていること。

だが日本の読者はまごつくことはない。先日出版されたばかりの邦訳（平凡社、訳者は鈴木健夫、豊川浩一、斎藤君子、田辺三千広の諸氏）では、大黒屋光太夫の名前がカッコの中で補われ、岩波文庫版『北槎聞略』の本文が現代語訳と並んで示されているからである。

完全主義

『パンと塩』の中で私はもう一人なつかしい名前を見つけた。それはアン・エリザベス・ペニントン、彼女は知る人ぞ知る、グリゴーリイ・コトシーヒンの著書『アレクセイ・ミハイロヴィチ帝治下のロシアについて』の校訂者なのである。一六六〇年代にロシアから逃げ出したモスクワの中堅外交官コトシーヒンは、亡命先のスウェーデンで祖国の内幕を詳細に暴露した報告書を作成した。わが身の安全を保証してもらうため、スウェーデン政府に提出したのだ。それが今でも一七世紀のモスクワ大公国の内情を知るための最善の史料の一つになっている。ペニントンはこの比較的長文の著述のテクストを完璧に翻刻したのだった。い

羽の生えた悪魔にそそのかされ召使の若者を好色そうな目で眺める女たち（中世の版画）

やテクストを翻刻したばかりではない、コトシーヒンのこの著作に特徴的な正書法、形態論、シンタクスを精細かつ網羅的に記述した上、巻末にはすべての語彙を英訳つきで収録した。アングロ・サクソン的な完全主義の典型のような仕事である。

スミスとクリスチャンの二人の著者は謝辞の中でとくに彼女の名をあげて「一七世紀の史料についてきわめて有益な解説をしていただいた」と述べ、今は故人となった彼女に感謝の言葉を伝えられないのが心のこりであるとしている。

ペニントンが直接力を貸しているのではないかもしれないが、たとえば次のような描写は『パンと塩』に独特のダイナミズムを与えている。

〔宮廷で消費される〕活魚は……ドミトロフにあるツァーリの池のイケスで貯えておくため、平底船でベロオーゼロから運ばれてきた。……一六七七年、氷づめの八尾のサケがツァーリに送り届けられた。運搬者に与えられた通行証には次のような命令が書かれていた。——昼夜を問わず道を急ぐこと。一刻たりとも遅滞してはならない……

そのころモスクワのクレムリンの中には食糧庁と呼ばれる役所が置かれていて、三人の上級官吏のほか約二〇人の事務官と一五人の下僚が詰めていた。そこでは生と塩漬けの肉、それに魚が一五の氷室と倉庫に貯蔵されていた、という。これはコトシーヒンの本からの直接の引用である。

パーフェクショニズムという点で『パンと塩』自体も引けをとってはいない。

食べ物と飲み物の社会史

本書の副題は「ロシア食生活の社会経済史」である。序文の中で著者たちが断っているように、クッキングの本ではない。さまざまな食べ物、さまざまな飲み物が個人の暮らしと社会の仕組みの中でどのような意味をもったか、が中心テーマである。

特別にくわしく取り上げられているのは、食べ物としてはパン、塩、ジャガイモ、それに肉と魚であり、飲み物としてはビール、ウォトカ、茶である。それぞれの項目について一冊の本が書けるくらい基本的な情報がもれなく列挙されているばかりではない。その情報が見事に配置され、社会経済史的見地から解釈を加えられているところにこの本の強みがある。一見高度な専門書のように見えて、有益なだけでなくて読んで実に楽しい本なのである。

たとえば中世ロシアでは国内のどこで塩が採れたか（地図が添えられている）、どのようにして塩水のある場所が発見され、どのようにして井戸が掘られ、一つの井戸を掘るのにどれほどの経費がかかったか、汲み出した塩水をどのような鉄鍋で煮沸したか、燃料としての木材はどれほど消費されたか、などなど考察は微に入り、細をうがつ。スミスさんの博識はまるで底なしの観がある。むろん話はそこで終わらない。製塩業の歴史は産出地域の変遷と技術の進歩と切りはなせないし、それは同時にロシアの国家経済、そして社会と政治の歴史にさえ影響を及ぼしたのである。

ちなみにひところ恐怖のラーゲリとして知られ、今はまた聖地兼観光地として人気の出ている白海に浮かぶソロフキ島の修道院は中世を通じて一大製塩企業だったし、シベリア進出の演出家として有名な商人でのちには貴族に列するストローガノフ家は一六世紀にはじめて歴史に登場する製塩家だった。

食べ物や飲み物と並んで、食べ方や飲み方もこの本の中でくわしく扱われている。とくに興味をそそられるのはモスクワのツァーリたちの食事のとり方である。コトシーヒンも書いているのだが、精進日にあたらない普通の日には、ツァーリは何十皿と運ばれてくる大皿の料理にほんの少し口をつけるだけで、あとは貴族に下げわたす習わしだった。

スミスさんの本から抜き書きすれば、肉食日（精進期以外で月、水、金を除く曜日）にツァーリの食卓に出されたのは五種類のパンと六三種類の料理で、その主なものは、姿づくりの二羽の白鳥、チーズや卵やキノコを混ぜてつくったローフ・パイ、鵞鳥や野ウサギの肉料理、羊肉と羊のレバー料理、ポークとビーフの料理、その他その他。だが、これはおいしいと思っても、ツァーリはすべての皿から一片ずつで我慢せざるを得なかったのだ。

ツァーリにとっては毎日の食事そのものが儀礼だった。ある西欧からの旅行者の記録を引いておこう。ツァーリはすべての貴族の家と自分の寵愛する者たちにポダーチャ（下賜品）と呼ばれる肉料理を届けさせる。それは祭日だけではなく、一日に一回ずつ行なわれ、どんなことが起ころうとも厳格に守られた。もしツァーリが外国の使節のために宴会を催したくなければ、ロシアの慣習にしたがい、接見後に使節の宿舎に次のように食事を届けさせる。まず金色の服をまとい、真珠でかざられたマントと帽子を身につけた侍従長が遣わされる。正餐の前に彼は馬の背にまたがって使節をおとずれ、ツァーリの恩寵を述べてテーブルを共にすると宣言する。馬のまわりには一五人から二〇人の家臣が控えている。そのうちの二人は巻かれた布をもって侍従長のうしろを歩き、さらに二人が塩のはいった容器をもってつづく……

こうして酢やナイフやスプーン、さらにはパンやスピリット(蒸溜酒)、それに肝心の料理が運ばれてくる。とにかく儀式だから物々しいのである。

ウォトカ――国家がかかえた矛盾

酒はここちよい飲み物である。しかし酩酊や泥酔がもたらす害毒もはかりしれない。それにもかかわらず人はアルコールなしの生活を送ることができなかった。とりわけロシアで酒なしに暮らすことができないことは、この国にキリスト教を導入した聖者であるウラジーミル大公が断言していたことである。

もっとも聖ウラジーミルはもっぱら生理的な意味合いから、イスラム教の宣教師に向かってアルコールの必要性を説いたと考えられる。これに対して中世以降の権力者たちはたとえ彼自身が下戸であったとしても、国民に酒を飲ませる必要を感じていた。酒からあがる税金が国家にとって重要な収入源になっていたからである。そのために政府は国営の居酒屋を各地に設けて収入の確保につとめたほどだった。

その間の事情は中世を分担したスミスさんも縷々と説いているけれども近代担当のクリスチャン氏の説明によって事態は一層明確になる。一九世紀になると統計資料がそれまでと段ちがいにふえるからである。

当然ながら、ロシアの為政者はウォトカが「国家財政、農業、そして公衆道徳」に深くかかわっていることを認識していた。統計の示すところによると、一九世紀を通じて国の歳入の三〇%を酒税が占めていた。農奴解放令の出る前年の一八六〇年には四五%という記録をつくった。もちろんいつも収入項目のトップである。徴税方法の点では、一世紀のあいだに請負、専売、間接税、と二転三転したが、問題の本質は変わらなかった。農業と関係があるというのは、酒類の製造や取引きで莫大な利潤をあげていた西部諸県の地主貴族のことだという。

公衆道徳への影響とは酔っぱらいが共同体の秩序をみだし、民族の健康と体力をいちじるしく疲弊させてしまうことを意味していた。「政府が収入への渇望をもつと同時に、農民は忘我への渇望をおぼえていた」ことが一致してウォトカを国家レヴェルでも地方レヴェルでも深刻な問題とした、とクリスチャン氏はたくみに表現している。

しかし税金をさげれば事は解決するというものでもない。ウォトカの値が下がれば、民衆はもっと大量に消費するようになり、公衆道徳は一層低下するだろう。

クリスチャン氏がするどく指摘しているのだが、農民はパンを買う金がなくともウォトカは買うという。ウォトカなしには家庭でのいかなる宗教儀式も、村内での社交もなり立たない。生理的な意味だけでなくウォトカの社会的意味たるや圧倒的なので、農民がウォトカを買うときには食料費の費目からではなく、儀礼費・交際費から支出していたとみるべきらしい。その傾向は現在も変わらないようである。

何を食べているか言ってごらん。君が何者か当ててみせるから、という。そのデンでいけば、本書は凡百の著書や論文が足もとにも及ばない出色のロシア人論になっている。

ロシアの古地図

ロシア国立図書館はついこのあいだまでレーニン図書館の名で知られた。クレムリンの城壁のすぐ西側に隣接して立っているので、あの帝政時代の優美な建物はツーリストにも馴染みがあるかもしれない。ペテルブルグの公立図書館と並んで、ロシアでは最も格式の高い図書館である。

この大図書館の所蔵するロシア古地図展（一八・一九世紀）が近日中に国立国会図書館で開かれる。日本側からも近世の地図の逸品が出陳されるというから、私のような地図学の門外漢でもオープニングが待ち遠しい気がしている。

ロシアの地図が日本にはじめてもたらされたのは二〇〇年前にさかのぼる。漂流民大黒屋光太夫のロシア土産の中に、大小二〇点ほどの地図が含まれていたのである。それらは横文字表記が日本語に訳されて、『北槎聞略』の付録として収められた。そのときのオリジナルも幕府の書庫にはいったと思われるが、今は行方が知れない。

ところで光太夫とその配下たちを日本まで送ってきたロシア使節のアダム・ラクスマンは興味ぶかい事実を日記に書きのこしている。寛政四年（一七九二年）の秋、ロシア船エカテリーナ号が根室港にはいったという知らせが伝わると、松前から藩士鈴木熊蔵と医師加藤肩吾の二人が派遣されてきた。彼らとラクスマンとのはじめての会見がおこなわれたのはロシア暦で一二月一三日である。挨拶のあと、たがいにまず見せ合ったのが地図だった。日本側としては、紅毛碧眼の異邦人がどこから来航したのか、ロシアという国がどこにあるのか確認したかったにちがいない。熊蔵が懐から取り出した地図にはたしかに地球の両半球が描かれていたが、「昔の地図を何千回も転写したものらしい」という印象をラクスマンに与えた。ロシア側の最新の世界地図に感銘を受けた熊蔵らは、翌日になって借用を申し込み、薄い紙を上からかぶせて墨と筆で写しとった。その器用さにラクスマンは舌を巻いた。一方、熊蔵の手もとにはラクスマンたちがまだ見たこともない樺太が描かれた地図があった。ロシア側はそれを借りうけて複写した。その地図に肩吾が文字を書き入れてやった。三六年後におこったシーボルト事件のことを考えると、信じられないような親善風景が展開したのだった。

今回ロシア国立図書館が出品する地図の中で最も古いのは、ボリス・ゴドゥノフの一人息子である皇太子フョードルの名と結びついたモスコーヴィアの地図である。一七世紀の一〇年代につくられたもので、ほかにこの世紀のものはない。この地図がとりわけ有名になったのは、ロシア第一の詩人プーシキンが劇詩「ボリス・ゴドゥノフ」の中で取り上げたからである。モスクワ大公国の地図を見ながら帝王学に精を出す聡明な息子を眺めて、さしも傲慢なボリスも目を細める。野心家ツァーリの親バカぶりが読者につよい印象を与えるのである。

ムソルグスキイ作のオペラ「ボリス・ゴドゥノフ」をモスクワのボリショイ劇場で見たときには、この地図が部屋の床一面にひろげられていた。私の坐る客席からはタタミ何帖分という広さに見えたものである。

フョードルは父の急死後一六歳でツァーリの位につくものの、二カ月後には暴徒の手にかかって非業の最期を遂げる。地図の作製にはおそらく側近にあった傅役のだれかがフョードルに手を貸したものであろう。出版者はゲッセル・ゲーリッツというドイツ系の人物で、表記はラテン語である。

ロシアの近代化は一八世紀はじめのピョートル一世の治世をもってはじまる。もちろん、シベリア進出は一七世紀全般を通じてやむことがなかったからレーメゾフの『シベリア・アトラス』(一七〇一年)のような実用的な傑作も生まれたが、西欧流の本格的な地図が描かれるようになるには、大帝が設立した測地学校の卒業生が活動をはじめるまで待たなければならなかった。その第一の成果がイワン・キリーロフの『ロシア帝国全図』(一七三四年)である。経度と緯度が正確に記入された上、帝国の版図はすでにベーリング海まで及んでいたから、肝心なヨーロッパ・ロシアは西の端っこに収まってしまう。シベリアが地図の大部分を占め、バイカル湖が地図のほとんど中央に位置するといった按排になる。すでにピョートルは亡くなっていたけれども、ロシアがヨーロッパの列強の一つに数えられかけていた時期だっただけに、この国の知識人はいやが上にも広大な国土の姿を眺めて、気分を高揚させたにちがいない。彼のつくった『ロシア帝国全図』は非常に評判が高く、一八世紀の末まで学校の教科書として使われたという。庶民の出であったキリーロフはその技能によって貴族身分に列せられ、元老院の書記官長の位にまでのぼりつめた。

キリーロフの地図で注目されるのは、表題はロシア語なのに、地名はラテン文字で書かれていること、そして東の端に日本がかなり大きく描かれていることである。ただし、その形はおそろしく不正確で、九州も四国も本州から分かれていない。奇妙な姿をした北海道は Terra IEDSO(蝦夷地)とある。カムチャトカ半島からのロシア人の南下が進んでいたにもかかわらず、クリール列島はまったく省略されているにひとしい。樺太は大陸から分離しているものの、名前はつけられていない。

しかし、それからわずか三年後には二七葉の地図からなる『青少年向け世界アトラス』、一一年後には一九葉の地図を含む『ロシア帝国のアトラス』が刊行されて、地形図としての地図はほとんど完成の域に達する。地名の表記もすべてロシア文字となる。この分野でのピョートルの啓蒙活動がようやく実を結んだのである。

さらに時代がくだると、一七八五年の『ロシア帝国全図』(八葉)、一八〇〇年の『ロシア分県地図』(四二葉)のような便利なものが出版された。ロシア全土を県や郡に分けて地方行政制度を確立したのもピョートルであるが、当初ヨーロッパ・ロシアは八県に分けられていた。ピョートルの没後半世紀たち、彼の後継者をもって自任した女帝エカテリーナ二世の時代には、それが四〇県を超えるまでにふえた。トルコと戦って南部に領土をふやしたためもあるが、基本的には従来の県を細かく分けたのである。細分といっても、一番小さい部類のモスクワ県ですら関東地方全体の二倍以上の広さがあるから、日本とはまるでスケールがちがう。帝政時代の県はソビエト期に呼び方が改められて州になったが、境界はほとんど変わっていない。

一九世紀にも分県地図の類はかなり頻繁に出版されたことがわかっているが、革命後はばったり刊行がとまってしまった。そこまで手がまわらないという経済的事情があったかもしれないが、おそらく軍事的な配慮が優先した結果である。何ごとにつけても秘密主義が横行した時代だった。一八五〇年代には二分冊で六〇枚の地図からなる『ロシア帝国要塞地図』さえ堂々と公刊されているのだから、帝政期とソビエト期では公開性という点で雲泥の差がある。

ロシアの歴史や文学に関心をもつ者にとって見逃せないものの一つは、『エカテリーナ二世陛下南ロシア行幸地図』である。一七八七年に女帝はロシアに併合したばかりのクリミア半島へ巡幸の旅に出た。新しい領土の経営に当たっていた寵臣のポチョムキンがこのとき書き割りの建物を沿道に並べて賑々しさを演出したという伝説がつたわっている。ちなみに、光太夫がペテルブルグで女帝とポチョムキンに会ったのはこの旅から四年後のことだった。

数年前、私は中央ロシアのオリョール州にあるツルゲーネフの地主屋敷をたずねたことがあった。作家の生家が文学博物館になって保存されているのである。宏壮な敷地のわきをかすめて、一筋の白っぽい街道が走っていた。それを指さしながら博物館の学芸員が言った。

「ほら、あれがエカテリーナの通った道ですよ。」一一世紀前の国家的盛事が今の世の語り草になっているのである。

最後に私自身の個人的な関心事を一つ。どういう基準で選ばれたものか、展示を予定されているものの中に『モスクワ県分離派教徒村落地図』(一八七一年)がある。分離派とは一七世紀の中ごろ行なわれた正教会の典礼改革を受け入れずに破門されたグループである。上からの改革を拒否して旧来の儀礼を固守したので、古儀式派とか旧教徒とも呼ばれる。彼らは日常生活のレベルでも、男はヒゲを剃らず、女はいつも民族衣装のサラファンを身につけ、ふだんから酒・タバコはもちろんコーヒーやお茶さえ遠ざけるというような禁欲生活を送った。全人口の一割から二割が旧教徒だったともいわれ、彼らの存在はロシア史上大きな意味をもっているのである。二〇世紀初頭の日露戦争後に憲法が制定されて信仰の自由がみとめられるまで、彼らは当局の厳重な監視下におかれたから、取締りの必要上このような地図がつくられたものにちがいない。

警察や軍隊まで動員しての迫害と弾圧が苛烈をきわめたので、旧教徒は主として北ロシアやシベリアの森の中へ移り住んだというのが通説になっているが、この地図の写真を見るかぎり、旧教徒の村の印は二〇〇をくだらない。ロシア正教会のいわば心臓部にすら、これほどの「異端」村が存在したとは大きな驚きである。もっとも、つい最近正教会が呪詛を解いて破門を正式に取り消したから、今は旧教徒といえども異端ではなくなった。それればかりか、ロシアの醇乎たる伝統文化の担い手として国内国外の研究者の熱い視線をあびているのである。

展示会がはじまったら、この地図などはとくにゆっくり眺めたいと思っている。

ロシア人の自然観一面

エルミタージュをはじめソビエト各地の美術館を訪ねた者は、だれでもそのコレクションの質の高さ、量の多さに圧倒されてしまう。このような厖大《ぼうだい》な収集の根底に芸術を愛してやまない心があったことは言うまでもないが、他方それを可能にするだけの財力の蓄積が存在したことも見落とせない。これはあるいは富の偏在と言い直したほうがいいかもしれない。どういうものか、古来ロシアは権力や財力が比較的少数の人びとの手に偏《かたよ》りがちだったという印象がある。庶民にとっては迷惑なことであるが、それがたとえば世界に冠たるエルミタージュを生み出したとも言えるわけで、世の中はままならない。

美術を人工の粋とするならば、その対極に位置するのが自然である。自然に対する愛をあたかも日本人の専売特許とするような説がある。しかもそのさい衆生済度《しゅじょうさいど》の仏教思想や日本列島の温和な気候が論拠としてあげられるとなると、思わず眉に唾をつけたくなる。私の知るかぎり、ロシア人も芸術と並んで自然愛好という点で少しもわれわれに引けをとらないからである。早い話が近代ロシアの輩出した風景画家たち、ヴェネツィアーノフを筆頭としてシーシキン、レヴィタン、あるいは海洋画家のアイヴァゾフスキイらの作品に接すれば、そのことはすぐに了解される。

話は少し古くなるが、ロシア人の自然観のルーツをさぐるために、一二世紀の末に書かれたとされる『イーゴリ軍記』までさかのぼってみるのも無駄ではあるまい。これはロシア軍とステップの遊牧民との戦いをテーマにした一種の叙事詩である。ロシアの武将イーゴリ公の出陣にはじまって、その行軍、戦闘、そして敗戦、さらには敵地からの脱出にいたるまで、そのすべての局面に自然が密接に関与する。

まず出陣にさいして日蝕がおこる。それが不吉な前兆であることは説明を要しない。ロシア軍がドン川の下流に向かって進軍していくと、森の鳥たちが早くも彼らの悲運を嗅ぎつけ、狐が彼らの真紅の盾に吠えかかる。血の色をした朝やけが夜明けを告げると同時に、アゾフ海の方角から黒雲が迫り、四つの太陽をおおいかくそうとする。太陽とはロシアの諸公たちである。敵の矢は雨のように降りそそぐ。激戦の末「黒い大地には蹄のもとで骨がまかれ、血がそそがれた。」壊滅したロシア軍をいたんで「草は憂いに打ちしおれ、木は嘆きつつ地に伏した。」ロシア軍に対して自然はこのように共感を示すのである。

イーゴリ公が捕われの身となったと聞いたとき、彼の妻は城壁に立ってほととぎすのように鳴き、夫の無事を願う祈りをささげる。その祈りがむけられるのは、風とドニエプル川と太陽である。祈りは聞きとどけられ、イーゴリ公は狼のように野を走り、鴨のように水の上を泳ぎ、鷹のように空を飛んで祖国に戻ってくる。きつつきが枝をたたいて道を教えてくれたのだった。

イーゴリ公がステップに遠征した一一八五年は、日本では平家が壇の浦で滅亡した年にあたっている。事件のあとまもなく『平家物語』が生まれた点で、『イーゴリ軍記』と事情がよく似通っている。しかし意外なことに、『平家物語』では自然はそれほど積極的に源平両家の闘争に干渉してはいないのである。

日本人のもう一つの思いこみは次のようなものである。日本の自然は四季それぞれの美しさをもつ。したがって季節の移り変わりを感じとるわれわれの鋭敏な感性はほかに類を見ないはずである、と。ロシア人は一体どのような季節感をそなえているであろうか。

ロシア文化とロシア民族の特質を論じた書物は昔からずいぶん多く書かれているが、最近あらわれたドミートリイ・リハチョフ氏のものは断然群を抜いている。『ロシア的なるものについての覚え書』というのが原題であるが、邦訳では『文化のエコロジー、ロシア文化論ノート』になった。

氏はまず広大な空間がロシア人の民族的特性をやしなう上で重要な役割を演じたと指摘してから、そのようなロシア人が自然をどのようにカンバスに把えたかという点についてこう語っている。

ロシアの風景画の中には四季をあつかった作品がきわめて多くあります。秋、春、冬——これらが一九世紀全体とその後のロシア風景画のお気に入りのテーマです。そして大切なことは、そこにあるのが自然の不変の要素ではなく、むしろしばしば一時的な要素の方が多いということです。初秋か晩秋、溢れる春の水、溶けはじめた雪、雨、嵐、重苦しい冬の雲間から一瞬顔をのぞかせた冬の太陽等々です。ロシアの自然の中には、山や常緑樹といった、四季を通じて変わることのない、永遠のゆるぎない対象はないのです……ロシアの画家たちはたとえ外国にいるときでも、四季と一日のうちのこの移ろい、大気中の現象をすべてその作品の中で探し求めてきたというのは興味ぶかいことです。（長縄光男訳による）

長くて寒い冬があるからこそ、ひとしお春の到来が待ち望まれる。木や草が一斉に花を開き鳥が歌う春には、それだけ強烈な生の充実感が心の底からこみ上げてくるのである。

自然を賛美するという点では詩人や作家たちも画家に遅れをとらなかった。右のリハチョフ氏はロシアの野や森の美しさにはじめて「開眼」したのは詩人のプーシキンだったと述べている。『エヴゲーニイ・オネーギン』の見事な自然描写を思い出せば充分であろう。われわれにとってとりわけ忘れ得ないのは、小説家ツルゲーネフの描いた中部ロシアの雄大な平原のたたずまいである。たとえば『猟人日記』の精妙きわまる自然観察が自らの身のまわりに対する新しい眼を日本人に開かせることになったことはあまりに有名である。

最近のソビエト文学では自然のもつ美しさに最もふかい関心を寄せているのがいわゆる「農村派」と呼ばれるグループであると思う。ラスプーチン、べローフなど、主としてシベリアや北ロシアの田舎の出身の作家たちである。彼らのほとんどが今世紀の半ばまで文学の世界の辺境から出て来たことは注目に値する。しかし草深いロシアの自然ですら、現在では恐ろしい人間の手から守るべき対象となってしまった。この八〇年代にはいってから上述のリハチョフ氏とともに、彼らはそろって自然環境保護の運動を精力的におし進めている。

リハチョフ氏は現在ソビエト文化基金の理事長の要職にある。自然保護のみならず、文化財の保護にも努めているのである。かつて国外に流出した美術品の買戻しなども目的とするこの基金の尽力で、エルミタージュの財産がいやが上にも充実する期待がもたれる。

昔話の中のロシア人

人の性格は複雑である。民族のような集団についても性格というタームが用い得るかどうか、私は知らない。かりに民族性とか民族的特性という言葉が民族の性格を表わすとすれば、それは個人の性格よりもっと複雑であることは容易に想像される。

フォークロアはある特定の社会集団の中で、世代から世代へと長く語りつがれてきたものである。したがってフォークロアの一ジャンルである昔話の中には、その語り手や聞き手たちの考え方や行動様式——つまり民族の性格というのが言いすぎならば、彼らの理想と期待がかなりの程度反映している、と見てよいであろう。

ロシアの昔話を読んでいてとまどうことの一つは、時間と空間に関して独特の表現が多いことである。期間について「長いことか、短いことか」、距離や速度を言うのに「近いか遠いか、速いか遅いか」などという言いまわしに絶えず出くわす。ロシア人の感じ方では、これらはどうやらかなり長い時間、相当に遠い場所、非常なスピードを表わしているらしいのである。

海山へだてたはるかかなた、ほとんど異界をさす決まり文句には、「三を九回重ねた国のむこう、三を一〇回重ねた国」という言い方がある。

具体的な例をあげてみよう。ロシアでよく知られている本格昔話に「魔法の指輪」という話がある。ある百姓の子が父親ののこしてくれた遺産で、犬と猫と魔法の指輪を手に入れる。男はこの指輪のもつ不思議な力を利用して王の難題を解き、王女と結婚することに成功する。しかし王女はこの夫が気に入らなかった。彼女は夫から指輪をだましとり、「三を九回重ねた国のむこう、三を一〇回重ねた国」のある王のもとへ逃げてしまう。このとき犬と猫が登場して、王女の住む国へ出かけ、ネズミの助けをかりて指輪を取りかえしてくる。そのおかげで男はふたたび妻と幸福をとり戻してハッピー・エンドで終わる。

これと非常によく似た昔話が日本にもつたわっている。「犬と猫と指輪」という話である。鹿児島県薩摩郡で採録されたテキストによると、一人のまずしい船方が海辺で子どもたちにいじめられていた蛇と犬と猫を助けてやる。その蛇は竜宮の娘だった。船方は娘に招かれて竜宮城へ行き、おみやげに指輪をもらってくる。この指輪には幸運をもたらす力があって、男は甑島《こしきじま》で多くの蔵をもつ大金持ちになった。ところが大阪に住むある博労がこの不思議な指輪の噂を聞きつけて、男のもとから指輪を盗んでいった。この場合にも犬と猫が主人公の助力者としてあらわれる。彼らは大阪まで駆けていき、やはりネズミの協力を得て指輪を奪いかえしてくる。男が昔どおりの富と仕合せをとりもどしたことは言うまでもない。

これほどよく似かよった筋なので、二つの昔話が共通の祖型にさかのぼる可能性が充分にある。このような起源はこのさい問わないことにしよう。すぐに目につくのは、空間の扱い方のちがいである。ロシアの昔話では王女がもともと住んでいた場所は「ある国」として特定されていない。彼女が百姓出身の夫をきらって思いきり遠方へ高飛びした先が「三を九回重ねた国のむこう、三を一〇回重ねた国」なのである。日本の昔話では、船方は甑島に住んでいた。指輪を盗んでいったのは大阪に住む博労である。近代以前の日本人の感覚からすれば、薩摩半島よりさらに西の海にうかぶ甑島から大阪までは途方もない道のりであったに相違ないが、それでも「三を九回重ねた……」という距離との質的なちがいは歴然としている。

念のためにつけ加えれば、日本の昔話に出てくる遠い旅の表現は次のようなものである。「ひと山こえ、ふた山こえ」、「野こえ森こえ山こえ川こえて」、「東の国から西の国へと」。しかし実際には「犬と猫と指輪」の場合のように「甑島から大阪まで」のほか、「琉球から唐の国」、「有馬温泉から若狭の国」、「奥州から伊勢の大神宮まで」、「飛騨の沢山から高山へ」などのように実在する地名があげられていることのほうがはるかに多い。

これに反してロシアの本格魔法話では、町や村の名前が名ざされることは決してない。「三を九回重ねた……」国へたどりつくまでに、主人公たちは「谷をわたり山を越え緑の草原をよぎりながら」「ひと月二月三月と馬をすすめ」「行き着くのに九年、戻るのに九年、合わせて一八年」もかかることになる。「三足の鉄の靴をはきつぶし、三本の鉄の杖をすりへらし、三個の石の餅をかじりきる」まで目的地に着けないことすら稀ではないのである。

概してロシアの昔話は漠然とした表現を偏愛している気味がある。ある王さまは「どこともしれぬ国へ行き、何とも知れぬ物をもち帰れ」と命令するし、別の王さまは主人公を自分の宮殿に招きながら、「着物をまとってきてもハダカでもならぬ。贈物をもってくるのも手ぶらでもならぬ。歩いて来ても乗物で来てもならぬ」という難題を課している。昔話に関するかぎり、日本人は具体的かつ具象的でキッカリした表現を好み、逆にロシア人は抽象的で漠然とした表現に愛着をいだいていると結論できそうである。このような正反対の現象がどこから生じたのか、すぐに頭にうかぶのは国土の広さのちがいである。茫漠たる自然、行けども行けども果てしのない野と森と大河がロシア人の民族的性格をある程度まで規定していることに異論の余地はないであろう。

しかし他方で、現実のロシア人がもっぱら抽象的で漠然としたものに固執し、具体的なものに嫌悪を示す民族であると考えることはできない。逆に日本人こそ、身内同士の付き合いはむろんのこと、他人や外国との交渉においてすら、自分の意志や感情を露骨に表現することを嫌う民族であることは今や国際的な定説にすらなっている。根まわし、謎の微笑、腹芸、余白の美学などなど、思いあたるフシは限りがない。

民族の性格を一義的に規定することは実にむずかしいものである。

解禁された滑稽譚

「印刷無用」の昔話

数あるロシアの昔話集の中でも、アレクサンドル・アファナーシエフが編んだものが最も大部で、かつ内容も格段にすぐれていることはよく知られている。それがはじめて出版されたのは一八五五年から一八六三年にかけてであった。農奴解放令の出たのが一八六一年であるから、ロシア社会が大きくゆれていた時期のさ中だったことがわかる。

昔話の編集と並行して、アファナーシエフは宗教説話集を編纂した。そちらは『ロシア伝説集』として一八五九年に世に出た。同時に、書物好きのアファナーシエフは自分が主任格で『書誌学雑記』という雑誌も定期的に刊行していた。彼は一種の活字中毒だったらしい。その彼すらどうしても書物にできないものがあった。内容が性的にあまりに露骨で、聖職者や貴族を揶揄《やゆ》しているフォークロアがそれである。その内訳は昔話が一五〇話あまり、民謡が三〇曲ほど、ほかに諺やなぞなぞなどだった。その大部分の出所は、当時分冊で発表中の昔話の場合とおなじく、医者で作家で辞書の編者としても名高いウラジーミル・ダーリから送られてきたものだった。それにアファナーシエフ自身と友人のピョートル・エフレーモフの補充したものがいくらかあった。政府と正教会がきびしい監視の目を光らせている状況のもとで、この手のものはたとえ原稿を当局に提出したとしても検閲を通過する望みは絶対になかった。やむなくアファナーシエフは三三〇枚の用紙に自分の手で作品を清書し、「ロシア民話、印刷無用 一八五七―一八六二年」と表紙をつけて篋底に秘蔵することにした。

アファナーシエフが亡くなって六〇年あまりたった一九三二年に、故人の縁者と称する女性がレニングラード（ペテルブルグ）の出版社のアカデミアにこの手写本を売り込みにきた。アファナーシエフ自身は家族がなかったから、多分、六人いた兄弟か姉妹の子孫の一人であろう。アカデミア社にはそれを買いとるほどの資金がなかったので、タイプライターでコピーを取るにとどめた。やがてその写本は同じレニングラードのロシア文学研究所（別名、プーシキン記念館）の所有に帰して、現在までその手写本部に架蔵されることになった。収まるべきところに収まったのである。

そこまでは天下周知の事実である。なにしろこの研究所はドミートリイ・リハチョフ博士のような謹厳な先生のお膝元だから、ロシア出版界がいくらポルノばやりとはいえ、ここ当分は「印刷無用」の珍本の中味をうかがい知ることはできまい、と私は思っていた。しかし、ロシアの自由化は予想外にすすんでいた。編者自身が印刷をあきらめていた写本が、一九九七年にモスクワの「学術出版センター」ラドミール社から赤い表紙のロシア秘密文学シリーズの一冊としてついに陽の目を見たのである。この書物の刊行自体がわれわれのようなフォークロア愛好者にとって歓迎すべき一事件であることは言うまでもないが、もっと喜ばしいのは、本文の校訂と注釈が実に綿密で信頼できそうなこと、きわめて質の高い書誌学的な記述が巻末に付されていることである。そのおかげで私は多くの新しいことを教えられた。

明らかになった新事実

いくら秘本といっても、アファナーシエフの「印刷無用」の昔話集がその片鱗だに知られていなかったというわけではない。手近なところでは、一九七五年にパリで『ロシア秘話集』の題名をもつ袖珍本が出版されていた。その元になったのは一九世紀にジュネーヴで印刷された第二版で、復刻にさいしてアルトゥール・ルビンステインが簡潔な序文をつけたものである。（大ピアニストの晩年のお遊びだったのだろうか。）ここには、七七の艶っぽい昔話が番号をつけて収録されていた。

実はかなり以前私が『ロシア滑稽譚』（筑摩書房、一九七七年）を出したとき主たる典拠に用いたのはこのパリ版だった。その時点ではロシアの専門家のあいだでもこのテーマの研究はタブー視されていたので仕方ないことであるが、アファナーシエフの手写本の一部がいかなるいきさつで外国で出版されることになったかなど、くわしいことは一切謎につつまれていた。そのため、私が『ロシア滑稽譚』につけた解説はさまざまな間違いを含んでいることがわかった。以下この機会を利用して、遅まきながらそれらを訂正・敷衍することにしたい。

今回のラドミール版の書物の巻末にみごとな解説を執筆しているＬ・ベスメールトヌィフによると、モスクワのアファナーシエフのもとで「印刷無用」の昔話集の前半分を筆写して外国へ持ち出したのは革命家のヴィクトル・カサートキンである。彼はロンドンにあるゲルツェンの自由ロシア出版所とも特別な関係があり、革命的組織「土地と自由」（第一次）に属するかたわら、『書誌学雑記』の共同出版人を引き受けていた。一八六二年の六月初旬に、カサートキンは病気療養を目的としてロシアを出国するが、鞄の中に例の写本をひそませていたのである。カサートキンは商人階級の出身で、裕福な革命家だった。

『ロシア秘話集』の初版本には刊行地や刊行年はまったく示されていないが、ベスメールトヌィフの調査によると、出版されたのはスイスのジュネーヴ、出版年は一八六七年の夏である。（カサートキンが亡くなるのはこの年の一二月の末だった。）この時期と場所を突きとめるために、ベスメールトヌィフは印刷に用いられた活字と組まれた版面を微に入り細を穿って詳細に分析し、植字工がカサートキン家に出入り自由のダーニチという職人だったことまで突きとめている。かつてロンドンにあった自由ロシア出版所がこのころジュネーヴに移っていたのだ。初版の部数は数十部程度のごくわずかで、カサートキンは好事家用の愛蔵本としてさまざまな色つきの印刷用紙に刷らせたのだった。

従来は初版の出た年が一八七二年とされていたが、これはカサートキンの未亡人が『秘話集』の初版本の残りの部数をすべてハインリヒ・ゲオルクという書籍商兼出版者に売りはらった年で、本屋のカタログにはじめてこの書物の名が登場したのだった。ゲオルクはこの本の売れ足の速さに気をよくしたにちがいない。初版に含まれた二、三の誤植を訂正した上、判型を幾分縮小して一八七八年から一八七九年にかけてジュネーヴで第二版を出版した。部数は数百部だったという。一九七五年にルビンステインが影印で複製したのはこの版だったのである。

ところで初版本以来、刊行地はワラームの修道兄弟団印刷工房、刊行年は「蒙昧の年」となっている。むろん、故意に韜晦しているのである。ヨーロッパ最大の湖ラドガにうかぶワラーム島には、一四世紀以来有名な修道院が立っていた。一八五八年にはツァーリのアレクサンドル二世が巡礼に訪れたほどで、ロシア国内でも指おりの名刹である。一八六一年の八月にカサートキンがこの島をたずねたことがあった。彼の場合、目的は聖地参拝ではなかった。修道院の書庫につたわる珍しい書物を見学に来たのである。この申し出を受けた修道院長は答えた。「まずミサに参列なされ。」結局、書庫には足をふみ入れさせてくれなかった。この時のあしらいを根にもって、カサートキンはわざと聖職者を侮辱するような冒瀆的内容の書物のトビラにワラームの名を書き入れたものらしい。教会ぎらいという点で彼はアファナーシエフに引けをとらなかったようである。この修道院が格別に反動的だったか否かは別として、どこかで読んだ雑誌記事によれば、ワラーム修道院がロシア革命後も正教の法灯を最後まで守ろうと努めたことは確かで、一九三九年に最後の修道僧たちが島を立ちのいたとき、ソビエトの新聞は「蒙昧の牙城ついに壊滅」と書き立てたものだった。

「愛書人」の正体

私がもっとも驚いたことは、初版以降『ロシア秘話集』につけられている序文の執筆者が、アファナーシエフではなくてカサートキンであることが立証されていることである。「思い邪《よこしま》なる者に災いあれ」というフランス語の警句をエピグラフに置いたこの文章の中で、論者は本書の刊行の目的とその意義を明らかにし、予想されるあらゆる非難から自己を弁護するためにさながら懸河の弁をふるっている。つづめて言えば、色好みは人間の通性であり、ロシア人を露出過剰として非難することは天に唾するようなものだ、というのがその要旨である。

そう言われてみれば、この序文の口調はオモテの昔話集やアファナーシエフの大著『スラヴ人の詩的自然観』などにつけられた堅苦しい前置きとは明らかに異なっている。論理のはこびの足らないところは機知の鋭さで補っているおもむきがある。カサートキンは革命家で愛書家で出版者であったばかりでなく、かなりの雄弁家でもあったことがわかる。

カサートキンの初版とゲオルクの第二版以後、ドイツやポーランドやフランスなどで『ロシア秘話集』は何回も版を重ねた。

注目すべきことは、アファナーシエフの最大の仕事と目されるようになった『ロシア昔話集』の巻末に、添えものの薬味のように小粋な昔話の付録がつけられたことである。一九四〇年に出た改訂第五版は三三話を収めた。一九五七年の第六版は前例を踏襲しなかったが（編者のウラジーミル・プロップは意外に道徳家だったのかもしれないし、あるいは検閲で削除されたのかもしれない）、一九八五年の第七版にいたって「印刷無用」の写本から採用される話数は四五に及んだ。これらの中には『秘話集』に印刷されなかった手写本の後半部分から採られたものも含まれていた。解禁はなしくずし的に進行していたとも言える。

気鋭の研究者ベスメールトヌィフの詳細な紹介と仮借のない批判が以上の諸外国やソビエト時代の諸版、さらにはソビエト崩壊後新生ロシアに雨後のタケノコのようにあらわれたおびただしい海賊版のすべてにわたっていることは言うまでもない。

その一例だけを挙げておく。ベスメールトヌィフによると、一九八五年にL・バラクとN・ノヴィコフが編集した前述の『ロシア昔話集』第七版に収録されている「印刷無用」手写本の昔話のテクストでは、無断でいくつかの省略があるほか若干の語の読み方が不正確である。収録された初版の序文のテキストでは三語が脱落し、さらに三語が別の語に書き換えられ、八語の中で字母の脱落と他の字母による置き換えがみられた、というのである。この種のモノマニヤックな緻密さはアファナーシエフその人を連想させ、私にとって彼の考証は待望久しいロシア産風流譚のかずかずにおとらず興味津々たるものがあった。

ところで、ベスメールトヌィフ自身の手もとにはどういう経路をたどったものか、世界的にも類まれな稀観本といわれる『ロシア秘話集』の初版本が一冊珍蔵されているようである。彼もまた病膏肓にはいった愛書人の一人にちがいない。

備忘メモの代わりに

あやうく書き落としそうになったけれども、アファナーシエフの収集と推敲になる「印刷無用」のロシア・フォークロアを編集刊行したのは四人の研究者からなるチームである。まず「辛口のロシア的ユーモア」と題する序文をE・コスチューヒンが書き、つづいて五〇〇ページを超す本文がつづき、ついで「愛書人」カサートキンの『ロシア秘話集』への序文が収められ、そのあとにO・アレクセーエヴァによる手写本のごく短い記述とベスメールトヌィフの一〇〇ページを上回る大論文がつづいている。そして巻末にはふたたびコスチューヒンによる収録作品への注釈と特殊な語義の解説が収められているのである。本文テキストの校訂は右の三人にV・エリョーミナを加えたグループ全体の共同作業ということらしい。

最後に言いそえておくと、拙訳の『ロシア滑稽譚』に収められた話は全部で八三話である。このうち七七話までが『ロシア秘話集』にもとづき、あとの六話は一九四〇年の『ロシア昔話集』の付録から補充したのだった。『秘話集』と「印刷無用」手写本では話数のかぞえ方が幾分ちがっているが、おおよそのところ前者は後者のほぼ半分である。アファナーシエフ自身が線を引いて抹消した二話を含めると全体の話数は一五八にのぼっているからである。

今年も秋の夜長に退屈しているヒマはなさそうである。

生は短く、芸は長し

アレクサンドル・ドヴジェンコの名前は若い映画ファンにどれほど親しまれているだろうか。ちょっとした人名事典をのぞいてみても、彼が「ソビエト映画の創始者のひとり」であり、「ファンタジーと叙情性に満ち、ポエジーにあふれた傑作」を世に送り出したこと、それに一九五〇年には「人民芸術家」という最高の名誉称号までさずけられたことが書かれているけれども、同時代の巨匠エイゼンシュテインやプドフキンの強いオーラのせいで、幾分かげがうすい心配がないでもない。

『航空都市』の封切りは一九三五年一一月六日、つまり一〇月革命記念日の前夜だった。この年の夏に、新聞プラウダの記者がドヴジェンコ監督にインタヴューをした。プラウダ紙に大きく掲載されたその記事を読むと、ドヴジェンコがこの映画づくりで何をねらったかがよくわかる。それはやっぱり、飛行シーンだった。「一番神経を使ったのは、航空部隊の壮大な迫力をどうしたら印象的に表現できるかということでしたね」と答えているのである。

監督が種あかししたところによると、彼自身がカメラマンともども飛行機に乗りこんで撮影したシーンが多く使われ、むろんそれと並行してモンタージュの手法を随所で応用したという。極東の沿海州へロケした

沿海州から満州に逃亡しロマノフカ村を作った旧教徒の子どもたち

ことは当然であるが、それより地理的にはるかに近い黒海沿岸の風景のカットもかなり挿入されているらしい。

ところで、航空都市はなぜヨーロッパ・ロシアではなくて、シベリアの果てにある日本海の沿岸に建設されるのだろうか。答えは簡単である。まず第一に、ユートピアは人里はなれた場所がふさわしいこと、第二に当時のソビエトにとって最大の脅威は日本だったからである。前者は説明を必要としないけれども、後者については一言述べておこう。

一九三一年に中国の東北部で満州事件がおこった。発端はいわゆる柳条溝での鉄道爆破事件である。この事件は日本から派遣されていた関東軍によるデッチアゲというのが定説になっている。このころの関東軍は強力だった。半年ほどで東北三省を制圧して翌年の一九三二年の三月には満州国の建国宣言を発表するという手速さである。執政（のちの皇帝）にはラスト・エンペラーの溥儀がかつぎ出された。

二〇世紀初頭の日露戦争以後、中国東北部の権益は日本とロシアが折半するというのが両国の諒解事項だった。シベリア鉄道の延長である東支鉄道を莫大な金をそそいでつくっただけに、ロシアも無関心ではいられないのである。一九一七年の革命でロシアがソビエトに変わっている間に自国の権利がだんだんおかされていく――ソビエトはそう感じていた。日本軍によるシベリア出兵という苦い経験もあった。

そこへきて、「満州国」ができたのである。ソビエトにかぎらず、世界全体がそれを新生国家とは受けとらず、日本の武力占領とみていた。西を満州、東を日本海にはさまれた沿海州の運命は今や風前の灯ではないか、モスクワの政府がそう心配したとしても不自然なことではない。

ウラジヴォストークの北にひろがる沿海州には、もう一つ不安要因があった。この地方がロシア帝国領に組み入れられるのはようやく一九世紀の後半になってからである。国内で最も新しい土地なのだ。原住民の数はごくわずかなので、人手が足りない。帝政ロシアはあの手この手を使って未開の森林地帯に入植する農民をつのった。ごく初期の開拓民には一世帯あたり一〇〇町歩を無償で与えるという大盤ぶるまいだった。

遠くはヨーロッパ・ロシア、近くはアムール沿岸流域からすすんで沿海州を目ざした人々もいた。宗教上の理由で当局や国家公認の正教会から抑圧され、差別されてきた人々である。その中の最大勢力が旧教徒だった。旧教徒の成立は一七世紀の中葉にさかのぼる。ロシアの近代化がはじまるこの時期に、正教会の中で分裂が生じた。総主教が自ら典礼改革を断行したのに対して、旧来の儀礼を固執する人びとが改革を受け入れようとしなかったのである。正確な比率はわからないが、全国民の一割から二割が反対派だったらしい。彼らは国教会をはなれ、権力の側からは分離派のレッテルをはられ、自らは正統派キリスト教徒ないし旧教徒

（あるいは古儀式流）と名のった。

ロシアの各地で彼らはなるべく当局とかかわりをもたず、自給自足の暮らしを送ろうとした。沿海州へ到着した旧教徒が山奥を切り開いて三々五々腰をおちつけ、独自の宗教共同体を形成していたことは、デルス・ウザーラが登場する探検家アルセーニエフの紀行文にみごとに描かれている。沿海地方の背骨ともいえるシホテ・アリン山脈の東側の海岸に住みついた旧教徒にいたっては、日用雑貨を日本の漁業家の船から買い入れていた、とアルセーニエフは書いている。

一〇月革命そのものは僻地の旧教徒の暮らしを素通りしたが、一九二〇年代末にはじまる農業集団化の嵐は彼らの生活基盤を直撃した。古い信仰の堅持を誇りとも生き甲斐ともする旧教徒にとって、反宗教のイデオロギーをかかげる政権はそれだけで容認しがたいものだった。その強制のもとでコルホーズをつくることなど論外である。一九三二年の五月になって、沿海州の中でも北寄りのビキン川上流で旧教徒が蜂起する。政府側は国境警備隊を出動させた。そのときの戦闘では旧教徒二〇名、警備隊八名が命をおとした。惨鼻をきわめたのは、暴動鎮圧後である。この地方に住む旧教徒の男たちは根こそぎ逮捕され、一一七名が銃殺され、二五〇名あまりが収容所送りになった。この間の事情が明らかになったのはソビエト体制崩壊後の一九九二年である。映画の中で飛行場がつくられるあたりには、まだ旧教徒の血のにおいがただよっていたはずである。

『航空都市』で日本人スパイと旧教徒が槍玉に挙げられる内外の背景はおよそ以上のとおりである。ただ背景は背景にすぎなくて、ドヴジェンコの芸術の質にはいささかもかかわりがない。

映画の目的はソビエト全国民の士気を鼓舞し、ボリシェヴィキ政権を賛美することだった。われわれ観客の目から見れば、森の中の旧教徒の村に潜入した日本人諜報部員（特務機関の要員か）の姿がちっともそれらしくなく、軍刀のふりまわし方にいたってはまるで体をなしていないのが気にかかる。それも故意のカリカチュアと思えば、納得がいこう。

映画の製作目的は十二分に達成され使命を終えたが、芸はまだ鑑賞に耐えている。まこと生は短いが、芸は長いものである。

本を買いそこねた話

一九七一年二月某日の朝、正確に言えば午前九時五五分、モスクワはクズネツキイ・モストの幾分登り坂の通りを、ぼくはほとんど小走りに近い急ぎ足で歩いていた。気温はマイナス二〇度、行き交う人は男も女も毛皮の帽子を目深かにかぶり、真白い息を吐いている。

冬のモスクワでは、夜明けがひどくおそい。朝の九時を過ぎても大きな石づくりのビルとビルのあいだには、夜の闇が執念ぶかく残っている。だいたい太陽が顔を出すことすら稀であり、たとえ空にあらわれたとしても、決して中天にはのぼらない。東南から西南へと空の一隅をかすめるだけなのである。日の暮れるのもはやい。したがって、モスクワの冬は昼の明るさの中より夜の灯下のもとに楽しみが多い。芝居やバレエやコンサートがこの国でことさら愛されるのは、冬の長いことと無関係ではないような気がする。

それではなぜぼくは、そんな早朝に、都心の通りをわき目もふらず急いでいたのか——。

クズネツキイ・モストは日本語に訳せば鍛冶橋である。イワン雷帝のころ、クレムリンに近いこのあたりには、鍛冶屋が軒をつらねていたらしい。それがどういうわけか、一九世紀には新刊本や古書を扱う本屋がやたらに多い一角に変わってしまった。革命後もその状態がつづいていて、一言で言えば、ここはモスクワの神田とでもいうべき町なのである。ただし、誤解を生じないように言い足しておかねばならないが、神田のように大小の本屋が櫛比しているわけではない。第一、社会主義的計画経済が流通サービス部門にそんなぜいたくを許すはずがない。モスクワの古本屋の数は、全部で一四、五軒である。この町の人口は六五〇万であるから、四〇万人あまりに対し一店の割合となる。モスクワになぜこれほど古本屋が少ないかは、東京になぜこれほど多いかとおなじように、ぼくには謎である。

ロシア人が本を読まないと想像するのは、早計である。混み合った電車の中や四季を通じて公園のベンチで、部厚い本に読みふける市民の姿は、モスクワの名物の一つですらある。ロシア人が本を買わないと考えるのも、正しくない。書物の出版部数が多く、かつ廉価なることで、ソビエトは世界有数の国家なのである。本好きの多い町で古本屋の数が少ないことの当然の結果として、本の売れ足はおそろしく速い。本の値段は、日本などとちがい、需要と供給のかね合いで本屋の利潤が最大になるようには決められず、ほとんどあらゆる書物に対して一定の公定価格が決まっているから、なおさらのことである。古本屋をこまめに歩きまわること、欲しい本が目についたら即座に買うこと、これがモスクワの愛書家の守るべき鉄則である。

さて、問題の日の前日、ぼくはクズネツキイ・モストのある新刊の本屋で、『一七世紀シベリア年代記の語彙』という本を見つけた。著者はポロホワという人、レニングラード、一九六九年の刊行である。これは前からぼくが欲しいと思っていながら、東京では買いそびれた本であった。現在のソビエトの書籍輸出の機構では、一度買いはずした本は、なかなか入手するのがむずかしい。ぼくは偶然に感謝した。

エルマクのシビリ汗国征服にはじまるロシアのシベリア進出の歴史は、カザーク（コサック）・僧侶・馭者・教師などさまざまな職業の人物たちによって編年体で記録された。ロシア民族の居住範囲の東限が、たかだか六、七〇年のあいだに経度にして一二〇度、距離にして六〇〇〇キロも東に移動した時期、それにつづく原住民統治と植民地経営の時代、さらに政治犯・凶悪犯の流刑地と化した時代の諸事件を素朴な筆致で記述したもの、それらが一括してシベリア年代記と呼ばれているのである。

『一七世紀シベリア年代記の語彙』を買ったその日に、そのとなりの古本屋で『シベリア年代記』の刊本にめぐり合ったのは、運命の女神のいたずらであったとしか思えない。この本は三種類一〇系統以上のシベリア年代記の写本を集成翻刻したもので、一九〇七年のペテルブルグ刊。テクストとしては今だにこれにまさるものはあらわれていないのである。前述のポロホワ女史の本で基礎史料として用いられているのも、この書物である。その古本屋は「作家同盟の書籍ファンド」という名前であった。一階は普通の市民に開放されているが、二階には作家同盟の会員でなければのぼれない。一度ぼくは何くわぬ顔で階段をのぼりかけたら、こわい顔をした番人のおばさんに押しもどされたことがある。やはり作家には見えなかったらしい。むろんその日ぼくが『シベリア年代記』を発見したのも、一階の古書部のガラスケースの中であった。

「イワン・イワーノヴィチ!」とぼくが顔見知りの店員に呼びかける声は、少々上ずっていたかもしれない。モスクワの本屋の店員は大部分が女である。男で、しかも老人ではない店員は、ぼくの知るかぎり二人しかいない。二人とも本のことにくわしく、本好きでもあるらしいので、ぼくはいつかその名前をおぼえてしまっていた。

「この本はいくらですか。」

ロシア人としては小柄で、茶色のあごひげをたくわえ、細い黒ぶちの眼鏡をかけたイワン・イワーノヴィチは、いつものように静かな声で答えた。

「一七ルーブリです。」

ソビエトの書物としては、その値段は破格であった。実のところぼくはそれまで一冊が一〇ルーブリ以上の本を買ったことはなかった。ちなみに、ポロホワの本は二〇〇ページあって、ちょうど一ルーブリだった。ぼくは一瞬ひるんでしまった。そのとき財布の中に必要な額の三分の二しかないことは、たしかめるまでもなくわかっていた。いずれにしてもきょうは買えない、そう思ってぼくは古本屋の重い二重ドアをあけ、すっかり暗くなった夕暮れの通りに出たのだった。

ところがバスに乗ってモスクワ大学の寮に帰り着くころから、ぼくの胸には後悔の念がわき、次第に『シベリア年代記』が心を占領しはじめた。金が足りなかったのは仕方がない、財布をはたいて手付けとして渡し、わきに取りのけておいてもらうべきではなかったか。概してモスクワの商店は、古本屋もふくめて、顧客へのサービスに全く意を用いない。(もともと顧客とかお客などというロシア語はない。「買う人」という言葉があるだけである。)しかしイワン・イワーノヴィチなら、おそらく翌日の朝までの数時間、あの本をケースの中で裏返しにしておく親切はあるにちがいない。とにかく一応は頼んでみるのだった。とつおいつ考えながら、ぼくは自分自身をせめた。うすねずの地にあざやかに『ロシア年代記』と印刷された本の表紙が、一晩中、頭からはなれなかった。ぼくはあすの朝、開店と同時に「作家同盟の書籍ファンド」に乗り込む決心をし、目覚し時計のネジをかたくセットして寝た。

モスクワ大学は、モスクワ川がクレムリンの上流で大きくS字形にカーブする南の台地に立っている。ここから都心まではバスで二〇分あまりで行ける。信号の加減で三〇分かかることもある。ぼくは窓をあつくおおった霜に息を吹きかけて小さなすき間をつくり、移りゆく外の景色と時計を交互ににらんでいた。運よくバスは遅れていない。終点の革命広場でバスを降り、ボリショイ劇場のわきを足早に抜けてクズネツキイ・モストの通りに出たとき、時計はまだ一〇時を指していなかった。モスクワの古本屋の開店は一〇時なのだ。「作家同盟の書籍ファンド」のドアの前に立ち、カーテンが明けられるのを待つわずかな間、ぼくの心は不安におののいていた。ドアが開かれてガラス・ケースの前に突き進んでいくと、どうだろう、そこには目ざす本がないではないか。

「きのうの夕方、ここに『シベリア年代記』があったはずだけれど。」

「ダー。」イワン・イワーノヴィチは平然と答える。

「売れたんですか。」

「ダー。」

もはや、なすすべはない。

ぼくががっかりしているのを見て、イワン・イワーノヴィチは、あれはたしかに珍しい本ではあるが、年に一、二度はあらわれる、今度出たら知らせてあげるから、カードに住所と名前を書いておくといい、と言ってくれたが、それが単になぐさめの言葉であることは、いうまでもなかった。

それからしばらくして、ぼくはある作家の紹介でこの古本屋の二階の売り場にも出入りできるようになったが、案の定、『シベリア年代記』は二度とぼくの前に姿を見せなかった。

釣り落とした魚は忘れられない。今でも『シベリア年代記』からの引用にぶつかる度に、ぼくは口惜しさとなつかしさをこめて、冬のクズネツキイ・モストを思い出すのである。

ロシアの同志今いずこ

ロシア文学といっても、私が専攻しているのは中世文学やフォークロアなので、ときおり最近のロシアの新聞や雑誌を読むと、思わずわが目をうたがうようなことがしばしばある。何より目立つのは、新語の氾濫である。

たとえば「レーケット」、「レケチール」という言葉が二年ほど前から紙面を賑わすようになった。手もとのオジェゴフのロシア語辞書を引いても、見出し語として挙げられていない。記事を読むと、どうやらマフィアでもやりそうな荒っぽい仕事、その仕事にかかわる徒輩のことらしい。もしやと英和辞書に当たってみて、私はひざを打った。racket にはテニスのラケットのほかに「不正手段による金もうけ」の意味があり、racketeer にいたってはまさに「恐喝者、ゆすり」とあるではないか。

「プリヴァチザーツィア」にぶつかったときは英語の「プライヴェート」と同根らしいと察しがついた。目下ロシアで進行中の「民営化、私有化」のことである。一九九二年の秋から「プリヴァチザツィオンヌイ・チェック」(民営化小切手)なるものが全国民に一枚ずつ配られた。額面は一万ルーブリ。私がモスクワに留学していたころ、つまり、二〇年前の交換レートなら四〇〇万円に相当する大金だが、現下のレートに直すと三〇〇〇円にとどくかどうかおぼつかない。

念のために言いそえれば、「レーケット」「レケチール」「プリヴァチザーツィア」はすべて新版の『岩波ロシア語辞典』に収められ、適訳が与えられている。

この種の新語は、ロシア社会に新しい現象が生じたために出現したのである。今までロシアに「恐喝」「ゆすり」にあたる行為やそれを示す言葉が全く欠けていたのではない。最近のそれは手口が斬新なのにちがいない。

このほか「ビジネス」「スポンサー」「プレジデント」など、英語からの借用語がかつてのように否定的なニュアンスをこめず日常的に使われるようになった。早い話、大統領という地位自体が元来ソビエト体制の中に存在しなかったから、借用はやむを得ないことかもしれない。

語彙面の「市場経済」への移行が進行すれば、当然ワリを食う言葉もあらわれる。「ソビエト連邦」とか「共産党」のように実体を失ったものを別にすれば、その最も顕著な例は「タワーリシチ」ではあるまいか。

もう半年あまり前のことになるが、知合いのロシア人作家と話しているとき、話題が江戸時代の文化年間に松前で二年間ほど捕われていたロシア士官ゴロヴニーンのことになった。ゴロヴニーンの救出にさいして「タワーリシチ」のリコルドの助力が大きかった、と私が言うと、作家は、「それはそのとおりかもしれないけれど、タワーリシチという言葉、人前ではもう使わないほうがいいね。まったく人気がないから」と真顔で忠告してくれた。なるほどそう言われてみると、このごろの新聞や雑誌からタワーリシチがすっかり姿を消している。

タワーリシチ tovarishch の淵源をたずねれば、もともとこの言葉はチュルク系の言語からの借用らしい。「タワール」は「財産、家畜、商品」を意味したという説をマックス・ファスマーのような大家が支持している。このことから、本来タワーリシチは「財産の共同所有者」のことを指したと説明される。もっともこの借用はスラヴ人の言語がロシア語とかポーランド語とかブルガリア語に分かれる前のものというから、確かなことはわからない。

ロシア語では一四世紀の文献に早くもあらわれる。近代のロシア文章語では「仲間、同輩、友人」の意味などで使われた。

タワーリシチが特別な含意をもちはじめるのは一九一七年からだった。ジョン・リードは『世界をゆるがした一〇日間』の中で、一〇月革命の前夜、首都ペトログラードのある中産階級の令嬢が市電の女車掌から「タワーリシチ」と呼びかけられたためにヒステリーにおちいったというエピソードを紹介している。

集会でも街頭でも社会主義革命を支持する「同志」がタワーリシチ、その敵がブルジョワということになった。それは時代のキーワードとなり、いわばリトマス試験紙の役目を果たしたのである。

政治のレヴェルのみならず日常のモラルの面でタワーリシチに一種神聖な意味合いをもたせた例がマヤコフスキイの詩『愛』だった。一九二六年に発表された作品である。この詩人特有の雄叫びするような行分けはそのまま踏襲できないので、幾分アレンジするとして、この詩は次のように終わっているのである。

おれたちの愛情関係の
清らかさを主張して

断乎たる声をあげねばならぬ
「婚礼はしていない」などと
めそめそ言い訳するな
おれたちを夫婦にするのは
たわ言ぬかす坊主などであるものか
男と女の生活をしっかりと結ぶのは
おれたちを団結させる言葉
その言葉とは――「タワーリシチ」!

それからほぼ一〇年後、一九三〇年代の半ばに、別の詩人レーベジェフ＝クマーチが『祖国の歌』の中でこううたった。

われらの誇り高き言葉「タワーリシチ」は
どんな美辞麗句よりもなつかしい
この言葉を聞けばいずこもわが家……

レーベジェフ＝クマーチは詩人というよりも作詞家だった。彼の詩にドゥナエフスキイが曲をつけた歌謡曲がいくつも大ヒットになった。とりわけ「広きかな、わが祖国。豊かな森と野と川の流れ……」というリフレインをもつ『祖国の歌』は爆発的な人気を博し、最初のスターリン賞を与えられた。この歌は、そのかみの学生の必携書だった『青年歌集』にはいっていたと思う。

マヤコフスキイに比べてレーベジェフ＝クマーチの詩のなめらかさは、タワーリシチという言葉がソビエト体制とともに民衆生活の中に一段と深く浸透していたことを示している。

一九七七年に刊行された『ロシア語頻度辞書』によると、タワーリシチはロシア語で用いられるありとあらゆる名詞の中で、第一〇位を占めている。ちなみに、第一位から第九位までは「年」「事」「時間」「人間」「人々」「手」「生活」「日」「回」とならび、タワーリシチのあとには「仕事」「目」「国」……がつづいている。革命前には頻度辞書というものがなかったので厳密な意味で比較はむずかしいけれど、タワーリシチが他の名詞と比べてめざましい躍進をとげて上位にのし上がったことは疑いようがない。もちろん、それは用途がふえたからである。

一九三〇年代に編纂され、一九四〇年の第四巻で完結した有名なウシャコフのロシア語辞書は、タワーリシチの語義を次の四つのカテゴリーに分類している。①同僚・同輩、②同志（とくに革命政党で）・ソビエト社会の成員、③（氏名や職名に冠して）同志、④（革命前の官庁用語）次席。言うまでもなく、②と③がこのコトバの新しい使い方として登場したのである。③の用例としてこの辞書は次の文章をかかげている。「全国がタワーリシチ・スターリンの生誕六〇周年を祝った。」実際にその慶祝行事があったのは前年の一九三九年だったから、編者としてはずいぶん早業を演じたものである。

スターリンだけがタワーリシチづきで呼ばれたわけではない。「人民の敵」でないかぎり、ソビエトの国民は男も女もすべてタワーリシチ某と呼ばれたのである。タワーリシチは平等を印象づけるための恰好な記号だった。不特定の第三者に対してもこの言葉で呼びかけたことは、同じ辞書が次の文例で示している。「タワーリシチ、行列を守りたまえ。」「押さないでくれ、タワーリシチ。お婆さんを通してあげよう。」最高会議で行なう党の指導者の演説も、かならず「親愛なるタワーリシチ」「尊敬すべきタワーリシチ」、あるいは単に「タワーリシチ」ではじまった。新聞でも雑誌でもこの種の演説は頭から尻尾まで全文が掲載されるならわしだったから、この言葉の使用頻度は増すばかりだった。

タワーリシチに対して、「市民」を意味するグラジュダニーン（複数形グラジュダネ）には冷たいひびきがあった。同じソビエト国民でも、敵か味方か正体不明のときに好んで用いられたからであろう。警官に「グラジュダニーン！」（女性なら「グラジュダンカ！」）と呼びかけられると、あとはろくなことがなかった。

革命前まで敬称として使われたガスパジーン（複数形はガスパダー）はソビエト社会では廃語となり、外国人にたいしてだけ用いられることになった。これはもともと宗教的な「主」に由来し、貴族・ブルジョア社会で「主人」を示す語だったから、平等をモットーとする体制の中で忌避されるのも当然だった。

ふりかえってみれば、一九九一年八月の未遂クーデターを境にしてタワーリシチの身の上に劇的な変化が生じた、とも言い切れないような気がする。ソビエト体制がくずれ、共産党が解散を命じられるかなり以前から、タワーリシチの人気は低下の一途をたどっていた。ペレストロイカの最中でも、ゴルバチョフは公の会議の席で相変わらず「タワーリシチ」と呼びかけていたものの、一般の市民の耳にこの言葉はすでに空疎にひびきはじめていたのではあるまいか。少なくとも、学者の集まりではコレーギ（＜colleague）のほうが好まれるようになっていた。

一九九二年の一〇月、ロシアで最大の発行部数を誇る週刊新聞『論拠と事実』が『人民日報』のモスクワ支局長にインタヴューして、中国では今でも人々がたがいにタワーリシチと呼び合っているか、と質問している。これに対して支局長は「かつてほどではないが、今も使われています。でも最近ではだんだんガスパダーで置きかえるようになりました」とロシア語で答えている。中国語でタワーリシチは「同志」だろうが、ガスパダーのほうはどんな語に相当するのか、私には想像もつかない。

タワーリシチのあとを埋めるように、ロシアでも復権したのがガスパダーという呼びかけである。女性に敬意を表して「ダームィ・イ・ガスパダー」と言うこともあるらしい。こちらは「レイディーズ・アンド・ジェントルメン」にあたるのである。

実は本稿を草するにあたって、私は身のまわりの何人かのロシア人にタワーリシチの代替語が何かたずねてみた。すると一様に「さあ、どうでしょう」と頼りなげな顔つきをする。その理由の一つは、このごろの新聞はたとえ大統領の演説でも全文を掲載しなくなったことである。テレビの放送にしても、しかり。ただし代議員大会では、文字どおり「代議員たちよ」とやっているようである。

それ以外の場合には、タワーリシチの代わりに、一〇月革命前後によく使われた「市民諸君」グラジュダネをまた使えばよさそうなのに、それをスキップして、一九世紀的なガスパダーまで一挙に後戻りしてしまうところがいかにもロシア流である。

第Ⅲ編　ロシアと日本人

ロシアの極東進出

恐ろしい「赤蝦夷」

江戸時代の後半に菅江真澄という人物がいた。三河生まれながら生涯の大半を東北各地の旅についやし、すぐれた紀行文をのこした文人である。寛政元年（一七八九年）までに執筆された随筆集の中で真澄は次のように述べている。彼はそのころ蝦夷つまり北海道の松前にわたっていた。読み易さのために、幾分表現を変えている。

赤人の国は、はるけき処にて、ここなるアイヌの島よりは、いぬゐ（北西）に行てければ、紅毛（オランダ）ちかきほとりに、ヲロシヤという島ある也。ここなりという。ヲロシヤの人は、こころこわく、アイヌの島をままおかすことあり。いまはラッコ島も、ヲロシヤにとられたり。アイヌ附子箭に射れば、さやかの火矢つつもてむかい、アイヌのめのこしを、おのかじしとり行……いうべくもあらぬねぢけ人なり……

この文章には当時の日本人のロシア観が実によくあらわれている。念のために、二つ三つ注をつけておこう。まず赤人というのはロシア人のことである。赤蝦夷あるいは奥蝦夷と呼ぶこともあった。一八世紀後半には北海道の東北につらなる千島列島をつたってカムチャトカ半島からロシア人がおとずれはじめていた。なぜロシア人が赤人と名づけられたかといえば、彼らが赤ら顔をしていたとする解釈と、赤いラシャ地のコートを身にまとっていたからとする説がある。ロシアをまるで島国のように書いているのは、当時の一般的な考えだったのかもしれない。ラッコ島というのはウルップ島のことである。ここではラッコ猟がさかんに行われていた。アイヌ人の原始的な弓矢はロシア人の鉄砲の前で何の威力もなく、女たちはやすやすとさらわれていったというのである。

真澄は「ヲロシヤの人は、こころこわく」と書いた上、「いまはラッコ島も、ヲロシヤにとられたり」と述べている。これが北海道に住むこのころの日本人のいつわらざる感情だったにちがいない。

江戸時代の日本人の目に映じたロシア人の絵がいろいろな書物にのこっている。それらの絵に共通しているのは、ロシア人が概して雲つくような大男に描かれていることである。ロシア人がガリバーで日本人は小人といった印象である。異人性を強調する目的ということもあろうが、実際にロシア人は大きく、かつ恐ろしげに見えたにちがいなかろう。

ロシア人の評判を決定的に悪くしてしまったのは、文化年間の初年つまり一八〇六年と一八〇七年の二度にわたって、ロシアの海軍士官が軍艦に乗ってサハリンやエトロフ島に来襲した事件である。彼らは日本側の守備隊を打ちやぶり、番屋を略奪した。何百年も外国と戦ったことのない日本にとって、それはあたかも青天の霹靂のような大事件だった。後述するように、この暴挙もロシア人からみればそれなりに理由がないわけではなかったが、このため「ロシア恐るべし」というイメージは日本人の心にすっかり根をはってしまったのである。

毛皮を求めて――ロシアの東進

ロシア人は早くからアジアへの進出を開始していた。カザークの頭目エルマクがウラルを越えたのが一五八一年のことである。モスクワには雷帝イワン四世が君臨しており、日本では織田信長が全国統一を成しとげようとしていた。両国ともに歴史の大きな転回期を迎えていたが、対外政策という点ではまもなく正反対の方向へ進みはじめる。

一六世紀の末に松前氏の蝦夷地支配が確立するが、一七世紀のはじめには日本人の外国への往来が制限されるようになる。鎖国令が最終的に発せられる一六三九年に、ロシア人の先遣隊がオホーツクに到達したのは象徴的である。それにしても一六世紀の後半から一七世紀前半までの約六〇年間にロシア人がウラルから太平洋までの広大な地域を踏破して、東の国境を一挙に六〇〇〇キロも移動させてしまったのは驚嘆に値する。平均して一年に一〇〇キロずつ国をひろげていった勘定になる。

ロシア人を東へ東へと駆り立てたのは毛皮であった。国内での消費もさることながら、ヨーロッパ諸国への輸出品としてテンやビーバーやリスなどの高価な毛皮はほとんど無限の需要をもっていた。ロシア人がこれらの小動物を狩猟の対象としたばかりでなく、征服した原住民から人頭税の代わりに毛皮を貢税として納めさせた。中世ヨーロッパでは毛皮は国際的な通貨として通用したこともあるほど珍重されたのである。

太平洋に達したロシア人はそこにラッコという新しい資源を発見した。クリール列島中のウルップがラッコ島と呼ばれたことは菅江真澄が書いているとおりであるが、サハリン、カムチャトカ、アレウト諸島、さらにはアラスカから北米大陸のカリフォルニア西岸までがラッコの棲息地であった。ロシア人はラッコ猟に着目してやむことなく東進をつづけ、アラスカを手中に収めたばかりか、ついにはサンフランシスコに近いフォート・ロスまでロシア領にしてしまう。ロスというのはロシアのことだった。この広大な領域の管理にあたったのがいわゆる露米会社である。この会社の設立は一七九九年で、それまで個々の企業家別に独立して活動していたのが大同団結し、ロシア政府の支持を得て一種の国策会社となったのである。イギリスやオランダの東インド会社と似たような性格をもつ植民地経営組織とみてよいであろう。露米会社はロシアがアメリカの植民地を米国に売却したことにともない、一八六八年に解散する。これは奇しくも明治元年にあたっている。ちなみにアメリカがアラスカ全体のために支払った金額はたった七二〇万ドルであった。

補給基地としての日本

ロシア人は極東へ進出する以前から日本についての知識をもっていた。キリシタン時代のカトリックの神父たちの著述がヨーロッパを経由して伝わっていたからである。イワン雷帝の治世には地図学者として知られたフランドルのメルカトルの『世界誌』のような地理書もロシア語に訳されていた。

シベリアを横断したロシア人がカムチャトカ半島の先につらなるクリール列島を徐々に南下しはじめるのは一八世紀になってからである。一七〇六年にはナセートキンという探険家がクリールの最北端の島を望見した。一七二一年にはエヴレイノフが第六島に到達した。シュパンベルグが第一八島のウルップまでやってくるのは一七三八年のことである。

ロシア人がクリール諸島でまず出会ったのはむろんアイヌ人である。アイヌ人は日本人と交易をしていたのでロシア人は彼らを通じて日本ならびに日本人についての情報を得る機会はあったにちがいないが、多少ともフォーマルな形で日本人と接触をもつのは安永八年（一七七九年）のことだった。この年の夏にロシア側の使節が蝦夷の厚岸に来航して松前から派遣された役人と会見したのである。

このときの出会いをロシア人が描いた絵が現在ドイツのゲッチンゲン大学にある（本書カバー及び次頁）。その絵を見ると、海岸沿いに一四人の日本人が右から左へ向かってすすみ、二〇人のアイヌ人がそれにつづいている。アイヌ人のことは「毛深い人々」と説明がつけられている。日本人が履物をはいているのに対し、アイヌ人は裸足で全員が長いヒゲをたくわえている。よく見ると、日本人はマゲを結い刀を腰に差している。ロシア人は二六人が陸側に一列に整列し、首領株らしい三人が数歩はなれてその列の前に立っている。バイダラと呼ばれるセイウチの皮を張ったロシア人の舟が三隻丘の上に引き上げられ、四張りのテントがそのわきに張られている。この情景はまるでロシア人の方が主人役を演じているかのようであるが、松前藩士が約束の日限に大幅に遅れたのでやむを得ないことであった。日本人とアイヌ人とロシア人の身長は目立った差がない。これは当時の日本人の描いたロシア人の絵と大きくちがっている点である。ロシア人は日本人が彼らを恐れたようには日本人を恐れていなかった証拠である。

ロシア人が求めたのは交易であった。日本は鎖国の最中であり、当然松前藩の一存で通商を開始することなど論外であった。都合三回の会談は実を結びようもなかった。日本側は外国との交易は長崎だけに限られていることを繰返し説明したらしい。記録によれば、友好のしるしとして松前藩からは米一五俵、たばこ五〇把、酒一樽を贈り、ロシア側からは日本の使節たちに砂糖が進呈されたという。

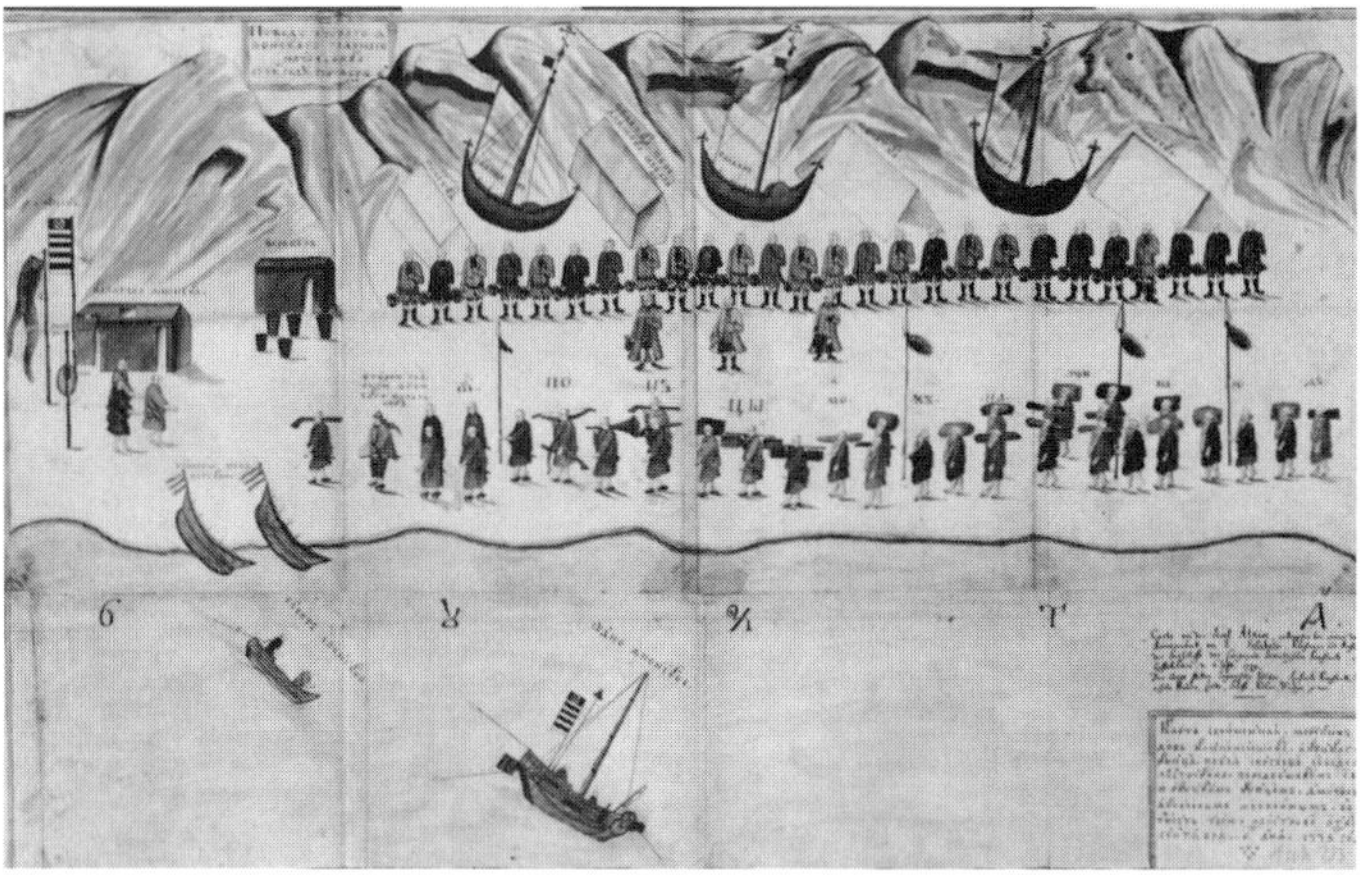
厚岸での松前藩士とイルクーツクの商人達の会見（1779 年）〔ゲッチンゲン大学蔵〕

日本人がヨーロッパ人ほど毛皮を珍重しないことはロシア人にそれ以前から知られていたにちがいない。厚岸での会談から一〇年後に菅江真澄の前述の記事が書かれた。松前藩ではロシア人との交渉のことを幕府に報告せず秘密にしていたが、ロシア人南下の事実は蝦夷の人びとのあいだに常識となっていたのである。

それからさらに三年後の寛政四年（一七九二年）に、今度はアダム・ラクスマンが根室へやってきた。彼が持参した商品見本は火薬、ラシャ、木綿、鏡、刀、鉄・ガラス製品だった。やはり毛皮は含まれていない。

ロシア人は日本に品物を売りこむよりも、日本から食料や日用品などを買いつけることを望んでいたようである。カムチャトカをはじめアレウト諸島やアラスカに住んで毛皮を採るロシア人に日常の生活必需品を輸送するために、ヤクーツクとオホーツク間だけで年間四〇〇〇頭の荷物運搬用の駄馬が徴用されたといわれる。それだけの貨物をウラルのかなたのロシア本土から運送するための費用は莫大なものだった。

日本がもし毛皮に興味を示さなかったら、毛皮を中国で売りさばき、その利益をもって日本から商品を買いつけるという三角貿易のアイディアがやがてロシア側に生まれた。

漂流民光太夫の帰還

初期の日露交渉史の中で画期的な意味をもっているのはロシアからの漂流民の帰国である。

ロシアのクリール列島蚕食によって、いつのまにか日本とロシアは隣国となっていた。そのことに幕府としてもまったく気づかずにいたわけではない。ベニョフスキというハンガリー生まれの冒険家が流刑先のカムチャトカから官船を奪って脱走する途中で阿波と奄美大島に立ち寄り、有名な「ハンベンゴローの書簡」を長崎のオランダ商館に送っていた。ベニョフスキはその手紙の中でロシアの南下を警告していた。明和八年(一七七一年)のことである。まもなく仙台藩の医師工藤平助がロシア人についての噂やオランダ書の知識をもとに『赤蝦夷風説考』を書いた。それはまさに警世の文としての役割を果たした。天明三年(一七八三年)幕府に献上されたからである。老中田沼意次は蝦夷地開発案を承認して、現地に調査隊を派遣する。幕閣はこの時期対外的にも積極的な姿勢をとりはじめていたのである。ところがまもなく田沼は失脚して、松平定信が寛政の改革をはじめる。アダム・ラクスマンが漂流民の送還を機に交易を求めてきたのは寛政四年(一七九二年)のことだった。ごくわずかなズレで、外部からの刺激と日本の内政・外交の歯車が微妙に食い違っていたという印象を受ける。

ラクスマンが送り届けてきたのは伊勢の船頭大黒屋光太夫とその二人の配下だった。一〇年も前に白子の港を出帆したまま消息を絶っていた光太夫らの突然の帰国が、大きな驚きをもってむかえられたことは言うまでもない。幕府は使節ラクスマンらの一行を手厚くもてなしたけれども、通商の提案は謝絶した。正確には交易の交渉は長崎に限るとして、長崎への入港許可書を与えるにとどまった。婉曲な拒否のつもりだった。光太夫らは故郷に帰ることを許されず、江戸の薬草園に居住させられることになった。光太夫と磯吉は（もう一人の小市は蝦夷で死亡していた）、さまざまな形で漂流とロシア滞在中の体験を物語った。一応は軟禁生活であり、みだりに他人との接触を禁じられてはいたが、世間の好奇心は二人をほっておかなかった。当局もまたロシアについての正確な知識を必要としていた。

将軍家の侍医で蘭学者の桂川甫周が編纂した『北槎聞略』は、とりわけロシアの等身大の姿をよくつたえていた。光太夫はロシア帝国の首都であるペテルブルグに一〇カ月も滞在し、ロシアの貴族や庶民の生活をつぶさに観察していた。当然のことながら、ロシア人を赤人とか赤蝦夷と呼ぶような愚をおかしてはいない。『北槎聞略』の中にアダム・ラクスマンの父親キリールが光太夫に次のように語ったという一節がある。これはロシア政府が光太夫らを帰国させた目的をよく示している。

日本国の国体、国教、礼儀、衣服、制度に至るまで殊に全美にして議すべき所あらず。……刀剣弓矢の制作器械の良好なる、実に万国に冠たり。然るに外洋の諸国を畏怖し、我ロシアをも懼れ憚らるると聞およべり。大いに謂れなき事なり……足下国に帰るの後よく此事理をもて貴国の人々に告げ知しむべし……

この目的は先方の思惑どおりには達せられなかったにせよ、光太夫のもたらした生の情報の意味は限りなく大きかった。

レザーノフの失敗

アダム・ラクスマンが帰国してから一一年目の文化元年（一八〇四年）にロシアの新しい使節ニコライ・レザーノフが長崎へやってきた。ラクスマンに与えた入港許可証を持参したのである。レザーノフはラクスマンよりずっと地位が高く、露米会社の支配人を兼ね、皇帝アレクサンドル一世の親書をたずさえていた。彼は仙台の漂流民たち四人をともなっていた。入港を認められた以上、交渉にはいれると彼が期待したとしても無理はない。

ところがレザーノフに対する幕府の態度はごく冷淡なものだった。漂流民は受けとったけれども、入港許可証は取り上げた上、半年も長崎に待たせたあげく、交易の提案は拒否し、その後の来航は厳禁すると一方的に申しわたしたのである。

レザーノフは憤慨して日本をはなれた。彼はシベリアを経て帰国する直前、フヴォストフとダヴィードフの二人の海軍士官に対してサハリンにおもむくようにという命令を出した。それは武力の行使を含むものかどうか、判然としない内容のものであった。結局サハリンや南千島の日本人を襲撃するという事件がひきおこされたのである。その結果は深刻であった。

事変の知らせを受けた幕府は東北の諸藩の武士を動員して、ロシア軍の再度の来襲にそなえた。敵はいつ襲ってくるかしれなかった。日本人には慣れない寒さが身にこたえたにちがいない。この間に、幕府による北辺調査もすすめられた。間宮林蔵によってサハリンが島であることが確認されたのは文化六年（一八〇九年）

のことである。

それから二年後に、ロシアの海軍士官ゴロヴニーンが部下とともにクナシリ島で日本側の守備隊に捕えられた。こちらが警備をかためているとは知らずに測量を行なおうとしたのである。ゴロヴニーンらは松前に送られて牢にとじこめられた。翌年には、蝦夷で活躍していた商人高田屋嘉兵衛が人質としてカムチャトカへ連れ去られた。報復は報復を呼び、事態はますます悪化する恐れがあった。

幸いなことに、ゴロヴニーンも嘉兵衛も冷静で賢明な人物であった。フヴォストフらの暴行は個人的な動機によるものであるとしてロシア側が謝罪する形で事件は収拾をみる。帰国したゴロヴニーンは『日本幽囚記』の名で知られる本を書いた。それは捕虜としてすごした二年間の体験の詳細な記録であるばかりでなく、興味ぶかい日本人論を含んでいた。獄舎の中にあったゴロヴニーンが客観的な目で日本人を観察し、その長所と短所をするどく指摘していることには感心させられる。日本人はすぐれた能力をもつ国民であり、これをいたずらに刺激してはならない、というのがゴロヴニーンの結論の一つであった。事実それから四〇年間にわたって、ロシアは日本に対して沈黙を守るのである。

のちにゴロヴニーンは海軍中将にのぼり、主計総監の要職についた。

『日本幽囚記』はたちまち英・独・仏などヨーロッパの諸言語に翻訳された。原書があらわれてから数年のうちにオランダ語訳から日本語にも重訳された。鎖国時代とはいっても、日本の有識者は長崎という小さな窓を通じて外国の動静に絶えず注意を払っていたことがわかる。

ロシア領極東の拡大

一九世紀の半ばには日本をめぐる国際情勢が一変していた。日本だけが扉をとざして、安逸の夢をむさぼっていたのである。ヨーロッパではオスマン・トルコ帝国、アジアでは清朝の支配する中国の衰退がだれの目にも明らかになっていた。阿片戦争がおこり、イギリスをはじめとするヨーロッパの列強が中国への進出をはじめる。

このような状況の中で米国とロシアがきそい合って使節を日本へ派遣し、開国を求めてきたのである。ペリーとプチャーチンがそれぞれひきいる艦隊の来航はともに嘉永六年（一八五三年）のことで、後者が一月半ほど遅れていただけである。まもなく日米と日露間に和親条約が結ばれた。日本とロシアのあいだで最大の問題となったのは、この場合も北方領土問題である。クリール列島についてはエトロフ島とウルップ島のあいだに国境を引くことになった。かつて菅江真澄が書いたように、ラッコ島までがロシア領になったのである。サハリンについてはどちらのものか合意が得られず、従来どおり日露両国人の「雑居」ということになった。榎本武揚がペテルブルグへ出かけていわゆる「千島樺太交換条約」を締結するのは明治八年（一八七五年）のことである。サハリン全島を先方にゆずった代わりに、クリール列島は日本領ということになった。

このころロシアにとっては日本との条約よりもさらに大きな事件が極東で進行中だった。清朝中国との力関係がそれまでと逆転した結果である。一六八九年に結ばれたネルチンスク条約はロシアと中国との東部国境を現在のアムール川よりはるか北に置いていた。一九世紀半ばには海軍士官ネヴェリスコイがアムール川を軍艦で遡航し、東シベリア総督のムラヴィヨフもこれを支持してロシアのアムール地方進出は既定の事実となった。その後中国とのあいだに愛琿条約（一八五八年）、天津条約（一八五八年）、北京条約（一八六〇年）

が相ついで結ばれ、ついにアムールの北岸一帯と日本海に面した沿海州のロシア帰属が決定した。ロシアの領土は朝鮮半島と陸つづきになったのである。現在の行政区分でいえばプリモルスキイ地方、ハバロフスク地方、アムール州がほぼこれに相当し、これにサハリンを加えた面積は日本の二倍以上である。ウラジヴォストークやハバロフスクを拠点としてロシア政府は急速な植民活動を展開した。最初はカザークの屯田兵を移住させ、次にはロシア本土やシベリアの各地から破格の条件で移住民を募集した。初期は成人男子一人あたり一〇〇ヘクタール（一ヘクタールは約一町歩）の土地を無償で与えるというような慣行もあった。経済的にみてロシア領極東の最も主要な部分は一九世紀中葉以後にロシアが獲得したものである。

この地方にはツングース系のエベンキ、エベン、ナナイ（ゴリド）、オロチ、旧アジア語系のニブヒ（ギリヤーク）などの諸民族がそれぞれ固有の生活を営んでいたが、圧倒的な武力をそなえたロシア帝国の進出を前にしてほどこす術はなかった。一九世紀の初頭には日本とロシアはクリールの南の島々で接触していたにすぎないが、一九世紀の後半には日本海をへだてた対岸がすべてロシア領に変わっていた。そして、この世紀の末には朝鮮半島と満州をはさんで、日露の帝国主義が正面衝突しようとしていたのである。

ひなの一ふし

菅江真澄の編んだ民謡集の中にロシアの盆踊唄があると友人に教えられ、そのころ出たばかりの『遊覧記』（東洋文庫、平凡社）第四巻の中にそれを見出したときの驚きは、今も忘れることができない。今は亡き亀井高孝先生のかばんもちをして、ロシアに漂流した大黒屋光太夫の足跡をたどる旅から帰国してまもなくのころだった。この盆踊唄は「ひなの一ふし」に含まれている。

よめをとろならにほんのやうに、めぐろかみぐろとるかよい、サアハラ〱〱〱。サアハラ、砂糖をいふとなん

むかし亭《テ》咩《メ》帝《テ》列《レ》邏《ラ》椰《ヤ》巨《コ》紆《ウ》府《フ》曳《エ》伎《キ》といふそのくにうど、風にはなたれ福山に来しとき、……（『菅江真澄全集第九巻』三四一頁）

この唄について、日露交渉史に関心をもつ者の立場からほんの一言だけ注をつけてみたい。ほかでもない、詞書の冒頭にあらわれるロシア人のことである。

テメテレラヤコウフエキという人名はすでに真澄の編んだ「かたゐ袋」にもアブナスイエンとならんで書きとめられている。これは工藤平助の『赤蝦夷風説考』の中で安永八年厚岸に来航した「赤人の頭たるハシンサハリン、又の名ハクシテレイヤコリウキ」と述べられている人物にちがいない。岡本柳之助『日魯交渉北海道史稿』や『新撰北海道史』ではケレトフセ・メテリヤウコベツとしてあげられ、ロシア人の官職名と理解されている。

私の考えでは、テメテレラヤコウフエキは現代風に表記すればドミトリイ・ヤコヴレヴィチである。ドミトリイは洗礼名で、ヤコヴレヴィチは父の名ヤコフに由来する父称にあたる。初期の日露交渉史に登場するロシア人でこのような洗礼名と父称をもつ人物は一人しかいない。彼の姓はシャバリン、まさしく安永の末年に二度にわたって奥蝦夷東岸に渡来したロシア人一行の頭目だった。ハシンサハリンはおそらく、ゴスポジン・シャバリンをうつしたものであろう。ゴスポジンは英語のミスターに相当する敬称である。ついでに言えば、ケレトフセは船頭を意味するロシア語ペレドフシチクの聴覚的印象を片仮名になおしたものと思われる。

ドミトリイ・ヤコヴレヴィチ・シャバリン率いるロシア人の一隊はまず安永七年（一七七八年）に根室の東よりのノッカマプに到着、同地に駐在していた松前藩士新井田大八に交易を求めた。事はもちろん僻地の一藩吏の一存では決しかねたので、新井田は翌年正式に回答することを約束した。安永八年の会見は六月にエトロフ島で行なわれるはずであったが、松井茂兵衛をはじめとする松前の使節団の到着が遅れたため、結局八月になって厚岸で会談が実現した。こちらの返答がノーだったことは言うまでもない。

日露双方の史料から、シャバリンの一行にイワン・アンチーピンとアファナーシイ・オーチェレジンが加わっていたことがわかっている。二人とも航海士の資格をもち、しかもイルクーツクの日本語学校で日本語を学んだ経験をもっていた。「かたゐ袋」のアブナスイエンというのはアファナーシイの転訛であろうと私は想像する。

イルクーツクで日本語を教えはじめたのは、延享元年（一七四四年）下北半島の佐井を出帆して不幸にもロシアに漂流した伊勢屋竹内徳兵衛の持船多賀丸の乗組員たちだった。船頭の徳兵衛ほか六名は千島漂着以前に死亡したが、残りの一〇人はロシア人に助けられた。彼らはその後正教会の洗礼を受けてロシア風の名前を名のった。故国にはもう帰れぬものと覚悟を決めたらしい。一七七〇年代にはこのうちの五人がまだ生存していた。

安永八年厚岸に松前の使節団が到着したときのもようを描いた絵がドイツのゲッチンゲン大学図書館に収蔵されている（本書カバー及び二二九頁）。五一×八六センチの横長のもので、海岸よりを日本側使節団が右から左へと行進している。鉄砲をかつぐ足軽を先頭に立て、長い房のついた冠（？）をいただき開いた扇子をもつ武士がひとり、ついで四人の武士たちが二列を組んですすむ。この五人だけが羽織を着用し、高下駄のようなものをはいている。以下、長槍・弓矢・鉄砲などをたずさえた八人の足軽がつづき、さらにアイヌ人が二〇人従っている。アイヌ人ははだしの上に長い髭をたくわえているので容易に見分けがつく。左手で彼らを出迎えている三人は厚岸にいた日本人の倉庫番であろうか。

厚岸に先着していたロシア人たちは山よりに二六人が一列にならび、別に三人が列から数歩前に立っている。彼らだけが服装もよく、長いコートを着ている。おそらく、シャバリン、アンチーピン、オーチェレジンであろう。ロシア人がすべて脱帽しているのは、松前からの使者に敬意を表しているためにちがいない。絵の右下に書かれたロシア語の説明によって、この絵がシャバリンによって描かれたことがわかる。

「よめをとろなら……」の詞書はむつかしくて私はいまだにその文意をつかみかねているが、安永年間のロシア人との出会いがこの唄の成立と何らかのかかわりをもつことだけはまちがいないであろう。

寛政四年（一七九二年）に光太夫を送り帰してきたアダム・ラクスマンの一行に、シャバリンがまたも「先導」として加わっていた。この使節団には例の佐井漂流民の一人長助とロシア婦人の間に生まれたイワン・トラペズニコフも含まれていた。いったいこのイワンやその仲間の日本系ロシア人たちは「よめをとろなら……」の唄を耳にしたり唱和したりする機会があったのであろうか、なかったのであろうか。

光太夫のロシア

漂流のタイミング

大黒屋光太夫が蝦夷地ネムロに戻ってきたのは一七九二年秋のことだった。年号で言えば寛政四年、江戸の将軍は一一代徳川家斉の代である。

光太夫とその部下たちがロシアから帰還した最初の漂流民という名誉をになったのは決して偶然のことではない。まず第一に、光太夫の強い意志があった。執拗ともいえる彼の請願運動がなかったならば、イルクーツクにのこった二人の仲間と同様、光太夫も異国の土と化したことは疑いがない。彼は助力者にもめぐまれた。光太夫らを船で送りとどけてくれたロシア最初の遣日使節アダム・ラクスマンの父親のキリールがそれである。博物学者のキリール・ラクスマンはわざわざ光太夫をシベリアから首都のペテルブルグまで連れていき、女帝エカテリーナ二世に謁する機会をつくってくれたのだった。

もしも光太夫の漂流が二〇〇年あるいは一〇〇年前のことだったら、日本に戻れたかどうか大分疑わしい。実際、一六世紀の末――それは関ケ原の戦いの直前だったが、モスクワをおとずれた日本人がいた。ニコラスの名で知られるこのキリシタンは、ロシアで殉教の死をとげた。一七世紀の末からは、難船してロシア領の極東地方に流れ着く船乗りたちが跡を絶たなかった。ピョートル大帝は彼らを日本語の教師として採用するという方針を打ち出した。いつの日か日本とのあいだに外交交渉をもつ必要を予見していたわけである。幾組かの漂流民がロシア人に日本語を教えて生涯を終えている。日本語学校ははじめペテルブルグに設けられたが、一八世紀の半ばにはイルクーツクに移された。それでも日本語の知識が実践の場で活用されるまでには数世代を待たなければならなかった。

ロシア側から見れば、光太夫らを帰国させることは人道的配慮であると同時に、これをきっかけとして交易の開始を日本に迫るための恰好な口実であった。ピョートルと並んで大帝と称せられるエカテリーナ二世の治世下のロシアは、そこまで国力を充実させた国だったわけである。光太夫の漂流はちょうどよい潮時だった。

アダム・ラクスマン使節団の中にはイルクーツク日本語学校出身で東北弁を話す「通事」エゴール・トゥゴルコフが含まれていた。

近代化で先んじたロシア

社会体制という点からみれば、一八世紀のロシアはまだ封建制の時代といわれる。幕府が支配する日本もそれと変わりがなかった。しかし国家の勢いをみるならば、両国のあいだには根本的なちがいがあった。ロシアは関ケ原の戦いの以前から、ウラル山脈を越えてシベリア征服を開始していた。その東進の速度は目ざましいもので、一六四〇年前後には太平洋岸に到達する。ちなみに、ロシア人がオホーツク海岸に姿をあらわしたころ、日本は逆に鎖国政策を一層徹底させて、自国民の海外への往来を厳禁したのだった。

ロシアの近代化を最も意欲的に推進したのはピョートルである。ピョートルはスウェーデンとのあいだに北方戦争を遂行するかたわら、軍事・行政面で根本的な改革を行ない、保守的な教会勢力をおさえ、工業化を積極的におしすすめた。バルト海沿岸の沼地にペテルブルグを建設して「ヨーロッパへの窓」とし、ここを新しい首都に定めたのも彼である。その改革の過激さは、ゴルバチョフのペレストロイカといえども遠く及ぶところではなかったといえよう。

ロシアの貴族たちはピョートルの命令によって伝統的な衣服を西欧風の「洋服」に着がえ、ヒゲをそりおとし、否応なく武官あるいは文官として国家に勤務することを義務づけられた。近代ロシアの骨格はピョートルが玉座にあった一八世紀の最初の四半世紀に形成されたのである。

光太夫はロシア滞在中に、ピョートルのことをさんざん聞かされたらしい。帰国してから将軍侍医の桂川甫周に語った『北槎聞略』の中で、次のようにほめたたえている。漢文調を現代風になおして引用しよう。

「この方の身長は二メートルあまり、容貌からして非凡であり、頭脳が明せきだった。新しい国家制度をつくり、風俗・衣服・儀式・言語まで新しく改めたのである。おかげで国内は大いに治まり、隣国もロシアに服従し、国民は今でもその恩恵を忘れていない。いろいろ人にたずねてみたが、ピョートル以前のことはだれも知らなかった。」

エカテリーナ二世はピョートルからかぞえて七代目の支配者だった。彼女のモットーはピョートルの遺業を継ぐことで、その出身はドイツ人であったとはいえ、一八世紀のロシア帝国の君主としてはたしかにピョートル以外のだれよりも卓越していた。彼女自身そのことを自覚してもいた。エカテリーナは女帝の座についてからネヴァ川沿いの元老院広場にピョートルの有名な騎馬像を建立させた。

光太夫はペテルブルグでしばしばこの銅像を目にした。『北槎聞略』の中でこの像のことをかなり詳しく物語っている。台座に刻まれた「ピョートル一世へ　エカテリーナ二世　一七八二年」というラテン語の銘も正確に伝えているところをみると、だれかに説明してもらい、それをノートに書きとめて帰ったにちがいない。

身分制のもとで

江戸時代の日本社会は士農工商という階級に画然と分かれていた。とりわけ、サムライと農民以下の身分との垣根が越えがたいものであったことは言うまでもない。

ロシアでも国民は貴族と庶民に大きく分かれていた。支配階級と被支配階層のギャップがロシアほどいちじるしいところは稀であった。近代化によって上流階級が西欧化していったのに反し、庶民は取りのこされたために、分裂は一層ひろがった。貴族は全人口の一パーセントにすぎなかった。庶民は大部分――約九〇パーセントまで農民だった。農民のほぼ半分は、貴族身分たる地主に隷属する農奴であった。農奴は実際に奴隷として売り買いされた。ロシアの農奴制が廃止されるのは一九世紀も後半にはいった一八六一年のことである。

ヨーロッパからロシアをおとずれた旅行者たちは、かならずといっていいほど農村の共同体制度や非自由農民のあり方に言及している。光太夫のロシア見聞記の特徴は、農民についての記述を欠いていることである。それも当然のことで、約一〇年間にわたる光太夫らのロシア滞在の大半は絶海の孤島アムチトカや極寒の地シベリアで過ごされたのであり、ウラルから西のヨーロッパ・ロシアといえば、ペテルブルグへ往復しただけだったからである。それも行きかえりとも、一番寒い冬の季節に街道を橇で突っ走ったのだから、光太夫はロシアの典型的な農村をその目で見る機会はなかったわけである。

貴族と農民のほかには、大商人、都市に住む町人や職人、僧侶、カザークなどの身分があった。光太夫はこれらの者たちについては「身分軽き者」、「僧官」、「種々の使役に用いられる小使」などの表現ですこしずつ言及している。

ところで光太夫自身はロシアでどのような待遇を受けたであろうか。アムチトカ島を脱してカムチャトカ半島にわたり、さらにシベリアのイルクーツクまでたどりついたとき、光太夫はキリール・ラクスマンらに手伝ってもらって最初の帰国願を書いた。提出した先はイルクーツク県の知事である。それに対する回答は、日本に帰ることは断念してロシアで「仕官」するように、というものだった。これはイルクーツクの日本語学校の教師になることを意味したものらしい。

二度目の帰国願に対する返事は、もし「仕官」することを望まないならば、商人となるようにという内容だった。そうすれば商売をはじめるのに必要な資金を与え、税金を免除し、家も建ててやろうというのであるから、相当に思い切った優遇措置といえる。そればかりではない。もし仕官したければ、まず「足軽」にしてやろう、将来は「カピタン」にまで昇進させるであろう、という約束も与えられた。

つまり身分という見地からいえば、光太夫は町人としてロシアに帰化することをすすめられたことになる。日本における光太夫はかなり富裕な船頭とはいえ、身分は「伊勢国若松村百姓」であったから、このような提案はしごく順当なものである。大体、外国人でロシアに帰化する者はこの町人身分を与えられるのが通例でもあった。この場合、帰化とはロシア帝国の臣民となると同時に、ロシア正教会で洗礼を受けることを意味していた。

足軽とかカピタンというのは軍人の位である。本来ロシアでは、役人は宮内官、文官、武官などに分かれていたが、武士が同時に行政官でもあった日本人にわかりやすく、光太夫は「軍人の位で」役人の位階を表現したのかもしれない。ピョートル大帝の改革の一つは、貴族の門地制を廃し一律の官等表によって位階を明確にしたことである。官等は上は元帥から下は准尉まで、一四等に分かれていた。足軽は等外であって官等には含まれない。カピタンはすなわち大尉であり、一〇番目に位置する。武官はむろんのこと、文官としてでも一二年以上勤続すれば、一代貴族に列せられることになっていた。つまり、光太夫は日本に帰らずにイルクーツクにそのままのこって役所につとめれば、世襲ではないにせよ、やがてロシア貴族の身分に列せられる可能性はあったわけである。

上流社会との交際

光太夫はアムチトカやシベリアに関しても実に興味ぶかい情報をもたらしたけれども、『北槎聞略』をはじめとして光太夫のロシアにおける生活の記録が一段と光を放っているのは、首都ペテルブルグでの見聞を述べるくだりである。単に見たり聞いたりしただけではなく、今なら「ファンタスティック」としか言いようのないことを身をもって体験したのだった。エカテリーナ二世に謁見し、その後も何回か宮中に招かれたこと、商務大臣、外務大臣、官房長官などのポストにあった高官たちと交際したこと、エカテリーナの第一の寵臣として知られるポチョムキン公爵がその最晩年に催した歴史的な大晩餐会に出席したこと等々、数えあげたらきりがない。『北槎聞略』では大臣たちは正確に実名が挙げられているし、ロシア文字で彼らの名前を列挙した手書本すら今日までのこっている。彼らやポチョムキンはむろんのこと、光太夫が知己になった貴族たちの多くはロシアの歴史に名をのこした有名人である。

光太夫が女帝にはじめて会った宮殿はペテルブルグの郊外、ツァールスコエ・セローというところに今でも立っている。ロシアの皇帝たちは冬のあいだはペテルブルグで過ごし、夏になると百官をしたがえて郊外に居を移したのである。

一七九一年の六月二八日、あらかじめの指示にしたがって光太夫が宮殿におもむくと、一階に外務大臣格のベズボロトコと商務大臣のヴォロンツォフが彼を出迎えにあらわれた。こうして二人の伯爵が光太夫をエカテリーナの御前まで案内したのだった。

江戸幕府の職階から言えば、最高権力者の女帝は将軍にあたり、ベズボロトコとヴォロンツォフはさしずめ老中と奉行を兼ねそなえたような最高級の官僚に相当するかもしれない。(ちなみに光太夫は彼らを「大老」と呼んでいる。) 光太夫がずっと日本に住んでいたならば、どう間違ってもこれほどの幕府の高官たちとジカに向かい合う可能性は全くなかったことであろう。

日本の大名や旗本に比べれば、ロシアの高官たちは少しも格式ぶることがなかった。少なくとも光太夫はそのことをつよく印象づけられた。

キリール・ラクスマンのすすめで、光太夫は首都では帰国願をベズボロトコに差し出した。ベズボロトコはウクライナの貧しい貴族の出身で、はじめ軍役に服していたが、ウクライナ総督に才幹をみとめられて中央政界に進出するや、たちまちエカテリーナ二世の秘書官として頭角をあらわした人物である。一七八〇年ごろからは外交畑で女帝の懐刀として勢威をふるっていた。一七八五年には故郷のウクライナに五〇〇〇人の農奴づきの所領をあたえられ、それまでの下賜分を合わせて六〇〇〇人以上の農奴をもつ大地主となった。国家に貢献した人物や寵愛する臣下に対して金銭や宝石と並んで農奴を与えることは、帝政時代によく見られた慣行である。日本なら所領の大きさは米の収穫量であらわすところを、ロシアではその土地に付属する農奴の人数——厳密には男性のみで、女性はこの数に含まれなかった——で表現した。

この領地とは別に、ベズボロトコは砂糖工場をもち、二等官（大将相当）の官吏として年俸二万五〇〇〇ルーブリを受け取っていた。この俸給は一四等官たる准尉に支給される額のちょうど一〇〇倍だった。このような数字は光太夫がだれからか聞いて書きとめてきたのである。

日本に戻ることがきまってから、光太夫はしばしばベズボロトコの邸をたずねるようになった。この権臣の住まいは冬宮の西へ一キロとはなれない場所にあった。『北槎聞略』は次のように述べている。

「ペテルブルグ滞在中、光太夫はとりわけ執政ベズボロトコとねんごろに交際し、家族といっしょに一つのテーブルで食事をすることもあった。もっとも、門の前に車が多くとまっているときは訪問を遠慮した。車が少ないときはとくに案内も乞わずにはいっていき、近侍の者に取次いでもらった。居間に招かれて世間話をしたこともある。野原へピクニックに行くときは、一つの車に乗せてもらった。宮殿まで同車したこともある。何事もはなはだ手軽なことであった。」このような「手軽」さは日本では絶対にあり得ないことだった。

ピクニックといえば、まだ夏のころ、ベズボロトコや官房長官のトルチャニノフ夫妻をはじめとする一〇人あまりの今をときめく高官貴族たちが、ネヴァ川のデルタの島の一つへ遊山に出かけたことがあった。光太夫もその一行に加わっていた。その帰り道、光太夫のためと称してこのパーティーは大理石づくりの豪壮華麗な「娼家」に繰りこんだ。

『北槎聞略』はこの「娼家」に「じょろうや」と「ゆうじょや」の二通りの訓読みを与え、内部をくわしく描写している。編者の桂川甫周は当時江戸の大通《だいつう》の一人と称されていたのだ。

異国の風俗

光太夫は教養ある人物だった。彼はペテルブルグに太平記をはじめ七点の書物をのこしてきた。この千石船の船頭は航海中も本を手ばなせないほどの読書家だったのである。したがって、彼は自分の住む日本という国についてかなり正確な認識をもっていたにちがいない。

その光太夫の目にロシアという国はどう映じたか。「この国が領有している国土は、その東西の長さがとてつもなく広くて数千里にわたっている……」と『北槎聞略』に書かれいる。「国内の大部分は土地がやせていて、不毛の地である」という印象は、主としてシベリアから得られたものであろう。もともと彼の知識は極寒のシベリアに偏していた。中部ロシアやウクライナは訪れる機会がなかったからである。

国土の広さとならんで、そこに住む民族の多様さにも光太夫は驚きの目を見はっている。もともとシベリアに土着する原住民がさまざまな民族からなっていたし、ロシア政府に仕える役人や学者の中には外国人が少なくなかった。ラクスマンからしてフィンランド生まれで旧国籍はスウェーデン人だった。それにエカテリーナ二世自身がドイツ人であり、宮廷では主としてフランス語とドイツ語が用いられていた。ペテルブルグにはドイツ、オランダ、フランスなどの教会が立っていることを光太夫は自分の目で確かめていた。ときどき訪れる中国人のために禅宗系の仏教の寺まであった。光太夫は鎖国中の日本人には想像もできないような国際体験をしたのだった。

ロシア人の容貌について光太夫はこう語っている。「ロシアの人間は背が高く、色は白く、瞳の色はうす青色で、鼻はいたって高く、髪の色は栗色をしている。ヒゲは身分の上下を問わず剃っている。ただし農民の中には剃らない者も多く見受けられる……」

女性の服装についてもかなり詳細に説明している。「下層民はフロシキ様のもので頭をおおっているので髪の結い方がわからない」というのは、プラトークのことをさしている。この風習は今でもすたれていない。ピョートルによる近代化、つまりヨーロッパ化の影響は日常の習慣にまでおよんでいた。中流以上の階層が「洋服」を着ていることは前に述べた。軍隊も同様であった。「男子の服は大体オランダ人のごとし」とあるのは、くどくど言わずともオランダ人なら数年ごとに長崎から江戸まで幕府へ挨拶に来るから説明が不要だったからである。

しかしオランダの女性は日本に住まなかったから、男女や家庭のあり方についてはもっとくわしく述べる必要があった。「夫婦が一緒に外出するときにはかならず腕を組んで歩く。下層民はそうではない。他人の家をたずねて主人と対面する段になれば、その家の妻子もあらわれて挨拶をする。客を招いて食事をはじめようとするときには、主人の妻が主客の手をとって席につかせる。第二の客はその家の嫁、第三の客には娘が手を貸す。着席のさいは婦人を上座にすえる……」このような風習は西欧からつたわって当時は貴族のあいだでのみ行われていたが、現在のロシアでは一般にひろまっているとみてよいであろう。

一八世紀の後半、とりわけエカテリーナ治世下のロシアを訪れた外国人の記録は少なくないが、『北槎聞略』はその中にあって異彩を放っている。漂流民という境遇が特異であり、鎖国下の日本人という視点がヨーロッパ人にはないものだったからである。カムチャトカやヤクーチアをはじめシベリアの住民と風土についての観察もこの書物に格別の価値を与えている。『北槎聞略』は一八世紀末の時点におけるロシア社会の百科辞典といっても過言ではない。

　光太夫は自分を日本へ送りとどけてくれたアダム・ラクスマンの使命をよく知っていたにちがいない。しかし、日本と通商をはじめたいというロシア政府の意図が容易に実現しがたいこともわかっていたであろう。帰国後の光太夫はほとんど軟禁状態で余生を送らなければならなかった。ラクスマンにつづいて長崎へやってきたレザーノフ使節はむなしく追い帰されたし、その後は北方の島々へのフヴォストフの来襲やゴロヴニーンの逮捕というような事件が相次いだ。日本が正式にロシアと国交を開くには、光太夫が帰ってからさらに六〇年あまり待たなければならなかったのである。

　光太夫はシベリアでは開拓地における古いロシアを目にし、ペテルブルグでは西欧をモデルとした大都会に接した。どちらも日本社会からかけはなれていたが、やがては自分の祖国日本も文明開化の道を歩みはじめることになると予想していたかどうか、できるものならあの世の光太夫に訊いてみたい気がする。

残留漂流民の快挙か

シベリアから投稿

その題名からも察しがつくように、『祖国の子』はもともと愛国的な色彩のつよい雑誌だった。一八一二年の九月、つまりロシアに侵入したナポレオンがまさにモスクワを占領しようという時期に、世論を結集するという目的で創刊されたのだから無理もなかった。発行人は一九世紀前半ジャーナリストとして鳴らしたニコライ・グレーチである。首都のペテルブルグで、はじめの一〇年あまりは毎週刊行されていた。対ナポレオン戦争でロシアが勝利を収めてからはいわゆるデカブリスト（一八二五年に蜂起する知識人）たちがしばしば寄稿し、ニコライ一世が登場するまでロシア社会で最も進歩的な雑誌と目されていた。プーシキンの初期の抒情詩も何篇かこの雑誌に発表された。

一八一七年の四月から五月にかけ『祖国の子』誌に三回に分けて「日本および日本の貿易について、または日本諸島最近の史的・地理的叙述」という論文が掲載された。三回分合わせて七一頁という分量である。まもなく、雑誌に発表されたときと同じ体裁でこの論文が単行本になった。出版元はやはりニコライ・グレーチである。この本の扉を見ると、右にあげた題名の下に「校閲　生粋の日本人にして九等官ニコライ・コロトゥイギン」とあり、つづいてもっと小さな活字で「発行　イワン・ミルレル」と印刷されている。『日本書誌』（I、モスクワ、一九六五年）はこのイワン・ミルレルを論文＝書物の著者として扱っている。亀井高孝著『大黒屋光太夫』（吉川弘文館、一九六四年）によれば、イワン・ミルレルはイルクーツクの中学校の校長だったという。ミルレルの記事の信憑性を保証しているのは、日本人が目を通したということだった。ニコライ・コロトゥイギンとは大黒屋光太夫とともにロシアに漂流しそのままイルクーツクに居のこった伊勢国若松村出身の船乗り新蔵のロシア名にほかならない。

新蔵の評判

伊勢の白子を出た神昌丸が遭難してから八年目、一七八九年の初めにイルクーツクへたどり着いたとき、かつての乗組み仲間は光太夫をはじめとして六人になっていた。そのうち九右衛門が二年後に病死した。庄蔵は凍傷にかかって片足を失い、新蔵も重い病気になって、この二人は結局ロシア正教会で洗礼を受けた。新光太夫、小市、磯吉の三人だけが一七九二年に根室へ帰ってきたことはよく知られているとおりである。新蔵は予想外にはやく快復し、一七九一年には光太夫のあとを追ってペテルブルグに上京したほどだったが、正教徒に改宗していたので帰国はあきらめざるを得なかった。

新蔵のその後の動静が日本に知られるのは、石巻を出て難破した若宮丸の漂流民が一七九六年にイルクーツクに到着し、彼らの一部がやがてレザーノフ使節一行と日本に帰国したからである。大槻玄沢編『環海異聞』によると、石巻の船乗りたちがはじめて出会った当時、新蔵は四二、三歳で、日本語学校の教師をしていた。生徒は六人で、俸給は「銀四〇枚」だった。その後、仙台人の一部をあずかったり、彼らの上京に付き添ったりした功績がみとめられ、官位が「ポドポルーチク」(少尉相当官)にすすみ、給料も二四〇枚にあがった。家族は三〇歳ばかりの後妻と、先妻の子が三人いた。学識のほどはといえば、「いろはより仮名書きぐらい出来候様子に候へども、オロシア辞、ならびに読み書きの事も能く覚え候趣きにて、入組み候掛け合ひの事、ならびに官辺への願書、その外の書き物等も、彼の方の文法の事なれば、自在に認め取り候様子なり。」どうやら日本語よりロシア語の方が自在だったらしい。

一八〇五年から翌年まで、有名な東洋学者のクラプロートに日本語を教えた。漢字はよく知らなかったというが、手もとに早引節用集をもっていた。彼はクラプロートが林子平の『三国通覧図説』を翻訳するのを助けたのだった(新村出『伊勢漂民の事蹟』)。

ところで、新蔵の評判を決定的に悪くしたのは、大槻玄沢が『北辺探事』の中で彼のことを「生得伶利、極めて才覚者と聞ゆるなり。其実の性は薄く見ゆ」と非難したからである。新蔵が不具者となった庄蔵を親身になって介抱しなかったのがその理由であった。

もっとも、最近になって新蔵の肩をもつ研究者がふえてきた。加藤九祚氏は言う。「私は、新蔵が学問を好み、故国日本とロシアとの善隣関係を希い、そのために力を尽すという使命感を抱いていたものと思う。津太夫ら(帰国した石巻の漂流民)の一行に接する態度から見ても、彼は親切で誠実な人であった。……新蔵の生き方も、光太夫に劣らず立派だと思う。」(『初めて世界一周した日本人』一九九三年)大島幹雄氏の新蔵評は次のようなものである。「彼には異境の地ロシアで生きることを運命として受け入れる若さ、そしてバイタリティーがあった。……新蔵は過去を振り返るよりも、前に進むことを望む男だった。」(『魯西亜から来た日本人』一九九六年)

眺める角度によって、人柄は変わって見えるということである。

日本人コロトゥイギンの役割

『日本および日本の貿易について……』は日本についての概説書である。分量としては、書物というよりむしろパンフレットに近い。

全体は四八章に分かれる。ごく大まかに分類すれば、(1)「ヨーロッパ人による日本発見」から(14)「真珠、貝、竜涎香」までが日本の自然、(15)「日本人の起源」から(31)「結婚と葬式」までが日本の歴史と社会、そして(32)「オランダ人の特権の制限」から最後の(48)「ロシアから日本への輸出入可能の商品」までが対日貿易論ということになろう。

著者イワン・ミルレルが執筆にあたって最も重要な典拠としたのはケンペルの『日本誌』とツンベルクの日本紀行であった。二人とも出島のオランダ商館に医師として勤務し、商館長に付き添って長崎から江戸まで「参府」したことがあった。その旅行を含む日本滞在記がロシアにも紹介されていた。右の『日本書誌』によると、ツンベルクの著書は部分的にロシア語に翻訳され早くも一七八七年にペテルブルグの雑誌に発表された。ケンペルの著述がロシア語に訳されるのはそれよりずっと遅れて一八五四年である。しかしミルレルの手もとにはこの二人の書いた原書があったものと想像される。一八世紀の中葉以後イルクーツクには日本語学校が開設されていたし、有名なグリゴーリイ・シェーリホフをはじめとして冒険心に富む商人たちが日本との貿易に期待を寄せていた。この町はロシア帝国の中で日本研究センターの役割を果たしていたのである。

ミルレルのした仕事は、まず第一にケンペルとツンベルクの本から抜き書きをして日本についての大よその概念を読者に伝えることだった。したがって、たとえば一つ一つの章が「貿易と産業」「手工業」「衣服」「風俗習慣」などと大げさに名づけられていたとしても、記述の内容はそれぞれ一二行、九行、九行、八行という短さなのである。「統治形態」「法律」などの章も大同小異である。

それほどの簡略さの中にすら奇妙な錯誤がまじっている。一例を挙げれば、第一七章でミルレルは、タタール・モンゴル軍がクヮン・ナウ（恒武）帝の治世の七八二年と七八五年に日本を襲い、七九〇年までこの国に居すわったと書く。実はツンベルクも日本紀行の中で最初の蒙古襲来を七九九年（これは明白な誤り）、二度目を一二八一年（弘安の役）としている。ミルレルはどうしたものか初めての元軍襲来を二回に分けた上で、二度目の元寇を一二七五年としているのである。

数字といえば、「日本の軍事力」の章でミルレルは平時には日本の常備軍が一〇万人の歩兵と二万人の騎兵部隊から成り、戦時には七万六〇〇〇の歩兵と三万八〇〇〇の騎兵の予備軍がこれに加えられると述べている。それにつづく「国家収入」の章で、日本政府の支出は収入を上回ることなく、総額で二億八三〇〇万テール（ターレル）に達するともいう。ミルレルはこの情報の出所がポルトガル人やスペイン人であることをほのめかしているが、まことしやかなこの具体的な数字がどこから出てきたものかわからない。

ミルレルがだれのためにこの論文を書いたかは容易に推察できる。全体の構成から見て第三部にあたる日本の貿易についての記述に最も力を入れているからである。

日本とオランダや中国との交易関係の推移、取引高、商慣行、実際に輸出入される商品などが比較的くわしく述べられている。一八世紀の後半にはオランダからの商船が一年に二隻ずつ長崎に入港していること、長崎港にはいると日本の役人に全乗組員のリストを提出しなければならないこと、かつては船長と商館長に限って携行品を無税かつ無検閲で持ちこむことができたが、今は規則が変わってそのような特権が廃止されてしまったこと、オランダ船の周囲や出島には日本側のきびしい監視の目が光っていること、などはツンベルクの受け売りである。

ロシアの商人たちにとっておそらく最も興味があったのは最後の章のうち、日本に売りこむべき商品、日本から買いとれそうな商品のリストであったにちがいない。まず輸出品として価値があるのは、クロムなめしをほどこした皮革、とくに子山羊のなめし革、加工した毛皮、アザラシやセイウチの皮革、鉄と鉄製品、帆布、魚油、海の一角獣の歯、セイウチの歯（これは象牙の代用品）、ガラス製品、蠟、明礬、メノウをはじめとする宝石、テレピン油、薬品。

他方日本から輸入できそうな商品は次のとおり。米、樟脳、茶、鋼、貴金属、絹、木綿、磁器、漆器、真珠。

「露米会社が東アジアとの貿易に力を入れるようになると、シベリア沿岸の航海は活発となり、ロシアの商船がアジアの熱帯諸国の産品を日本へ運んでゆくような日がきっと来るであろう」というのが本書の結びの言葉である。

そこまで親切にコーチしてオプチミズムをあおってくれるのなら、日本に派遣されたラクスマン使節の交渉の成果をもっと正確に伝えてもらいたかった、というのが私の印象である。光太夫ら三人の漂流民を日本に送り届けたアダム・ラクスマンは、長崎への入港許可証を一枚与えられたにすぎなかったが、ミルレルによれば「日本皇帝はロシア人が毎年一隻ずつ商品を積んで長崎に入港することを許可した」というのである。ラクスマン一族は少なくとも一八世紀の末まではイルクーツクに住んでいたはずなのに、また使節に随行しうか。

た通訳や商人たちは著者と面識があったと考えられるのに、これほど致命的な事実誤認がなぜ生じたのだろうか。

不思議といえば、ニコライ・コロトゥイギンこと新蔵の果たした役割である。本文中に彼の名前は全くあらわれない。また石巻漂流民のうちいち早くロシアに帰化してピョートル・キセリョフと名のった善六も登場しない。善六は漢字が読めて、新蔵に劣らずロシア語にも通じていたのだが。

私の結論を言えば、ミルレルの著述に対する新蔵の貢献は、たとえあったとしてもごく小さなものだったと思う。日本の軍隊の規模について、また国家の歳入や歳出について、新蔵が情報を提供したとは考えられない。せめて日本国内の地名については、新蔵の「校閲」の目がおよんだのではないかと期待されるのだが、結果はかならずしもそうなっていない。たとえば次のような表記が行なわれているのである。大和→ヤマコ、武蔵→ムザジ、駿河→サルンガあるいはシリンガ、富士→フェジ。

漂流民の存在が役立ったと思われる個所が一つだけある。「日本人の起源」の中でミルレルは日本人の体つきをごく大ざっぱに一般化して、「中背、平板な顔、大きな耳、小さな目、低い鼻、黒い髪、あさ黒い肌」を共通の特徴としているのである。ここだけは著者も自信をもって断言している。

書物の扉にあるようにコロトゥイギンが九等官（大尉相当官）まで昇進したのは晩年のことにちがいない。ミルレルの論文が『祖国の子』に発表される七年前に実はコロトゥイギンこと新蔵は亡くなっていた。ミルレルは自分の本に箔をつけるためこの世にいない「生粋の日本人」の名を利用したのではあるまいか。

ミルレルの論文が発表される前年の一八一六年には、ゴロヴニーンの大著『日本幽囚記』が同じく首都で刊行されていた。そこには彼自身の辛い個人的体験だけではなく、日本という国家と日本人についての綿密にして犀利な考察が含まれていた。またゴロヴーニンらの救出に尽くしたリコルドの手記は一八一五年の『祖国の子』誌に連載されたばかりであった。

これらの著述に比べると、ミルレルの作品はかなり見劣りがすると言わざるを得ない。そのことについて、新蔵にはいささかの責任も問われる筋合いはないのである。

タタミの上の外交交渉

大黒屋光太夫の恩人

島国である日本は、かつて海によって国を閉ざしていたが、同時に海によって外界と結ばれてもいた。「鎖国」していた江戸時代にも、予期せぬ嵐によって漂流する船乗りは跡を絶たなかったのである。流れ着く場所はさまざまであったが、極東のロシア領に漂着した者のうち帰国することができたのは、伊勢の船頭大黒屋光太夫とその配下の小市と磯吉の三人が最初であった。

光太夫らが日本に戻れたのは、まず第一に本人の意志が固かったからである。しかしそれだけではなかった。ロシア領アレウト諸島中のアムチトカという絶海の孤島に漂流してから七年目に、イルクーツクにたどり着いた光太夫はこの町でキリール・ラクスマンに出会った。このめぐり合いがなかったならば、光太夫をはじめそれまで生きのこった伊勢の男たちはすべてバイカル湖のほとりに骨を埋めることになったことは疑問の余地がない。

ラクスマンはフィンランド生まれの学者だった。ロシア科学アカデミーの会員であったから、その学識は広く世にみとめられていたのである。イルクーツクの近くにガラス工場を経営してもいた。光太夫からの聞書きをもとに桂川甫周が編纂した『北槎聞略』はこの人物についてこう述べている。分かりやすく現代語に直して引用しよう。

このキリールという人は……官位は大佐クラスで、ウチーテリ（教師）と称して学校の先生をしている。一七の言語に通じ、その上博物学に造詣が深く、実に博覧強記であり、しかも温厚篤実の人柄の持ち主である。前世の因縁でもあったのだろうか、光太夫を親切にしてくれることが尋常一様ではなく、実の親のように面倒をみてくれた。イルクーツクの長官に帰国願いを出してくれたのもこの人である。

願書は三回提出したが、帰国は許されなかった。結局ラクスマンはペテルブルグへの上京にさいして自分の費用で光太夫を同伴し、政府高官に紹介したり、女帝エカテリーナ二世に拝謁させたりなどの工作を通じて、光太夫らの望みをかなえてやることに成功したのだった。

ロシアの政府は光太夫らの送還を機会に、日本との交易を開こうとした。その目的のために、イルクーツク総督ピーリの名で、詳細な命令を使節に与えた。日本に派遣される最初の使節に選ばれたのは、ラクスマンの次男のアダムだった。アダム・ラクスマンはそのとき二六歳の陸軍中尉にすぎなかったから、この選考にさいして父親キリールの意向が大きく働いたことは明らかである。

キリール・ラクスマンが単に功利的な動機から漂流日本人を庇護したのでないことは言うまでもない。日本との国交が開けることは彼の念願でもあった。この博物学者はいつの日か自ら日本におもむき、学術調査を行なうことを希望していたからである。恐るべき情熱といおうか。

根室で越冬中のラクスマン（右端）使節の一行
左から３人目が大黒屋光太夫〔天理大学附属天理図書館蔵〕

差し当たっては、オランダ商館に勤務したスウェーデン人ツンベルクの著述から名前を知った二人の日本の学者に手紙を書き、光太夫に託すことで満足することにした。名宛人はともに蘭学者であったことは間違いなく、そのうちの一人は将軍の侍医で、前述の『北槎聞略』を編むことになる桂川甫周であった。

その時代の日本には、キリール・ラクスマンのような開いた心の学者を生み出す条件が欠けていた。

光太夫についての研究

アダム・ラクスマンにともなわれて光太夫らが蝦夷の根室に到着したのは一七九二年一〇月、日本の暦では寛政四年九月のことだった。

光太夫より早くロシアに流れ着いた漂流民としては、大坂のデンベエ、薩摩のソーザとゴンザ、陸奥の竹内徳兵衛の配下などが知られている。彼らの名前はロシアにのこされた資料や、風の便りに日本に伝わった噂などで知られるだけで、彼らのうちだれ一人として祖国に戻ることはできなかった。

古いといえば、もっと早く関ケ原の合戦以前にモスクワの土を踏んだ日本人がいた。カトリックの修道士にともなわれてカスピ海からヴォルガ川をさかのぼり、たまたま一七世紀初頭の動乱に巻きこまれて不幸な最期をとげたキリシタンである。その洗礼名がニコラスだったことがわかっている。

アダム・ラクスマンより前に日本の役人と交渉したロシア人がいなかったわけでもない。安永年間の一七七八年と一七七九年にイルクーツクの商人たちが松前藩の役人たちと会談している。場所は根室からそう遠くない厚岸だった。ドイツのゲッチンゲン大学に所蔵されている絵（本書カバー及び二一九頁）によると、ロシア側の一行は山側に威儀を正して整列し、日本側は数人の役人が二〇人のアイヌ人に荷物を負わせて右から左にすすんでいる。左端に二軒の小屋が立ち、そのかたわらに五脚の床几らしきものが見えるので、このときの交渉はおそらく床几に腰をおろして行なったものらしい。ロシア人が内陸に立って自分たちの舟を山側にひきあげ、反対に日本人のほうが海岸ぞいを歩いていることといい、また床几がかなり腰高のことといい、まるでロシア人が主人であるかのように描かれている。松前の役人が約束の期日よりだいぶ延着したのだった。このときのロシアの代表はドミトリイ・シャバリンといった。一三年後に彼は「先導役《みちさき》」としてアダム・ラクスマンの一行に加わることになる。

松前藩は交易の件については長崎でなければ交渉できないと断わった。そしてこのことを幕府に報告することなく秘密にしていたが、いつしか世間に知られるようになった。

光太夫らの帰国とラクスマン使節の来訪は、やはり日本とロシアの関係の中で画期的な事件であった。アダム・ラクスマンは正式にロシア政府の意志にもとづいてシベリア総督によって派遣された使節であり、日本側もまた幕府が正式な代表を選んで交渉に当たらせたからである。二つの国の代表が直接顔をつき合わせたのはこれがはじめてだった。

光太夫の漂流とロシアでの体験については『北槎聞略』があるし（最近になってくわしい注をつけて岩波文庫に収められた。現代語訳も雄松堂から出ている）、亀井高孝氏の書いた伝記や研究書も吉川弘文館から刊行されている。また一九九二年には光太夫帰国二〇〇年記念として井上靖氏の小説をもとに「おろしや国酔夢譚」という映画がつくられた。同じく一九九二年にはラクスマン使節来訪の状況と幕府の対応を詳細に論じた木崎良平氏の労作『光太夫とラクスマン——幕末日露交渉史の一側面』が刀水書房から出版された。調査の綿密さと視野の広さにおいて、また問題意識の明確さにおいて、木崎氏の研究は出色のものである。

私はここで屋上に屋をかさねるつもりはないが、念のために、出国から帰国までちょうど一年かかったラクスマン使節の日本渡航の成果を先まわりして述べておけば、ロシア側は漂流民を幕府に引きわたし（ただし三人のうち小市は根室越冬中に亡くなっていた）、交易開始の申込みについては長崎が交渉の場所と申しわたされ、同港への入港許可証を受取るにとどまったのだった。

風習の相違から

私がこの小論で注目したいのは、日露間のはじめての外交交渉の過程で明らかになった両国間の考え方の相違である。意見の食いちがいというよりも、生活習慣のちがいに起因する衝突がまず発生した。それは二つの国の使節たちが会談のためにどのように向き合うか、というレヴェルの話だった。

ロシア人たちは光太夫らとともに根室に上陸すると、越冬用の宿舎をつくった。その室内での使節団の面々を描いた絵がのこっている。日本人のだれかが写生したのである（二五一頁）。この絵には正使ラクスマン、船長で副使のロフツォフ、それに光太夫など八人の人物と一匹の犬が見られるが、そのうちラクスマンはじめ三人がベッドや椅子に腰をおろし、あとは立っている。床にすわっている者はだれもいない。ロシア人としてはこれはごく当たり前のことで、彼らにとって床にすわって客と会うなどということは想像を絶していたにちがいない。

さて、アダム・ラクスマンらの一行が幕府の使節と会談するため根室から松前に到着した一七九三年七月一六日（寛政五年六月二〇日）の夕方、二人の幕府の役人がラクスマンをたずねてきた。使節同士の対面が翌日行なわれることになったので、どのような儀式で挨拶を交わすか打合せに来たのである。日露双方に伝わる資料でわかっているのだが、ここではラクスマンの日記によると、幕府側が提案したのは「日本流に靴をぬぎ、膝をまげてすわり、地に頭をつけておじぎをする」ことだった。これは要するに平伏の礼のことらしい。それに対してラクスマンはこう答えた。「そんなことはすることができない。第一に服装が異なるし、ロシアのみならずヨーロッパのどこでも、神に対する場合は別として、そんな卑屈なおじぎは国王に謁見するときでも決してしないのだから。」

その結果、幕府の使節はタタミにすわり、ラクスマンらは椅子に腰をかけて対面するということになった。椅子はタタミの上におかれたのだろう。松前のロシア人宿舎には真新しいテーブルや椅子や長椅子がしつらえられていたというから、日本側が気を利かしてあらかじめ準備しておいたものと思われる。根室で前もってロシア人の立居振舞いを観察する余裕があったのである。

これと似たようなことが、六〇年後に長崎でおこった。プチャーチン使節がやってきたときのことである。長崎奉行の役宅、つまり官邸での会見のさいに、日本側の全権使節たちはタタミを何枚かかさねてその上にすわり、ロシアの代表たちは椅子あるいは肘つきの安楽椅子に腰をかけた。その椅子は軍艦から水兵たちに

長崎で会談する日本側全権団とプチャーチン使節団（1854 年）
（『大日本古文書　幕末外交関係文書之三』より）

運ばせたのだった。日本側の全権の一人川路聖謨の日記によれば、日本の全権も床几を用いようというアイデアがあったらしいが、実現にはいたらなかった。このときの会談の様子は『幕末外国関係文書』に収められた何枚かの絵によって視覚的に確かめることができる。（プチャーチンの随員のモジャイスキイが描いた絵によると、下田で会談したときには日本側の全権たちも比較的低目で覆いをかぶせた床几らしきものに腰をおろしている。一年のあいだに「学習」したのかもしれない。）

対等の資格で交渉を行なう当事者が、一方はタタミにすわり、他方が椅子に腰をかけているという光景は、現在のわれわれの目から見れば実に珍妙で不自然であり、滑稽にさえ思われる。両者のあいだに机が立っていないことも少なくなかった。この不釣合、間の悪さは、結局のところ日本人が西洋人にならって椅子を公式な生活に取り入れることによって解消している。

もっとも、われわれはいまだに全面的に椅子の生活に移行してはいない。昼間の会社や役所や学校では椅子を用い、夕方帰宅してからの私的な空間ではタタミに座ブトンという二重生活からすべての日本人が脱却したわけではないからである。このことは、場合によって和服と洋服を使いわけたり、文章をタテにもヨコにも書いたりする習慣とならんで、われわれの生活様式の大きな特質をなしている。

ここで確認しておかなければならないのは、「異狄」（川路は相手を「魯戎」とも呼んでいた）の使節と話し合うためタタミの上にすわっていた当の日本人たちは、当然のことながらそのような対面の仕方を不自然とも珍妙とも考えなかったことである。彼らはまもなく日本人が椅子を採用することになろうなどとは夢にも思わなかったにちがいない。それはプチャーチン来訪後一五年目に幕府が崩壊することをだれ一人予想しなかったと同じである。

思想の相違から

風俗習慣のちがいよりもう少し抽象度の高い衝突もあった。

ラクスマン使節がエカテリーナ号で根室に入港したのはロシアの暦で一七九二年一〇月九日（寛政四年九月五日）、光太夫と磯吉の二人の身柄が正式に日本政府に引きわたされるのは翌年の七月二〇日（六月二四日）である。つまり、彼らは日本の土を踏んでからさらに九カ月あまりもロシア人と起居をともにしていた勘定になる。漂流民は心ならずも鎖国の禁をおかした未決囚のような立場にあった。それにしても九カ月は長すぎる。むろんこれは日本側の責任である。幕府の対応が敏速でなかったからだ。

通信や交通の手段が現代ほど発達していなかったことを考慮しなければならないのは当然である。それに、ラクスマンたちの来訪は青天の霹靂《へきれき》のように突然だったから、情状酌量の余地はある。（これに反して、一八〇四年のレザーノフ使節、一八五三年のプチャーチン使節の来日については、事前に予告があったり予想がついたりしていたにもかかわらず、幕府の対応は相手側にいちじるしい不快の念をいだかせるほど鈍かった。)

ロシア使節が到着したことはひと月あまりのち、邦暦で一〇月一九日に松前藩の江戸邸から幕府に報告された。それから半月後に石川将監と村上大学の二人の応接掛が任命されるが、彼らの出発はさらに二カ月半たった翌年の一月二二日である。松前藩はむろんのこと、南部と津軽の両藩にも幕府が出兵を命じて警戒体制をとったためらしい。ひょっとしてロシア軍が攻め寄せてくるかもしれないと恐れたのだろうか。

ラクスマンが日本の役人と最も困難な折衝を重ねたのは、松前においてではなくて、越冬地の根室から会談予定地の松前までどのようなコースをとるかという問題をめぐってだった。ラクスマンはエカテリーナ号に乗って直接松前へ航行すると主張した。日本側は彼らが陸路で松前におもむくことを求めた。この談判はなかなか決着がつかず、出発までにひと月あまりかかっている。結果はどうなったかといえば、よくあるように両方の言い分を「足して二で割った」形で落着した。すなわち、根室から内浦湾砂原までエカテリーナ号が航行し(ただしこの場合でも日本の船が連れ立っていく)、そこから先は陸路をとることで双方が折り合ったのである。もっとも実際には霧のためにエカテリーナ号は日本の船とはぐれ、航路を変えて砂原よりもっと先の箱館湾にはいり、のちにそこから帰国することになる。

なぜ日本側は陸路にこだわったのであろうか。理由は明白である。ラクスマンは最初からまっすぐ江戸へ向かい、幕府に直接漂流民を引きわたしたいという希望を表明していた。ピーリ総督からそのような指示を受けていたのである。幕府の役人としては、エカテリーナ号がいったん根室を出帆したら、そのまま江戸へ向かうのではないか、そのことを何よりも心配したのである。

現代のわれわれの感覚からすれば、重要な国事たる外交交渉なら尚更のこと、松前のような辺陬《へんすう》の地ではなくて、政府のある首都で行なうべきだと考えるところである。江戸時代の日本人の考え方はこれとちがっていた。外国船の渡航は江戸からはるかにはなれた長崎に限定していた。交易を許した唯一の西洋人たるオランダ人は出島にとじこめていた。ラクスマンらに箱館での散歩すら許さなかったのも不思議ではない。ラクスマンが松前でわたされた手紙にはこう書かれていた。「兼ねて通信なき異国の船、日本の地に来る時は或いは召捕又は海上にて打払うこと、いにしえより国法にして、今もその掟にたがうことなし。たとえわが国より漂流したる人を送り来るというとも、長崎の外の湊にしては上陸のことをゆるさず……」

要するに、「鎖国は天下の祖法」という思想が政府はもとより、おそらくは庶民一般にいたるまで深く浸透していたのである。右に挙げた川路聖謨は幕閣で勘定奉行の重職にあり、プチャーチンに随行した作家ゴンチャローフから「国際的に通用する賢明な人物」と折紙をつけられたほどの逸材だったが、彼ほどの柔軟な頭脳の持ち主にしても、外国人は「異狄」であり、異国との交易は行なうべきではない、という考えにとらわれていた。一九世紀の川路を一八世紀のキリール・ラクスマンと比べてみるとき、両者のへだたりの大きさにわれわれは驚かされる。

同時代の外国の事情に通じていた幕府の高官ですらそのようであったから、草莽の志士たちが日本を神国と思いこみ、勤王とならんで攘夷を唱えたのもごく自然の成り行きだった。彼らの信念の固さたるや、それを否定する論敵を殺害することさえ少しもはばからないほどだった。

鎖国は疑問をさしはさむ余地のない常識としてまかり通っていたのである。実はこの常識が誤りであって国際的に通用しないことを認識するところから、日本の近代化がはじまったことは言うまでもない。現代の日本人の常識の中にも少なからず誤った固定観念があるのではないか。

榎本武揚のシベリア紀行

はじめに

一八七五年（明治八年）の春、ロシア帝国の首都サンクト・ペテルブルグでいわゆる樺太・千島交換条約が締結された。それまで日本とロシアの国境が未画定だったサハリン（樺太）全島をロシア領とし、その代償として分割統治していたクリール（千島）列島のすべてを日本の領土とみとめることを取りきめたものである。このとき露都でロシア側と交渉の任にあたったのが榎本武揚である。

よく知られているように、榎本は幕臣だった。幕府瓦解ののち箱館の五稜郭に立てこもって官軍とたたかった。降伏して二年半ほど獄中生活を送り、許されてからしばらくは北海道開拓にたずさわる。ロシアに派遣されるのは、出獄後三年目にあたる一八七四年である。彼は赴任に先立って海軍中将の位を与えられていた。

その刮目すべき閲歴のわりには功績が知られないことを惜しんで、加茂儀一が「明治日本の隠れた礎石」という副題をつけて榎本武揚伝を著わした（中央公論社、一九六〇年）。榎本の没後半世紀あまりのちの一九六〇年のことである。その後、主として日記と書簡を収めた『資料榎本武揚』（新人物往来社、一九六九年）も加茂によって編纂された。加茂が書いた榎本の伝記はきわめて周到なもので、名著と呼ぶにふさわしい。

外交官としての榎本はロシアとのかかわりが深かった。筆者はとりわけ、ペテルブルグ駐在時代（一八七四―一八七八）の榎本の業績、帰国にさいしてのシベリア横断の旅に興味をそそられている。前者については榎本がしたためた家族への書簡、後者については彼の「シベリア日記」にもとづいて、加茂の伝記の中でかなり光があてられているが、ソビエト崩壊後の新体制のもとでロシア側の外交史料が利用できるようになれば、一段と解明がすすむであろうという期待がもたれる。

ここではさしあたって、榎本のシベリア旅行をあつかった加茂の論述に関して、いわば補注として役立つことを最大限の目的としている。

経路

榎本がシベリアの旅を思い立つにいたった経緯とその目的については、加茂の伝記の中でくわしく述べられている。まず隣接する強大国の国情を知ること、貿易の可能性を確かめること、そして蝦夷地（北海道）開拓について参考とすべき点を視察することなど、課題は多岐にわたっていた。

榎本には三人の同行者がいた。公使館通訳の市川文吉、ペテルブルグで銅版技術を学んでいた大岡金太郎、それに留学生の寺見機一である。加茂が二人としているのは誤りである。市川を数えおとしたのだった。榎本の「シベリア日記」の巻末に附された旅行費用計算書から、市川が従者の格で公使榎本に随行していたことがうかがわれる。

一行の経路は「シベリア日記」から明らかであるが、以下の叙述の便宜のため、まずここに摘記しておく必要があろう。

一八七八年（明治一一年）　なお、以下の日付は日本の暦を含む陽暦であって、露暦ではない。
七月二六日夕刻　ペテルブルグ出発（鉄道）
七月二七日午前　モスクワ到着
七月二八日夕刻　モスクワ出発（鉄道）
七月二九日午前　ニージニイ・ノヴゴロド到着
七月三〇日午前　ニージニイ・ノヴゴロド出発（汽船）
八月二日深夜　ペルミ到着
八月三日夕刻　ペルミ出発（馬車）
八月五日正午　エカテリンブルグ到着
八月六日夕刻　エカテリンブルグ出発（馬車）
八月八日夕刻　チュメーニ到着
八月九日夕刻　チュメーニ出発（馬車）
八月一五日午前　トムスク到着
八月一六日夕刻　トムスク出発（馬車）
八月一八日深夜　クラスノヤールスク到着
八月二三日午前　クラスノヤールスク出発（馬車）

八月二八日夕刻　イルクーツク到着
八月三〇日午後　イルクーツク出発（馬車）。当日夜、バイカル湖を汽船でわたる
九月一日夜　キャフタ到着
九月三日正午　キャフタ出発（馬車）
九月三日夜　セレギンスク到着
九月四日夕刻　セレギンスク出発（馬車）
九月八日夕刻　ネルチンスク到着
九月一一日朝　ネルチンスク出発（馬車）
九月一一日夕刻　スレチェンスク到着
九月一三日正午　スレチェンスク出発（汽船）
九月一七日深夜　ブラゴヴェシチェンスク到着
九月一九日早朝　ブラゴヴェシチェンスク出発（汽船）
九月二一日夕刻　ハバロフスク到着
九月二三日午後　ハバロフスク出発（汽船）
九月二八日　カーメンヌイ・ルィバロフ到着
九月二八日　カーメンヌイ・ルィバロフ出発（馬車）
九月二九日　ラズドーリノエ到着
九月二九日正午　ラズドーリノエ出発（汽船）

九月二九日　　レチノイ到着
九月二九日　　レチノイ出発（軍艦）
九月二九日夕刻　ウラジヴォストーク到着

ペテルブルグからウラジヴォストークまで六六日間、ほぼ一万五〇〇〇キロの旅であった。榎本は主要都市間の距離をロシアの単位であるヴェルスタ（いわゆる露里。一・〇七キロに相当）によって几帳面に記録しているので、計算が容易にできるのである。

榎本一行が利用したのは、当時ヨーロッパに住むロシア人が陸上で極東におもむく場合の最も普通のルートであった。つまり、鉄道でニージニイ・ノヴゴロドまで行き、そこからヴォルガ川とカマ川を利用してウラル山脈の中のペルミに着く。その後はシルカ＝アムール水路まで馬車か橇を使うという方法である。ペルミから東はいわゆるシベリア街道であるが、主要な都市で榎本らが迂回しているのはオムスクのみである。宿駅ごとに馬を替える必要があるので、街道を大きくそれることは不可能であった。

もっとも、鉄道が徐々に西から延び、八年後の一八八五年にはペルミからチュメーニまで開通する。作家のチェーホフは一八九〇年のサハリン行きのとき、チュメーニまで汽車に乗った。旧満州を通る東支鉄道を含めてシベリア鉄道の全線が完成するのは二〇世紀の初頭である。海軍士官の広瀬武夫は一九〇二年の一月に早速それを利用している。（ただし、スレチェンスクからハバロフスクまでは橇の旅であった。）ハバロフスクとウラジヴォストークのあいだはすでに鉄道が営業をはじめていた。

シベリアに鉄道のレールがのびる速度はロシア資本主義の発展を象徴している。

旅の速さ

ペルミからスレチェンスクまでは馬車の旅だった。その距離は榎本の計算にしたがえば五一四五ヴェルスタである。都市での滞在を除きこの車行に要した日数は二四日である。馬車は夜も走らせたから、単純に計算すれば、一昼夜に二一四ヴェルスタ、すなわちほぼ二三〇キロということになる。これは驚くべき速さである。

榎本より約九〇年前の一七九一―一七九二年に漂流民の大黒屋光太夫がイルクーツクからペテルブルグまで橇の旅をした。往復とも冬であった。そのときの速さが一昼夜に約二〇〇キロである。道が悪い場所では、キビトカと呼ばれる数人乗りの大きな箱型の橇一台に馬を二六頭つないで飛ばした、と帰国後に光太夫は語っている。

チェーホフの場合はチュメーニから馬車を使った。五月三日にチュメーニを出て六月二〇日にスレチェンスクでシルカ川の汽船に乗るまでに四九日を要した。同じ距離を榎本らの一行は三六日で通過している。この差がどこから生じたかは明白である。まず第一に五月はシベリアの春の出水のシーズンであった。原野をおおっていた雪や氷が解けて、大河が川幅を一層ひろげる時期にあたっていたのである。チェーホフはしばしば渡し船を待たされた。榎本は天候のためにいちじるしく妨害をうけたことはなかった。

第二の理由はもっと重要かもしれない。日本公使の帰国の旅はシベリア街道のすべての官憲に事前に知らされていた。都市の近くでは、士官が出迎えや見送りにあらわれさえした。したがって宿駅ごとに馬の提供をめぐって、駅長とやり合う必要はなかった。プーシキンの小説『駅長』からも知られるように、宿駅に着くごとに最も身分の低い官吏である駅長から新しい元気な馬を手に入れることは非常な難事であったらしい。その馬が榎本らの一行にはいつも一二頭必要だった。タランタスと呼ばれる四輪有蓋の旅行用馬車二台に四人が分乗し、それぞれの馬車を四頭立てでひかせ、二頭ずつ予備としたからである。駅ごとにこれほど多くの馬がそろうのを待たされていたら、榎本らの旅ははるかに長びいたにちがいない。もっとも、馬には官有のものと私有のものがあり、日本公使がつねに官有の馬を入手できたわけではない。あとでふれるように、両者のあいだには料金に二倍以上の開きがあった。

ついでながら、一八九二年に単騎でシベリアを横断した陸軍士官福島安正の場合はどうであったか。彼の談話によると、最も条件のよい場合でも一日に五〇キロを騎行することはむずかしかったようである。福島はシベリア街道を逸れ、アルタイ―モンゴルという経路をとったが、コースが重なっているイルクーツク―スレチェンスク間だけで比較しても、榎本の一三日に対して福島は二一日を必要としている。

ちなみに二四年後の広瀬武夫は一月一七日にモスクワを鉄道で出発して、イルクーツクには一〇日後の二七日に着いた。神速だった榎本の旅の日数をさらに三分の一以下にちぢめたのだった。現在のシベリア鉄道では四日の距離である。

旅の困難

シベリアを旅したのは官吏や軍人ばかりではない。ロシア本土からは移住民や囚人や巡礼たちもシベリアへ向かった。彼らは主としてシベリア街道を足で歩いたことであろう。

歩くのに比べれば馬の力をかりる馬車や橇ははるかにぜいたくであったが、それにはそれなりの苦しみもあった。

榎本は武士らしく日記の中にあまり泣き言を書かないたちだったが、それでも馬車に乗りはじめたころにはこんな文言を書きつらねている。

車中ノ動揺ハ実ニ言語ニ絶シ、少シモ眠ルヲ得ズ。……此ノ動揺ハ頭ヲ打チ尻ヲ叩キ、中々大風浪中船ニ駕スルヨリモ体ハ疲レリ。（八月四日）

たらんたすハ真ニ拷問道具ニシテ、我等一同既已ニ厭ヲ生ジタ［リ］。……（八月七日）

その後も榎本は道路の良し悪し、馬車のゆれ工合を日記にしるしている。しかしそれはもはや不満というより、客観的な記録の観を呈している。

馬車におとらず榎本を苦しめたのは昆虫である。さすがにモスクワで投宿したホテル、スラヴャンスキイ・バザールにはいなかったけれども、そこから先はいたるところで南京虫におそわれ、いちじるしく睡眠をさまたげられた。旅館はむろんのこと、土地の豪商に宿を提供されたときですら、「わんどろいす（オランダ語で南京虫——中村）ノ為ニ寝ラレズ」という事態がしばしば生じた。防虫用の粉末を携行したが、完全には効き目はなかったようである。夏のシベリアの名物ともいうべきブヨやカやハエやハチにもなやまされた。

斯ル「エスコルト」ニハ敗北セリ（八月二三日）

とおどけている。

チェーホフや福島中佐とちがって空腹についての不満が一回も見当たらないのは、あらかじめ食料を用意した(費用計算書からそのことが知られる)ためもあろうし、その筋の命令で宿駅での接待にぬかりがなかったという事情にもよろう。

旅のあらゆる困難にもかかわらず、榎本が毎日の詳細な記録を欠かさなかったこと(例外はクラスノヤールスク滞在中の八月二〇、二一、二二日の三日間のみ。理由は不明)、都市に着くごとに当局の歓迎行事に付き合い、さらに近辺の見学や視察を怠らなかったことは驚嘆に値する。

旅情

加茂は言う。「シベリアの荒野を馬車に揺られて旅行をつづけたのも、シベリアの実情を知ることが日本のためになるという考えによって夢中になっていたからである。彼のシベリア旅行は単なる視察や見物ではなく、彼の国を思う情熱から出たものであった。」

榎本は軍人といっても、戦略家というよりは技術者であった。したがって彼の観察は産業技術や自然・人文地理の面でとくに精緻をきわめている。なかんずくシベリアの特産ともいうべき砂金の採取状況は彼の関心の的だった。ネルチンスクでは二日を費やして町から六〇キロあまりはなれた採取場へ泊まりがけで足をのばした。街道ぞいの土壌や農作物にたえず注意を払い、日々の温度を忘れずに計測した。これらは北海道の開拓という事業が榎本の念頭を去らなかった結果と考えられる。

いたるところで軍隊の配備や兵力に目を光らせているのは当然としても、各地で物価表まで作成した努力には恐れ入るほかない。馬車をとめてあわただしく食事をしながら駅長にさまざまな商品の価格をたずねたこともあれば、イルクーツク滞在中従者たちが観劇におもむいたあと、ひとり宿舎で物価表を編むようなこともあった。

経済への関心は、日本からの商品輸出の見通しをつけたいという意欲と結びついていた。中国からの茶を積んだ荷馬車としばしば出会ったことは、キャフタをおとずれて交易の実況を検分する動機となった。アムールの汽船を使えば、日本産の茶もシベリア市場で中国茶と充分に太刀打ちできようというのが榎本の得た結論であった。

シベリアで目にしたもろもろの異民族のことも日記に書きもらさなかった。とりわけブリヤート人が彼の興味をひいた。ブリヤート語がモンゴル語と同一であることをつきとめ、三〇語ほど単語を書きとめているところに榎本の面目が躍如としている。彼は筆まめな民族学者であると同時に、当時の日本人としては珍しいポリグロット（多言語使用者）であった。

榎本は海軍士官として出発した。航海日誌をつける習慣が終生身についてはなれなかったのである。とはいえ、榎本の日記は単なる視察報告書ではない。美しい風景は彼の心に感銘を与えた。とくにバイカル湖とアンガラ川周辺に対しては「甚ダ好景ナリ」、「景色畫ノ如ク殆ンド筆スベカラズ」、「道路ハ甚タ雅致アリ……風景絶佳」というような賛辞をつらねている。

榎本の心をうつ美は風景にかぎらなかった。チュメーニではある商人の家に宿をとった。その日の記録。

家婢ニまりート云ウ一美人アリ。年十九バカリ。しべりあヲ経過セシ人ハ皆是家婢ノ美ヲ盛称ス……

予ガ部屋ニハ男ノがるそんニテ魯語ヨリ外ハ外国語ニ通ゼザル者付添居レリ。而シテ彼ノ美婢戸外ヨリ折々室内ヲ秋波シ去ルノミ。不幸ト謂フベシ。呵々。

九月六日、ヤブロノイ山中の小駅ではこんな出来事があった。

此ノ駅ニテぶらごうえしちぇんすくへ行ク一家内ノ待合セ居ルヲ見タリ。我等ノ発後ニアラザレバ馬ヲ得ル能ハザルヲ以テ発程ヲ待テリ。中ニ美姉妹二人アリ。齢破瓜ヲ過グ。頗ル人ヲシテ心酔ハシム。

「破瓜」はこの場合、一六歳のこと。同じ言葉を榎本は九月二二日ハバロフスクでもう一度使うことになる。ある富裕な商人が文盲であることに驚いたあとでこうつけ加えているのである。

然ルニ此人ノ娘ハ人ヲシテ心酔セシムル程ノ美小艾ナリ。齢十八歳許。

江戸時代に生を享けた教養人らしく、榎本はシベリアの旅のあいだに漢詩五篇と和歌一首をつくった。最もすぐれていると思われる詩と和歌を挙げておく。

奉使星槎万里遷　西望鳥嶺白雲間
一条官道坦如砥　屈指三旬不見山

故郷の雪より寒しシベリアのエラウの原の秋の夜の月

福島安正も冒険旅行中まるで日記の代わりのように次々と漢詩を詠んだ。広瀬武夫はプーシキンの抒情詩を漢訳し、相聞歌をロシア娘に贈った。旅の速度は増したとはいえ、現代の日本人は文学の素養において明治の先輩よりいちじるしく退化したことは疑いの余地がない。

旅の費用

榎本の「シベリア日記」に付された「費用計算書」は単なる数字の羅列とはいえ、多くの興味深い事実をわれわれに教えてくれる。筆跡が榎本自身のものではないというから、おそらく市川文吉の手になるものであろうか。

費用の合計は三二八六ルーブリ六一コペイカ、これは邦貨で一九六八円三銭に相当した。この当時、一ルーブリは六〇銭という換算率だったのである。

汽車と汽船ではいずれも一等が一人分、二等が一人分と計上されている。榎本と市川は分かれて乗ったのである。大岡と寺見は別勘定だったことになる。馬車は二台買入れたが、この計算書にはいずれも半額ずつ計上されている。割勘にしたのである。

交通費は二人分と荷物の運搬費を合わせて、ペテルブルグからモスクワを経由してニージニイまでの汽車賃が一五九・八八ルーブリ、汽船代はヴォルガ＝カマ航路で五一・四〇ルーブリ、シルカ＝アムール＝ウスリー航路で二三七・〇五ルーブリだった。

これに対して馬車購入のための費用は三三五ルーブリ、宿継ぎの馬を雇うために合計八二九・一四ルーブリを支払わなければならなかった。

つまり、ごく大雑把に言って、汽車と汽船の場合は一人が一キロ移動するのに五コペイカ要しただけなのに、馬車の場合はその二倍以上の一二コペイカかかったことになる。馬車の修繕代、食費、宿泊代などの付帯費用をすべて加えれば、この差はさらにひろがるはずである。馬車の旅は時間だけでなく、経費も余計にかかったことがわかる。

宿駅で提供される馬には官有馬と私有馬の別があった。ペルミからチュメーニまでは私有馬で、料金は馬一頭一ヴェルスタ走らせるのに四コペイカであった。官有馬ならそれが一コペイカですんだ。しかしシベリアを東にすすむと料金は高くなり、クラスノヤールスクから先は官有馬でも一ヴェルスタあたり三コペイカの料金を請求されている。

いずれにしても、旅行費用の半分は乗車代と乗船料、それに馬車代と馬代のために費やされたのである。その他の大きな費用の一つは宿泊代であった。ペテルブルグを出てウラジヴォストークに到着するまでに宿泊したのは一三カ所であるが、そのうち料金を支払ってホテルに泊まったのはモスクワ、ニージニイ・ノヴゴロド、エカテリンブルグ、マルコフスカヤ村、トムスクだけで（費用は合計二二・七一ルーブリ）、ペルミならびにチュメーニから先はすべてそれぞれの町の大商人が無料で部屋を提供した。これは僻遠の地に賓客を容れる設備をもった旅宿がなかったせいかもしれないし、あるいは都塵をはなれればはなれるほど、ホスピタリティの心が篤くなる証拠かもしれない。

食料の購入に要した費用は合計で三〇〇ルーブリほど、アムールをはさんでブラゴヴェシチェンスクの対岸にあるアイグンで清国政府代表者を表敬訪問したときと、ウラジヴォストークでの会食費が合わせて一五五ルーブリかかった。ウラジヴォストークではおそらく長旅が無事終了したことを祝い、ロシア人を招いて盛大な祝宴を張ったのかもしれない。ちょっと驚かされるのは馬車の馭者をはじめホテルの召使や料理人や番卒や送迎の兵士たちなどに与えたチップが支出項目の数としては最もおおくて、その総額が四二〇ルーブリにのぼっていることである。これは費用総額の一三パーセントにあたる。二、三の例を示せば、ペルミからエカテリンブルグまでの馭者には一二ルーブリ、エカテリンブルグからの「附添羅卒小頭」へ三ルーブリ、「同附添羅卒共」へ三ルーブリ、「馬車及荷物番卒」へ一ルーブリといった調子である。チュメーニの例の「美婢」のいる商人宅では「召供共」へ一二ルーブリをはずんでいる。

むろん、ロシアの風習がそれを命じていたし、一国を代表する公使としては、酒手を惜しむことができなかったにちがいない。

榎本が通過してから一四年後に福島安正がネルチンスクをおとずれた。福島は榎本と同じブーチンという富裕な商人の邸宅に宿を与えられた。主人は榎本のことを懐かしそうに語ったという。榎本はのちの同胞のためにも後を濁していってはならなかったのである。

掛け金としての函館

市立函館図書館

「卒論のテーマだって？　それなら日露交渉史をやりたまえ。古い日露関係を調べたかったら、函館図書館を訪ねなさい。」

私は一橋大学でロシア語を勉強したが、恩師の金子幸彦先生はゼミの学生にいつもこう言ってすすめられた。「岡田健蔵という人が個人で収集したコレクションが元になっているんです」とつけ加えたから、先生は図書館創立の経緯についても通じているようだった。

私は不肖の弟子で学生時代には日露関係にさして関心をもたなかったが、大学院在学中に青函連絡船に乗って函館をおとずれたことがある。むろん図書館を参観するのが目的だった。

その前年、金子ゼミの学生たちが数人、修学旅行のように先生に引率されて函館へやって来て、一週間ほど図書館へ日参していた。ゼロックスなどまだこの世に存在しなかったころで、必要な文献はせいぜい写真にとるか、ノートに書き写すしかなかった時代である。写真はフィルムを現像して大きく引き伸ばすとかなり経費がかかった。私は日本で出たロシア語の新聞があるとか、江戸時代の手書きのロシア語辞書まで見てきた、などという後輩たちの手柄話を聞かされ、翌年の夏休みに生まれてはじめて津軽海峡をわたったのである。

私は図書館の蔵書の中で和書では何、洋書では何が一見するに値するか、その請求番号は何か、などということまで行きとどいた助言を受けていた。かえってそのせいだろうか、このときにどんな資料を閲覧したかはまるで記憶にのこっていない。鮮明におぼえているのは、図書館の近くの寿司屋で食べたウニのすしがすばらしく美味だったことだけである。受け身の勉強がいかに身につかないかの見本である。最初の旅は知識をふやす点では意味がなかったが、函館という町がもっている不思議な魅力は印象にふかく刻まれた。

それから数年して二度目に函館図書館に出かけたときには、目的意識がはっきりしていた。ヨシフ・ゴシケーヴィチ編橘耕斎協力の『和魯通言比考』を調査に行ったのである。ゴシケーヴィチはロシアから派遣された最初の領事で、幕末の七年間箱館に駐在した。その前はプチャーチン使節団の一員として来日したことがあった。役目は中国語通訳である。そのときの旗艦ディアナ号が下田港で津波にあい、まもなく沈没してしまった。やむなくドイツの船で帰国する途中、クリミア戦争で交戦中のイギリス軍艦につかまって捕虜になった。結局インド洋まわりで英国に運ばれ、そこからペテルブルグへ戻されることになる。そのとき一人の日本人がロシア兵のあいだにまじっていた。ゴシケーヴィチと伊豆半島の戸田で知り合い、密出国した橘耕斎である。

多分耕斎に依頼して入手したのであろう、ゴシケーヴィチは手もとに数冊の日本語の辞書をもっていた。節用集と呼ばれるイロハ引きの実用的な辞書である。捕虜生活を送っているあいだに、ゴシケーヴィチは日本語＝ロシア語辞書を編んだ。彼自身の日本語の知識はまだおぼつかなかったので、耕斎の助言が大いに役立った。辞書の扉にわざわざ「タチバナ　ノ　コオサイの協力のもとに」と印刷したことからも、そのことが知られる。その辞書『和魯通言比考』は一八五七年にペテルブルグで出版された。本文は四二三ページ、約一万八〇〇〇の見出語をもつ堂々たる内容である。ちょっと誇張して言えば、この辞書を上回る和露辞典はその後数十年間、ロシアでは出なかった。日本でも同様である。その割に日本であまり流布した形跡がないのは、もともと出版部数が非常に少なかったのであろう。私の知る限り、日本では函館図書館、国立国会図書館などに合わせて二〇冊ほど所在が判明しているにすぎない。

驚くべきことに、函館図書館には『和魯通言比考』が二冊あった。一冊はもと開拓使函館支庁に属していたことが蔵書印でわかるし、もう一冊は明治五年にロシアの軍艦ヴィチャジ号の艦長だったナジーモフが日本人の友人リンゴに贈ったものであることが扉の献辞から知られる。リンゴとは何者か、まだ調べはついていないが、この二冊とも郷土史料として函館図書館によって購入されたものである。

ラクスマン使節団

ロシア語の教師になってまもなく、私は歴史家の亀井高孝先生のおともをしてロシアへ出かけることになった。伊勢の漂流民大黒屋光太夫の足跡を、イルクーツクやレニングラードで辿るためである。言語学者の村山七郎先生も同行された。

私の役まわりはポーター兼通訳にすぎなかったが、二人の碩学に随行しているだけでよほど耳学問を積んだような気がする。光太夫が帰国してから将軍の侍医桂川甫周が聞き書きして編んだ『北槎聞略』を改めて読み直したことは言うまでもない。

作家の井上靖氏の小説『おろしや国酔夢譚』はその主たる材料を『北槎聞略』に負っている。井上さんの執筆態度はあくまで史実からはなれぬことだったから、光太夫とその配下の磯吉を日本まで送り届けたアダム・ラクスマンの使節団が松前へおもむく途中、エカテリーナ号で箱館港へはいってきたことも省いていない。箱館から先は幕府の使節が待つ松前まで陸路をとったのである。

ところがこの小説が映画になったときには、どういうわけかロシア人の一行は日本で越冬はむろんのこと、上陸すらしないというように筋立てが変わっていた。箱館から松前まで四五〇人の大名行列を仕立てる費用を節約したのだろうか。

行列の人数が四五〇人とわかっているのは、使節の日記がのこっているからである。アダム・ラクスマンの「日本来航日誌」の全訳が私の翻訳で近日中に光太夫関係の資料集（編集解説山下恒夫氏）に収められるはずであるが、それに先立って二〇〇年前の箱館のロシア人の姿を垣間見てみよう。

根室港で越冬したエカテリーナ号は、日本側との話し合いで絵鞆湾まで航行することになっていた。そのために日本人の水先案内人まで乗りこませていたのだが、霧のため下北半島の尻屋崎に着岸してしまった。あわてて津軽海峡を横断して箱館港にはいったのである。一七九三年（寛政五年）の夏、西暦で七月一五日の午後のことだった。予期せぬことで、箱館の住民もさぞ驚いたことだろう。「おびただしい群衆が小舟に乗って行き交い、中には好奇心から本船に取りついて中に入れてくれと頼む者もいた」とラクスマンは「日誌」に書いている。

翌日は亀田奉行の新井田久次兵衛から二〇匹のオヒョウの差入れがあった。夕方になるとさらに二斗樽の酒が三本贈られてきた。

七月一七日にはこの町の大商人で名望家の白鳥新三郎の邸宅へ入浴と食事に招かれた。戸口には「ロシア人の家」と墨書した板がかけられていた。岸から商人の家までの路上に「おびただしい数の男女がすわったままわれわれを見送っていた」のは、市民が異人見物を楽しんだのである。

根室ではアイヌ人以外役人と商人の手代ばかりで一般日本人には接する機会がなかったから、ロシア側にとっても目の保養になったかもしれない。

白鳥宅の庭をラクスマンは次のように描写している。「西向きの小さな庭は、どこからか大きな石や岩を運んできて巧みに配置し、それをさまざまな苔や灌木で飾り立て、断崖の景観を含む何か寓意的な姿を表わしていた。樹木はモモ、クルミ、オウトウ、それにリンゴであった。」

どうもこの庭園は枯山水だったようである。

日本側にはこの日に供された料理の献立が詳細に記録されているが、ラクスマンは「二つの小卓に並べられた料理は主としていろいろな海草やら貝やらを塩漬けにしたり煮たりしたもので、パンの代わりに蒸した米が出された」とあっさり書き流している。二の膳までついた日本の懐石料理の微妙な味はロシア人にさして感銘を与えなかったようである。

七月二〇日にはまた上陸して散歩する機会が与えられた。「われわれは一人の松前の役人とともに町と向かい合っている北の海岸まで出向いてもよいという許可を得たので、上陸して亀田という村まで出かけた。道の両側に小麦、ヒラマメ、アマ、アサ、エンドウ、それにタバコなどが植えつけられた畑を見た。菜園には次のような野菜が成育していた。カブ、ダイコン、ニンジン、ビート、マメ、キュウリ、それにいろいろなマメ類。牛はといえば、日本人は馬を除いて四つ脚の獣を食用にしないのでその姿を見なかった。家禽もニワトリのほか見当たらなかった。しかしどの家にも犬がいるし、とりわけ猫が多く飼われている。」

アダムは著名な博物学者である父親キリール・ラクスマンの薫陶をうけて、植物と動物については該博な知識をもっていた。ただ明治以前の箱館にビート（砂糖大根、甜菜）が栽培されていたかどうか、それに馬肉を常食していたかどうか、ちょっと疑わしい気がする。

農村部は見物させてくれたけれども、箱館の町内を散歩したいという希望は叶えられなかった。「日本の法律がこれを禁止している」というのが拒否の理由だった。

箱館を出発して松前にむかったのは七月二四日の早朝である。ラクスマンと船長のロフツォフの二人のためには駕籠が用意されていた。

使節団は八月一〇日に箱館に戻ってきた。しかし風待ちのため、オホーツク港に向かって出港できたのは八月二二日になってからで、ロフツォフ船長の命令でこの日の午前五時に大砲が発射された。とくに船長の命令でと書いているところをみると、ラクスマン自身はまどかな住民の夢をさますのに乗り気ではなかったにちがいない。

笹流の旧教徒たち

大学の卒論のテーマに私はロシアの中世文学を選んだ。いろいろな作品を読んでいるうち、とくに興味をかきたてられたのはアヴァクームという僧侶の書いた自伝である。彼は一七世紀の中ごろ、ロシア正教会が断行した儀礼改革に反対したかどで、長いあいだ土牢にとじこめられ、最後には火あぶりの刑に処せられた。牢にいるあいだに自分の生涯を記録につづったのである。儀礼の変更を受け入れないのは、それが信仰の本質をおかすと恐れたからである。アヴァクームと同じように考えたロシア人は少なくなかった。正教会当局は分離派として彼らを破門した。彼らは一般に旧教徒とか古儀式派と呼ばれることになる。国内では弾圧されたので、シベリアのような辺境や国外へ逃亡する者もいた。

旧満州（中国東北部）のハルビンの近くにロマノフカ村をつくったのも旧教徒の一派だった。戦前に出た二、三の本の中で、その村にエレーナさんという日本語を話す若妻がいて、訪れる日本人を親切にもてなすという記事を私が読んだのは十数年ほど前のことだった。エレーナさんの語るところによれば、彼女は樺太生まれで函館育ちということだった。

函館には広く世に知られた日本ハリストス正教会の聖堂、俗称ガンガン寺があり、この地域の正教徒たちの信仰生活の中心になっているが、本来旧教徒は正教会とは一線を画す人びとだった。エレーナさんは函館のどこに住みどうして日本語を身につけたのだろうと私は不思議でならなかった。

そのうちまもなく私は函館出身の作家櫻田正樹さんの小説「北の追憶」を読む機会があった。一九九一年に同じ表題で出版された本に、もう一つの作品「戦いの夏」とともに収められているのである。驚いたことに、「北の追憶」に登場する赤髪の主人公シャチコフスキーは旧教徒だった。彼は町でパンの行商をしていたというのである。

私は失礼とは思ったが、すぐに櫻田さんに電話をかけた。「いや、あれはフィクションですよ。分離派のことはチェーホフのシベリア紀行で知ったのです」というのが櫻田さんの答えだった。

しかし偶然は重なるものである。その直後に日露交渉史にくわしい若い友人の檜山真一さんから、外交史料館で珍しい史料を見つけたという知らせが届いた。発信者は北海道庁外事課、日付は大正一五年で、函館のスタロウェル（ロシア語で旧教徒のこと）の動静についての報告である。函館に旧教徒がたしかに住んでいたことがこれでわかった。

それがきっかけで私は資料を集めはじめ、『地域史研究──はこだて』第一七号に「銭亀沢にユートピアを求めたロシア人たち──旧教徒たちの夢の跡をたずねて」という小文を書くことになる。もっとも、資料を集めたとはいうものの、その大部分は函館図書館に収められていたもので、地元の岡田弘子さんと清水恵さんが探し出して私に教えてくださったのである。

大正年間から昭和の初年にかけて函館市民はよほど旧教徒に関心をいだいていたらしく、函館毎日新聞や函館新聞や函館日日新聞はかなり頻繁に旧教徒の動静を伝えていた。しかも偏見をもって冷やかし半分に書いているのではない。積極的に同情をもって、彼らのけなげな暮らしぶりを報道している。概して旧教徒に属する人びとは真面目で、勤勉であった。男は髭を剃らず、女はいつもサラファンをまとっていたから、どこでも人目につくのである。タバコを吸うこと、コーヒーや茶を飲むことは堅いタブーで、正教徒は言うに及ばず、あらゆる異教徒と一緒に食事をとることも禁じられていたから、多少ともかたくなな人間として煙たがられていたかもしれない。

大正の末から昭和の初めまで、函館にロシア人の大きなコロニーがあったことは、私が改めて書くまでもないことである。元町あたりにあったロシア人クラブのメンバーはひところ数百人をかぞえたともいわれる。東アジア諸国からの移住者や一時的な労務者の数を含めて、そのころが函館の最も国際色に富んだ時期だったのではあるまいか。その中にあって数の上からみればほんの少数派にすぎなかった旧教徒が新聞の社会面の常連になっていることは、函館のジャーナリストの見識の高さを示していると言うほかない。

昭和一〇年ごろまでに旧教徒は函館から姿を消したようである。ある者は北米やオーストラリアに、ある者は中国、とくに旧満州へ、そしてある者はサハリンや内地へと去ったのである。

ラクスマン、ゴシケーヴィチ、そして旧教徒というように、私の関心の糸をたぐっていくと、いつも函館に辿り着く。考えてみればこれは偶然なのではなく、この町が日本とロシアやその他の外国とをつなぐ掛け金の役割を果たしてきたからにほかならない。そしてこのことが函館の町に独特の個性——好奇心に富み開放的な性格——を与えてきたことも容易にうなずけるところである。

私は掛け金としての函館の使命はこれからもつづくにちがいないと信じている。

鳴海蔵書の成立事情

ダーリの辞書

一九二七年一〇月九日、西にすすむシベリア鉄道の車中で鳴海完造氏は一人の鉄道技師と知合いになった。この日の日記に、鳴海氏は「親切なロシヤ人」と付記して、この技師の名前と勤務先を書きとめた。翌日、ソリャルチュークと名のるこの技師は、ロシア語とロシア文学を勉強しにこれからソビエトの首都におもむくという日本の青年にむかって、最も信頼すべきロシア語辞書の名を挙げた。その書名がすぐさまノートに書き込まれたことは言うまでもない。

それからひと月以上たった一一月二一日、すでに冬姿のモスクワの町を散歩していた鳴海氏は、とある古本屋の店先で求める書物を見つけた。その日の日記——

遂にダーリの辞書を発見。立派な装釘のダーリが、すなわち『現用大ロシア語詳解辞典』四巻が、モホヴァヤ通りのこちらから行くと右側の古本屋のショーウィンドウの中に鎮座ましましているのだ。おお、ありがたや！　厚いガラス越しにじっと見つめていたら、涙がこぼれた。目が痛くなったのだ。三〇ルーブリか四〇ルーブリか、いやいや五〇ルーブリくらいは言うだろう。ああ、欲しい。ダーリを手に入れて、それからスィーチン版のトルストイ一〇巻本を買えたら、まず当分落着いて勉強が出来るだろう。

当時のルーブリの価値は現在に比べてほぼ二倍だった。とすれば、三〇ルーブリは相当な大金である。鳴海氏はこのときは残念ながら涙をのまざるを得なかった。宿望を達するのはそれからさらに三週間ほど後のことである。一二月一五日の日記は次のように簡潔にその喜びを表現している。「ダーリの辞書、二五ルーブリでついに手に入れる。万歳！　ウラア!!」

鳴海氏が亡くなってから、やがてもう一年になる。氏が遺された蔵書の整理にはまず竹浪祥一郎氏があたり、のちに池田健太郎氏と私が加わって、幾分お手伝いをした。（その間の事情については、池田氏が『文藝春秋』一九七五年一〇月号に書いている。）鳴海氏の蔵書の全貌が次第に明らかになるにつれ、驚嘆の念とともにわれわれの心におのずと生じたのは、氏がいかにしてロシア文学に関するこれほど組織的・系統的な図書を収集し得たかという疑問だった。たしかに鳴海氏は一九二七年から三五年までソビエトで生活した。氏にとっては満で二八歳から三六歳までの、いわば最も脂の乗りきった時期である。しかし誰でも知っているように、良い書物はカネとヒマさえあれば集められるというものではない。どんなジャンルにせよ精選された書物を網羅的に集めるためには、それなりの見識と根気が必要である。少なくとも私が存じ上げた晩年の鳴海氏には、本集めの鬼といった面影はなかった。春風駘蕩の雰囲気をただよわせているだけで、いささかもその博識をひけらかすことはなかった。青春の日から世を去るその瞬間まで良書と美本を追求してついに倦むことがなかったとはいえ、その厖大な成果を後進に誇示されることはなかったのである。

鳴海氏の日記を読むことを許されて、私の疑問は氷解した。氏にとっては、ダーリの辞書がそうであったように、本を手に入れることがすなわち学問の第一歩であった。現在では日本にいながらにして、まがりなりにもロシア文献学の基本図書に接することは至難のわざではない。鳴海氏が東京外国語学校で学んだ大正年間は、その点で今とは大分様相が異なっていたことを念頭におかなければならない。

本場での鳴海氏の学問はロシア研究の基本ともいうべきダーリの辞書の入手から出発したが、その後の進歩は急速であった。実は、最初から氏のソビエト入りは格別の幸運に恵まれていた。同郷の先輩である秋田雨雀がロシア革命一〇周年の記念祭にソビエトへ招かれたのを機会に、その秘書の名目でモスクワへ同行したのだった。ソビエト側は雨雀を日本作家の代表として遇したし、雨雀自身、すでに来日していたピリニャークとは旧知の仲だった。盲目の詩人エロシェンコも彼を待っていた。ソビエト文壇の扉ははじめから鳴海氏のために開かれていたのである。

アカデミズムの世界も日本の作家「師弟」(こういう題で画家のクークリニクスィが漫画を描いて新聞に発表した)に一顧の礼をはらった。モスクワ到着後まもなく、芸術アカデミー総裁のコーガンが二人を自宅の正餐に招待したのだ。エロシェンコを案内役としてコーガンの家をおとずれると、相客としてモスクワ大学のサクーリン教授が招かれていた。その日の日記によれば、鳴海氏は翌年の初めからサクーリンの講義に出席する許しを得ている。それまでに少しでもロシア語に慣れ、サクーリンの著作に一とおり目を通しておく必要がある。運よくその翌々日にはサクーリンとコーガンの著書を三冊古本屋で買うことができた。それは毎日新聞特派員の黒田乙吉氏が紹介してくれた本屋で、黒田氏の名を出すと二割五分値引きをしてくれた。当時はまだモスクワにも革命前の古本屋気質がのこっていたらしい。この三冊が鳴海蔵書の土台になった。

ソビエト文壇の証人

当代第一の人気作家だったピリニャークは雨雀師弟をモスクワの駅頭まで出迎えてくれたのを手始めに、連日のように二人を食事に呼んだり、市内の名所旧蹟に案内したりした。「ゲルツェンの家」の作家の集まりにも連れていってくれた。それとは別に鳴海氏はニキーチナ夫人の有名な「土曜会」にも時おり出かけた。これは革命前からつづいていた作家や批評家たちのサロンである。こうして鳴海氏は次々とソビエトの詩人や作家たちをじかに知ることができた。各種のインタヴューでの鳴海氏の発言や日記の記事から、氏がソビエト滞在中に面識をもった文学者を順不同で以下に列挙してみよう。レニングラードに移ってからの知己もここに含める。

詩人ではベールイ、アフマートヴァ、マヤコフスキイ、ゲラーシモフ、インベル。作家ではピリニャークのほかに、ザミャーチン、A・トルストイ、ヴェレサーエフ、セラフィモーヴィチ、レオーノフ、リージン、セイフーリナ、チャプイギン、パヴレンコ、それに劇作家のキルション。批評家や文学史家では前述のコーガン、サクーリン、ニキーチナ以外に、ルナチャルスキイ、イワノーフ＝ラズームニク、リヴォフ＝ロガチェフスキイ、ヴォロンスキイ、ゴルバチョフ、カルポフ、ソボレフ、マイゼリ、ボグダノーヴィチ。

生来の愛書癖の上に好学の念に燃えていた鳴海氏がこれらの文学者の著書を丹念に集めたことは言うまでもないが（唯一の例外は詩人のゲラーシモフで、彼とはニキーチナ家で再三顔を合わせたのに鳴海蔵書中にその詩集は一冊もない）、氏が直接付合いのなかったと思われる人びと（中にはむろんすでに故人となっている者もいた）の著作も、氏の精力的な収集の対象となった。それらの中でとくに氏がつよい関心を示した批評家・文学史家を挙げてみよう。文学史の索引なみにリストがいたずらに冗長におちいらぬよう、五点以上の著述が鳴海蔵書に含まれている場合のみに限定する。

アイヘンワリド、ブラゴイ、ブローツキイ、ヴェンゲーロフ、ヴェセロフスキイ、ヴィノグラードフ、ヴォルインスキイ、ゲルシェンゾン、グロスマン、エヴゲーニエフ＝マクシーモフ、ゼリンスキイ、キルポーチン、クービコフ、メレシュコフスキイ、オフシャニコ＝クリコーフスキイ、ピクサーノフ、ポリャンスキイ、トマシェフスキイ、トゥイニャーノフ、フリーチェ、シチョーゴレフ、エイヘンバウム。

氏の交友圏外でありながらとくに愛読した作家はバーベリ、ゾシチェンコ、シクローフスキイ、エレンブルグなど。

蔵書の内容から確実に判断できることは、鳴海氏が同時代の詩人たちにふかい愛情をいだいたことである。戦前刊行の本に限って収蔵点数の多い順にその名を挙げれば、ベールイ、グミリョフ、ブローク、マヤコフスキイ、パステルナーク、フレーブニコフ、アフマートヴァ、クズミーン、エセーニン、マンデリシタムとなる。

『文学哨舎にて』（1927, No. 10）に掲載された秋田雨雀（左）と鳴海完造。クークリニクスィ絵

このうちアフマートヴァとはレニングラードで親しく交際した。彼女の自宅に招かれて卵焼をふるまわれたり、郊外の保養所で偶然邂逅したりしている。一九三一年七月三〇日の鳴海日記。

アンナ・アンドレーヴナ〔アフマートヴァ〕はむき出しの足に葵の紋のあるスリッパをつっかけている。プーニン〔夫、美術評論家——中村〕の日本土産にちがいない。「それは日本の有名な独裁君主徳川の紋章です」と言うと、彼女はびっくりして顔を少女のように真赤にして、「何ですって、ナルミさん。人に言ってはいけませんよ」と叫びながら駈けていった。

あらためて言うまでもないが、鳴海氏の交友と関心の及んだ範囲は、シンボリスト、フトゥリスト、フォルマリスト、マルクシスト、同伴者作家など驚くほど多岐にわたっている。疑いもなく鳴海氏は二〇年代末から三〇年代前半のソビエト文壇の貴重な生き証人だった。一九三三年から三五年にかけてのソビエト作家同盟成立期の諸会議の速記録なども、この激動の時代の目撃者の手に残された形見である。

ドストエフスキイからプーシキンへ

鳴海氏は少年時代からドストエフスキイに惹かれていた。外国語学校にはいったのもこの作家をロシア語で読みたい一念からだった。露語科を卒業した大正一〇年に、雑誌『ロシヤ文学』が創刊された。この雑誌の一、三、五の各号に鳴海氏の訳業が収められているが、三号に掲載されたのはドストエフスキイの初期の短篇「正直な泥棒」だった。そのころから、氏の心には早くもプーシキンへの興味も芽生えていた。『ロシヤ文学』第一〇号に「露西亜文学叢書」の企画が発表されており、全一三編からなるそのシリーズに鳴海訳でベリンスキイのプーシキン論が含まれている。もっともこの計画はまもなくおこった関東大震災のために実現を見ずにおわったらしい。

ロシアに着いてから鳴海氏のプーシキンへの傾倒が本格的になった。氏の日記に「Пушкин のえらさとロシヤ人の彼に対する大きな愛とに、今さらながらひしひしと胸を打たれた」（一九三一年八月四日）という一節がある。また「ロシア文学をやるならプーシキン、プーシキンをやるなら徹底的に」と知合いのロシア人からすすめられたこともあった（『現代ロシア語』誌、一九七五年三月号、三三ページ）。鳴海氏はこの「徹底的に」という助言を忠実にまもった。氏において「徹底的」が何を意味したかは、遺された蔵書が何よりも雄弁に物語っている。日本語の教師や新聞社通信員・商社員としての収入をやりくりして、『エヴゲーニイ・オネーギン』、『ポルタヴァ』、『ボリス・ゴドゥノーフ』、『プガチョフ叛乱史』、さらには雑誌『ソヴレメンニク』などの初版本（これらは氏のいわゆる「非常持出特一号」の根幹をなすものである）を手に入れたのは、かならずしもディレッタントにありがちな稀覯書趣味を満足させるためばかりではなかった。文学研究はテキスト批判から、というのが氏の牢固たる信念だった。『プーシキンとその同時代人たち』、『プーシキン委員会会報』などアカデミックな逐次刊行物に載る基礎研究も、本格的プーシキニストたらんとする鳴海氏にとっては必読文献だった。バルテーネフをはじめとして、モザレフスキイ、シチョーゴレフ、ツャヴロフスキイなど当時のプーシキン学の権威は言うに及ばず、ブローツキイ、ブリューソフ、ゲッセン、グーベル、レルネル、L・マイコフ等々のプーシキンに関する著述が綿密に収集された。氏はおよそプーシキンの作品、およびプーシキンを扱った書物ならば、絶対にこれを見逃すまいという決意をいだいたようである。著者と題名が同じでも、版がちがえば別の書物であった。たとえば、A・ヤツェヴィチの『プーシキンのペテルブルグ』は一九三〇、三一、三五年の三種の版が鳴海蔵書にそろっている（果たせるかな、ページ数は一五九、二〇八、四三〇と増えており、版を重ねるたびに増補されたことがわかる）。雑誌論文や新聞記事ですら、プーシキンに関するものはもれなくチェックされるか、あるいは切り抜かれた。

プーシキニストとしての鳴海氏の情熱は終生衰えることがなかった。和書のコレクションは別として、量的に見て鳴海蔵書の約三分の一は第二次大戦後の刊行物であるが、その中心をなすものはやはりプーシキンにかかわるものである。氏は戦後ついにソビエトの土を踏まなかったが、ことプーシキン関係の本となると、余人にはうかがい知れぬ一種神秘的な触角《アンテナ》を働かせて収集をつづけたのだった。レニングラードで鳴海氏から日本語を教わった学生の一人で石川啄木の翻訳者として知られるマルコヴァ女史のような有力な協力者があらわれたことも、氏にとっては幸運だった。書籍輸出公団では取扱わないような地方都市の小部数の出版物が氏の書架におさまったのはこのためである。一例を挙げれば、A・ゲッセンの『モイカ河岸通り一二番地のプーシキン宅』は一九六〇、六三、六九年の三つの版が氏の蔵書に含まれているが、六九年の本はカレリアのペトロザヴォーツクで刊行されたものなのである。鳴海蔵書とは、プーシキン研究にかけた氏の気魄と熱情が凝り固って美しく結晶したものにほかならない。

プーシキンを軸として、やがて鳴海氏の関心の対象は歴史的には一方で一八世紀、さらには中世文学へと向かい、他方ではゴーゴリ、レールモントフを経てロマンの黄金時代を現出した一九世紀後半の作家たちへとひろがった。それと同時に、氏の興味は詩や小説などの美文学のジャンルをこえて、さまざまな形で文学に関係した人びとの回想録、フォークロア、演劇、絵画、あるいはロシア史やナロードニキ運動などに及んだ。戦後においては、弘前大学や東海大学でロシア語を教えられたためであろう、ロシア語に関する文献がいちじるしく増加している。氏の律義さがそうさせたのである。

ソビエト姓名辞典の編纂

一九三六年、新知識に加えるに二〇〇〇点あまりの書籍をたずさえて帰国したプーシキニスト鳴海氏は通信社や貿易会社に勤務して生計を立てることになった。昭和一〇年代の日本はロシア文学の専門家をまったく必要としなかった。日本語の書籍の収集はこの時期にはじまって最晩年までつづいたが、このコレクションの内容についてはここでは触れるいとまがない。ただ一言、氏はこの分野でも非凡な眼識と瀟洒な趣味を発揮していることだけを述べておこう。

だが戦後にいたってもなお、鳴海氏のロシア文学に関する該博な学識と生生しい文壇体験が新しい世代のロシア研究者に伝えらるべき機会はおとずれなかった。社会主義リアリズムに傾斜した日本のロシア文学界は、氏のあくまで重厚な文献学的方法と二〇年代ソビエトの豊饒多彩な文学諸流派との結びつきに敬意も関心も示さなかった。というより、これを体よく敬遠した気味がある。鳴海氏もまたその生活態度において「人の己を知らざるを憂えず、人を知らざるを憂えよ」という古代中国の賢者の教えの信奉者であったと私には思える。

狭量な学界と背を向け合った鳴海氏が、プーシキン研究とならんで精魂をかたむけた仕事が一つあった。それはソビエト姓名辞典の編纂である。この仕事の動機となったエピソードがある。モスクワに着いてまもなくトルストイ博物館をおとずれた氏は、館長のグーセフから日本で訳されているトルストイの伝記について質問された。「ビリューコフのものです」と答えると、グーセフはけげんそうな表情をうかべ、ややあって「あっ、そうか、ビリューコフか」とうなずいた。鳴海青年にとってこれは大きなショックであった。それからは、氏みずからの表現によれば「固有名詞恐怖症」になり、つねにノートを携帯して、新しい姓名や地名を耳にするたびにそのアクセントを書きとめるように心がけた。一九二七年にモスクワで緒についたこの作業は、帰国後も途切れることなく、ついに世を去るまでのほぼ半世紀にわたって継続された。

「アメリカでそういう辞書が出てはいるんですがね、量も少ないし、かなり違っている点もあります。量が少ないのはやはりだめですね。今ではいろんな民族から出た人がいるわけでしょう。だから、何万人もの姓が必要になるんですよ。カードをとっているんですが、死ぬまで集めてやろうと思ってやってるんです。もう四万枚位ありますね……」(『現代ロシア語』誌、一九七一年一一月号)と氏は語っている。一枚に一項目ずつ見事な筆跡で記入されたこのカードは、私の調査によればすでに四万二〇〇〇枚を超えている。鳴海氏も言及しているベンソンのものをのぞき、この種の辞典はソビエトにおいてすらまだ一冊も現われていない。氏の畢生の事業が刊行されれば、日本のみならず全世界のロシア研究者は大きな利益を受けるであろう。

いったん手をつけたからには「死ぬまで集めてやろう」という決意を文字どおりに実行し、中途半端でこのユニークな仕事を発表することを肯んじなかったところに、完全主義者たる鳴海氏の面目が躍如としている。学問に果てがないかぎり、研究と呼ばれる精進にも終点があってはならないというのが氏の信条であったにちがいない。

プーシキニストとしても、氏は同じ態度を堅持された。書物を集めることからはじまった氏の研究はついに完成を見ることなく終わったかにみえる。しかし「本集めにしろ学問にしろ、わたしは楽しみでやっていたのですからね。何もこれでおしまいと区切りがつかなくたってよかったのですよ」という親しみぶかい津軽なまりが草葉のかげから聞こえてきそうな気がする。氏の寡黙な、しかし厖大な遺業をいかに受け継ぎこれを伸ばしていくかは、われわれに課せられた責務である。

青春のショスタコーヴィチ——鳴海日記から

革命一〇周年に招かれた人びと

外国の事情にふかく通じていながら、著書や論文をほとんどのこさなかった学者がいる。勉強するのに忙しくて、書くひまがなかったかのようである。鳴海完造がまさにそのような人だった。

出身は青森県南津軽郡黒石町（現在は市）、一九二七年日本を出て三六年に帰国するまで八年あまりソビエトに滞在し、その間学者や作家や音楽家などと交際し、詩と小説を読み、劇場に通い、広く書物を集めた。『ロシア・ソビエト姓名辞典』（一九七九年、ナウカ社刊）が彼の建てた唯一の紙碑である。

一九二七年はロシア革命から一〇年目にあたっていた。ソビエト政権はその記念日を祝うために日本から秋田雨雀、尾瀬敬止、米川正夫らを招いた。あとの二人とちがってロシア語に不自由な雨雀は、東京外語でロシア語を修めた同郷の青年鳴海完造を秘書の名目でともなうことにした。もっとも完造ははじめからロシアにとどまることを希望しており、むしろ自分から同行を希望したのである。そのとき雨雀は四四歳、完造は二八歳だった。

二人は九月三〇日に東京をたち、玄界灘をわたりハルビンを経て一〇月一三日にモスクワに着く。駅には当時流行作家のピリニャークが出迎えていた。ピリニャークはすでに日本を二度もたずねたことがあり、雨雀とは旧知の間柄だった。その翌日には、やはり作家のリージン、トレチヤコフに紹介される。

次の週には芝居見物から帰った真夜中の一時という時刻にピリニャークの使いがきて、作家たちの集まりに出かけた。鳴海日記によれば、その席には「むっつり屋のゲラーシモフ、威張り屋の大男マヤコフスキイ、禿頭のお爺さんセラフィモーヴィチ」をはじめ三、四〇人がいた。雨雀の日記をみると「女の作者も四、五人いた。一人の役者はカフカースの剣の舞をおどった。――三時ごろまでいた。じつに元気な会だった」とある。ソビエト作家同盟がつくられるのはまだ七年も先のことで、さまざまな流派からなる文壇には依然としてある種のデカダン趣味がのこっていたのであろう。

それより早くモスクワに着いて四日目に盲目の詩人エロシェンコが宿舎のホテル・モスクワにたずねてきた。日本や中国の文化人に知己の多いエロシェンコではあったが、ソビエトでは然るべく遇されていなかった。しかし雨雀らにとっては、これほど気心のしれたロシア人がいなかったこともたしかである。それからというもの、エロシェンコはロシア語の指南役を買って出て連日のように二人のもとをおとずれる。新聞を教材に、目下進行中のスターリン対トロツキイの権力闘争の解説をしたようである。一〇月の晦日には授業料として大枚二〇ルーブリを請求して完造を面食らわせた。

革命一〇周年式典に招かれたのは日本人ばかりではない。ギリシャからはニコス・カザンザキスがおとずれていた。彼は日本に対して格別の関心をいだいており、一一月二日にはイタリア人の作家と連れ立って雨雀をたずねてきた。「いろいろ質問をお互いにかわした」と雨雀日記にある。完造の日記には「クレタ島人が日本人に挨拶を送る」とギリシャ語で書いてサインをそえたカザンザキスの書き込みがある。彼はその二日後にまたやってきて、話しこんでいった。雨雀とは同じ年の生まれで、話が合ったのかもしれない。

フランスの代表格は「地獄」や「クラルテ」によってすでに世界的名声を獲得していたアンリ・バルビュスだった。彼はソビエト側の招待機関である対外文化協会（ＶＯＫＳ）の主催する会議で世界中の知識人がソビエトを支援すべきであると説いたが、雨雀がつづいてその趣旨に賛成するむねの発言をしたので、会議のあとで挨拶にやってきた。「ちょっと英語で話した」と雨雀は書いている。

東京外語を卒業したあと郷里の女学校で教師をしていた完造にとって、モスクワに到着してからの日々は目くるめくような体験の連続だったにちがいない。

モスクワの日本人たち

革命記念日のパレードは一一月七日である。それにしては雨雀と完造のロシア入りはやや早すぎるようだが、逆に米川と尾瀬の二人はパレードが終わった七日の夕方にやっとモスクワに着いた。シベリア鉄道の列車が遅れなければパレードに間に合うはずだった、と米川正夫はのちに回想している。

それよりもっと遅れたのは小山内薫である。小山内のモスクワ到着は一一月二四日で、そのとき他の招待客はすべてカフカース旅行に出はらっていて、完造がひとりモスクワで留守番をしていた。そのおかげで、彼は新劇の創始者のお伴をして劇場まわりをする幸運に恵まれる。

モスクワ芸術座をつくったスタニスラフスキイやネミロヴィチ＝ダンチェンコがまだ健在だった。もっとも六〇歳をはるかに越えたスタニスラフスキイはもうモスクワでは自分の出番がないと旧友である小山内にこぼしたことを、完造が日記に書きとめている。このころ観客の最も熱い視線をあびていたのはメイエルホリドである。完造も彼の演出になるゴーゴリの「検察官」の舞台装置をすでに数ページにわたってノートにスケッチしているほどだったが、小山内といっしょに見たオストロフスキイの「森」も感銘ぶかいものだった。

役者ではチェーホフの妻だったクニッペル、それにモスクヴィンやカチャーロフ、さらには作家の甥のミハイル・チェーホフなど今も語り草になっている名優たちの舞台を見たばかりか、小山内らとともに彼らを楽屋にたずねて言葉を交わしてもいる。俳優たちの演技のすばらしさに完造はいつも圧倒されていた。作家の場合と同様、これらの人々が活動をはじめたのはいずれも一九一七年の革命以前だった。若いソビエト文化はロシア文化の延長線上に花ひらいていたのである。小山内薫その人については、「非常に人なつこい、親しみのある人」、「話せば話すほど慕わしい人」というのが完造の人物評だった。後者は夜中の三時まで小山内の部屋に居すわったあとの感想である。多忙な彼は三週間足らずモスクワに滞在しただけで帰国するが、翌年この世を去った。

小山内と入れちがいに、中条百合子と湯浅芳子がモスクワへやって来た。「伸子」によって百合子の文名はすでに確立していた。芳子と完造は短いながら早稲田大学で机を並べたことがあった。完造と百合子は同年生まれ、芳子はそれより三歳ほど年長である。むろん完造はシベリア鉄道のターミナルまで二人を出迎えに行った。それにはじめはホテルも同じだった。

それやこれやでちかしく付き合いはしたものの、完造と雨雀は最後まで二人連れの日本女性に胸襟を開くことがなかったようである。彼女らがソビエトの同業者たちと会うとき少しも物おじせずあまりにも闊達に振る舞うことが、津軽生まれの男たちにある種の違和感を与えたようである。百合子と雨雀の日記はそれぞれ公刊されているし、それに完造の日記を並べてみれば、感情の微妙な行きちがいが明瞭にうかび上がってくる。それでも幸い大きな衝突にまでは至らなかった。

ちなみに百合子は「道標」の中で秋田、米川、鳴海の三人を少しずつ名前を変えて次のようにスケッチしている。「秋山宇一は無産派の芸術家らしく、半白の長めな髪を総髪のような工合にかき上げている。瀬川雅夫は教授らしく髪をわけ、髭をたくわえている。……内海厚は、柔かい髪をぴったりと横幅のひろい額の上に梳きつけて、黒ぶちのロイド眼鏡をかけているのだが、その髪と眼鏡と上唇のうすい表情とが、伸子には一九世紀のおしまい頃のロシアの大学生を思いおこさせた。内海厚自身、その感じが気に入っていなくはないらしかった。」

このころコミンテルンの幹部だった片山潜が市内のホテル・リュクスに住んでいた。雨雀と完造の二人はモスクワに着いて三日後に、呼ばれて会いに行った。完造の日記は単にS・Kとだけ書き、雨雀は「K家をたずねて、感慨無量」としている。他人に見せない日記でも、用心して名前を伏せたのである。二週間後の二度目の訪問のときには、ソビエトの新聞を毎日読むようにという親切な助言を完造に与えた。やはりトロツキー対スターリンの権力闘争から目をはなすなと教えたかったのだろう。

ニキーチナ夫人のサロンで

モスクワに着いて半月ほどたった一〇月の末の土曜日に、雨雀と完造はエロシェンコに連れられてロシア文学史上有名な「ニキーチナ夫人の土曜会」に出席した。これは一九一四年からはじめられたサロンで、さまざまな傾向と流派の学者や作家たちが顔を見せることで知られていた。以下は完造の日記。

来会者五〇名くらい。部屋の壁という壁にはすきまなく会員の写真や肖像画が貼られている。このグループ……で自分の研究や作品を発表して及第すれば、はじめて会員になって、写真なり肖像画なりを掲げることができるのだという。ゴーリキイやルナチャルスキイの写真もある。ちょっと鼻が上を向いた肥った健康そうな司会者ニキーチナさんが小さな鈴をカラカラ振ると、みんな席につく。すると隅の方で「はじめます」と言って立った男がある。見ると禿げた大男だ。くぼんだ目がばかにギラギラ光る。鼻は高く、ひげは少しもない。手には鞭をもっている。それがあの「シンボリズムについて」を書いたアンドレイ・ベールイだ。白いシャツにボヘミアンを結んでいる。もうよほどの年だ。非常にはっきりした言葉でゆっくりと講義をはじめる。プーシキンの詩について、ことに「青銅の騎士」を数学的に分解した研究だ。いろんな図表を示しながら、三時間も説いた。

完造によるとベールイはこの席で、「青銅の騎士」がニコライ一世で、彼に追いかけられるエヴゲーニイという小役人はプーシキン自身をさしていると主張したというが、雨雀はもっと別の理解をしている。これからは雨雀の日記である。

アンドレイ・ベールイのプーシキンの詩の韻律的研究があった。ベールイはちょっとノルマルでない感じをあたえる老人。しかし非常な雄弁家。——批評家たちとの間に大論争があった。若い変な男が「馬鹿!」なぞといった——ニキーチナさんも弱りきっていた。……最後にベールイは二度とこの会へは来

前列左から、ガーウク、山田耕筰、ソレルチンスキイ、歌手の牧嗣人（一）、
後列左からショスタコーヴィチ、鳴海完造、野崎韶夫、坂口卯吉（三菱社員）

ないといった。

おそらく完造は自分の耳で聞きとったことを書き、雨雀はエロシェンコの通訳でその場のやりとりを知ったにちがいない。

いずれにしても、このとき目にした討論のはげしさに雨雀と完造は度肝をぬかれたようである。完造は日本にいたときからベールイの小説「ペテルブルグ」を読み、その作者を神格化していた。その人物が「大学教授などに何がわかるか」と大声でどなったのだ――後年、彼はこの日の「土曜会」のもようを若い研究者たちに繰り返し話して聞かせたものである。

ある日のショスタコーヴィチ

一九二八年の五月になって雨雀は帰国し、完造はまもなくレニングラードに移った。日本学者コンラドの世話で、レニングラード大学東洋学部の日本語教師の口が見つかったのである。そのころから日記の記入は途切れがちになっていく。それだけロシア生活に慣れてきたのかもしれない。うまずたゆまず毎日の記録を書きつづける持久力の点で、師匠の雨雀には遠く及ばなかった。それでも毎年夏になると、日記が復活する。夏休みで授業から解放される分だけ、気持の余裕ができるからであろう。

ソビエトにはいって五年目、一九三一年の夏に完造は宿願かなって女流詩人アフマートヴァと知り合うことができた。六月には彼女が夫である美術史家プーニンと住んでいる市内の住まいをたずね、夏になって郊外の別荘村ジェーツコエ・セローで再会を果たすのである。ジェーツコエ・セローは今ツァールスコエ・セローという旧名に復している場所である。アフマートヴァの一挙手一投足を完造は書きもらしていない。

同じ時期に完造はレニングラードの音楽家たちとの交友をふかめていた。山田耕筰がソビエトを訪問して各地で演奏会を開いたのがやはり一九三一年の夏で、七月二四日には日本の留学生や外交官たちが送別会を催している。主客のほか、当時この町で演劇研究に打ちこんでいた野崎韶夫、三菱社員の坂口卯吉、それに鳴海完造が出席し、ロシア人は作曲家のガーウク、批評家のソレルチンスキイ、それにショスタコーヴィチが加わっていた。当日のメニューはスキヤキが主体で、口八丁手八丁のソレルチンスキイはビールとウォトカを浴びるほど飲み、耕筰とショスタコーヴィチは手品を披露した。野崎元早大教授の記憶では、話題はもっぱら艶笑譚だったという。その場のくだけた雰囲気からみても、完造とショスタコーヴィチがこの日はじめて出会ったとは考えられない。その証拠には、八月になって完造がジェーツコエ・セローの保養所に出かけると、そこへ彼がたずねてくるのである。鳴海日記八月六日の項を伏字なしで引用しよう。

一二時過ぎにソレルチンスキイとショスタコーヴィチがやってくる。もう停車場の前でビールを一杯ずつひっかけてきたのだという。室へ案内したついでに忘れないうちにと思って、例のグルッパの写真（二九九頁の集合写真――中村）へショスタコーヴィチに署名してもらう。庭へ三人で出る……

停車場の前の店でブドウ酒を一リットルとクッキー一箱を買って、またビールを飲む。さかなにと思ってクッキーのふたをあけたとたん、ネズミが飛び出す。中を調べてみると糞がクッキーの間にころがっている。別のと取りかえてもらって公園へむかう。

途中でコニャックの小びん二本を買う。エカテリーナ公園の池で舟を借りて漕ぐ。I・I（イワン・イワーノヴィチ。ソレルチンスキイの名前と父称のイニシャル）は舵をとり、D・D（ドミトリイ・ドミトリエヴィチ。ショスタコーヴィチ）がオールをもつが、僕が代わる。池の真中へこぎ出して、そろそろカバンからコニャックのびんを取り出す。コルクを抜く役はD・D。ポンと抜けたというのでみんな大はしゃぎ。すすめられるままに僕から一口ラッパ飲み、それからI・I、最後にD・D。すっかり飲み干してからびんを投げこむと、はじめは横になっていたが、まもなく少し中に水がはいると、ちょっと首だけ出して真直ぐに浮く。「chinpoko みたいに立った」と叫んで喜ぶ。パラージイ橋の下の小さなアーチをくぐり、そこの両側へ鉛筆で楽書をしはじめる。I・Iは「チュラーキ（作曲家）に chinpoko なし」その他。D・Dは「chinpoko」、僕は「omanko」と書きつける。まるで立派な与太者ばかりだ。島へあがる。I・Iは素っぱだかになって泳ぎ出す。D・Dにすすめたが、水が汚いといって止す。I・Iもこんな汚い水で泳いだのは生まれてはじめてだという。アレクサンドル宮殿のレストランで夕食を食べる。

それからシャポーリン（作曲家）の所へ出かける。山田氏出発のさい停車場へ見送りに来ていた若い作曲家のベレゾフスキイと、同じく作曲家のポポフがいる。しばらく話してみんなで停車場へ行く。ビユッフェでまたビールを一杯ずつ飲む。汽車は九時四一分。とうとうシャポーリンはいっしょに町へ出かける。

ローマ字で表記したコトバは即物的なロシア語で書かれている。才気煥発なソレルチンスキイがこの他愛ない馬鹿さわぎのリードをとっていたことがわかる。このとき彼は二九歳、ショスタコーヴィチは二五歳。前者は第二次大戦中に若死にするが、『証言』の名で知られる例の回想録によれば、ショスタコーヴィチは生涯この親友に暖かい感情をいだいていた。

完造とこの二人組はよほどウマが合ったらしい。この年の八月三〇日の日記にはこうある。「午後四時、ショスタコーヴィチのところへディナーに呼ばれる。夕方ソレルチンスキイが大きな湯わかしにビールを五リットル買ってくる。それを二人とブルデールシャフトで飲み交わす。」

ブルデールシャフトとはいわば兄弟の盃で、双方がたがいに腕を組み合わせ同時にグラスを飲みほすこと。そのあとキスをした瞬間から「君、ぼく」と呼び合うのである。

その二日後の九月一日には、このメンバーにガーウクを交えて四人で、ネフスキイ大通りのホテル・ヨーロッパへジャズを聞きにいった。

一九三二年九月で完造のロシア日記は途絶えてしまう。

レフ・グミリョフの手紙

完造の日記帳の二冊目に一葉の手紙がはさみこまれていた。ざら紙のノートをはぎとって両面に細かい文字でぎっしり書きこんだもので、インクはあざやかな紫色である。署名はGum.とあるだけ。封筒はない。アフマートヴァ研究家の梶重樹さんが二年ほど前、レニングラードへもっていって専門家に示したところ、レフ・グミリョフのものであろうと鑑定された。

レフはアフマートヴァと彼女の最初の夫であるニコライ・グミリョフのあいだの息子で、一九一二年生まれ。詩人として有名だった父親が反革命陰謀の罪に問われて二一年に銃殺されたせいで、三〇年代後半以降しばしば投獄の憂き目を見る。しかしそれにもかかわらず独自の見識をそなえた歴史哲学者として一家をなし、九二年春に没するまでロシア史に関する多くの本を書いた。ユーラシア大陸のアジア系諸民族とロシア人との交渉を独創的な見地から見直すことを提唱していて、現代ロシアで最も人気の高い思想家という評判すらある。

すでに書いたように一九三一年の夏に完造はアフマートヴァと再三面談する機会があったが、奇妙なことに、その息子のレフのことは何一つ書きのこしていない。しかし手紙の内容からみれば、どこかで逢ってロシア文学について議論をしたにちがいないのである。さもなければ、次のような手紙を受け取るはずがない。

三一年八月一八日

ジェーツコエ・セロー

鳴海兄

ロシア文学の評価をめぐる貴兄との見解の相違に決着をつけるため、一筆したためます。

小生はロシア文学で育ったロシアの知識人という不幸をになっており、われらの風刺作家サルトゥイコフ同様に、しかし彼とは幾分ちがった意味合いで、次のように言うことができます。「文学は私に多くの喜びを与えてくれた。しかし心に毒をみたしたのも文学だ」と。

ロシア文学は現実からのひそかな避難所として成長しました。ロシアの知識人はそこで現実に対する憂さをはらし、よりよい未来を夢想したり、あるいは周囲の俗悪さとその俗悪さを生んだ圧制に呪いの声をあげたりしたのです。かかる異常な発展条件の影響を免れ得たのはロシア文学の巨匠たちだけです。すなわちプーシキン、トルストイ、ツルゲーネフ、チュッチェフなどです。彼らはその果敢な努力において永遠の境地に高められたのであり、才能も努力も足らぬその他の者たちは力が及ばなかったのです。したがってロシア文学ほど、アルコール中毒、神経症患者、精神異常者、心気症患者、高慢ちきなヒステリー患者、そして一般に生活と現実についてアブノーマルな感覚をもつ者が多い文学はほかにないのです。

さらにつけ加えておく必要があるのは、ロシアの作家たちの大部分が教養に乏しく、しばしば知的視野の狭い無学な人々だということです。レオニード・アンドレーエフ、チェーホフ、ソログーブその他の連中も例外ではありません。その結果として、これらの人々は自らの神経症をもって独創性の源泉——商売の元手とし、そこからたっぷり利子を取り立てている始末です。というのも、もし興味ぶかい主題や筋がなかったら、読者にうったえるものとしては気分や感情をわざとらしく高揚させ、奇妙な考えや行動をみちびき出すほかないのです。

ドイツではハウプトマンが『機織りたち』を発表したあと、貧乏の苦しさを描く作家たちが雨後のタケノコのようにあらわれました。小生は『滑稽新聞』にのったある漫画を思い出します。一人の土掘り人夫が仲間に向かい、彼らのつらそうな仕事をながめている作家の方を指さしながら、「やっこさん、おれたちの苦労を食いものにしてござるよ」（傍点はドイツ語――中村）と言っているのです。ロシアの作家たちはもっとナイーヴなので、ドイツの作家たちとちがい、自分の不幸を食いものにしています。代わりにその影響たるやしばしば有益どころか、極端に破滅的なのです。　Gum.

この手紙にはまだ二〇歳にもならぬ青年の客気があふれているが、根底に真摯な気持があることは容易に見てとれる。もともと完造はドストエフスキイに惹かれてロシア語を学びはじめたのだった。ロシアに着いてからはプーシキンの真価を認識し、本腰を入れてその作品を読みはじめていた。同時にアフマートヴァやグミリョフをはじめ二〇世紀初頭のロシア文学にも注意をおこたらなかった。彼がのこした蔵書の構成からそのことがはっきりしている。その比較的身近かな時期のロシア文学への完造の傾倒ぶりに、一しずく冷水をたらした感のあるのがレフの手紙である。

鳴海完造は一九七四年に他界した。私は生前何回か話をうかがう折があったのに、レフ・グミリョフのことを聞きもらしてしまったのは怠惰のそしりを免れない。まだそのころ彼の名は今ほど広く知られてはいなかったにしても。

鳴海さんがロシアから帰国したのは一九三六年のはじめである。大粛清がそろそろはじまろうとしていた。「是非もなし　わが憧れの邦なれば　ここにぞ生きん　ここにぞ死なん」（一九三〇年）といったんは覚悟をきめたものの、三〇年代後半のソビエトはもはやそれまでと別のものになっていたにちがいない。レニングラード大学で同僚だった著名な日本学者ネフスキイが一九三七年に逮捕されたとき、訴因の一項として「日本人スパイ鳴海完造」との交際があげられていたという。鳴海さんがあやういところで虎口を脱していなければ、興味津々たるその日記もわれわれの手にのこらなかったわけである。

二〇〇年の絆

（一九九九年六月二日、モスクワの科学アカデミーにおいて、著者は作家のソルジェニーツィン氏と共にロモノーソフ記念金メダルを授与された。本稿はその折に行なわれた著者のロシア語による記念講演に若干手を加えたものである（本書一四〇頁〜一四三頁参照）。）

ロシア科学アカデミーのオーシポフ総裁、ならびに会員のみなさん！　科学アカデミー創設二七五周年おめでとうございます。この意義ぶかい年にロモノーソフ記念金メダルを授与されたことに深く感謝いたします。

思いおこせば約二〇〇年ほど前、日本の漂流民大黒屋光太夫がやはり金メダルを、ときの女帝エカテリーナ二世からたまわりました。光太夫は一〇年ほどロシアにとどまり、最初の遣日使節アダム・ラクスマンとともに帰国したのです。

光太夫のさずかった金メダルの表には女帝エカテリーナ二世の肖像が刻まれていて、裏にはピョートル一世を示す「青銅の騎士」像が浮き彫りになっていました。直径は一寸八分（約五・五センチ）、重さは二五匁（約一〇〇グラム）であった、と記録にあります。

光太夫は帰国してから、自分がロシアで見聞きしたこと、ペテルブルグでふれたヨーロッパ文化のことなどについて報告をのこしました。そのほかみごとな露日辞書をつくりました。何人かの希望者にはロシア語を教えたという証拠もあります。

二〇〇年前に光太夫は日本でただ一人のロシア語の先生でした。現在日本ロシア文学会、つまり日本中のロシア語教師のギルドのメンバーは五〇〇人を超えています。
日露間の文化交流は私の研究テーマの重要な一部をなしております。

*

私は日本におけるロシア文化の研究史をごく手短に述べたいのでありますが、この一般的テーマをはじめるのにきわめて個人的な思い出から話させていただきます。
一九六〇年代の前半、私が大学院を出ようとしていた時期には、日本経済は不景気にあえいでいました。ロシア語などを勉強している学生は学術・教育機関に就職がむずかしいだろうという噂がありました。この噂は嘘ではありませんでした。私はやっとのことで貿易関係の組織（ジェトロ）に就職できたのです。ところが二年後、私にロシア語教師の口がかかりました。こうして突然私の前に学問の世界への道が開けたのです。当時私はこの運命の急変は宇宙飛行士ユーリイ・ガガーリン氏のおかげであると思ったものですが、よく考えてみると、感謝すべき対象は宇宙船ともどもガガーリン氏を宇宙に打ち上げたロシアの科学でありました。このロシア科学――基礎科学と応用科学――の成功に深い感銘をうけた日本の大学は、とくに理工系の学部をもつ大学は、先を争ってロシアの科学とロシア語を学ぶための講座を開きはじめ、ロシア語教師の需要が急激に増大したのであります。

*

大学院で私は中世ロシア文学を専攻しました。一九六五年に機会があってはじめてロシアの土をふみ、レニングラードでは科学アカデミーのロシア文学研究所を訪れました。そこで中世ロシア文学の専門家たち、なかんずく、アカデミー会員ドミートリイ・リハチョフ先生の知遇を得ました。それまで私は論文や著書を通じてしか、これらの学者を知らなかったのです。私は資本主義国からやってきた新米の研究者にすぎませんでしたが、ロシア文学研究所では何の偏見もなく、あたたかく迎えられました。そればかりか、最新の研究論文や中世ロシア文学の諸作品の校訂テキストも与えられました。それらはのちに私が『ロシア中世物語集』(筑摩書房、一九七〇年)を翻訳・編纂するときに大変役に立ちました。この物語集には「イーゴリ軍記」や「ザドンシチナ」のほか、抜粋の形で「原初年代記」や「キーエフ・ペチェルスキイ修道僧列伝」などの作品を収めたのであります。

一九八三年にキーエフで国際スラヴィスト学会が開かれました。私はこの学会で「イーゴリ軍記と平家物語——色彩の構造の比較」という報告を行ないました。これは二つの作品の筋の展開の相違や二つの民族の文学的伝統の相違が、それぞれの作品の色彩の構造の違いの中に反映していることを論じたものです。ちなみに、このキーエフの学会は日本のロシア語ロシア文学研究者が一つのグループを組織して参加したはじめての国際的な学会でした。

日本の高等教育機関におけるロシア語教育はかなり早くからはじめられました。東京に外国語学校がつくられたのは一八七〇年代の前半(明治六年)のことです。ここでは、当時最も必要と考えられた英、仏、独、清(中国)、それにロシア語が教授されたのです。

まもなくロシア語部の卒業生の一人である二葉亭四迷がツルゲーネフの『猟人日記』の一節を日本語に翻

訳しました。この翻訳は日本の読者の目を開くものでありました。日本の近代文学はこのときをもってはじまったとされます。日本の若い作家たちはツルゲーネフの作品を通じて自然を見る目を身につけ、表現技術を学んだといっても過言ではないのであります。

はじめのうちはツルゲーネフの影響が圧倒的でありました。やがてドストエフスキイとトルストイがこれにつづきました。今日にいたるまでこれらのロシアの作家は日本で最も好まれる外国作家となっています。その作品の多くは日本語に訳されています。たとえば『罪と罰』は私の知るかぎり九回も日本語に翻訳されており、『戦争と平和』にいたっては一三種類の邦訳があります。地味な中世文学の「イーゴリ軍記」ですら六種類の翻訳で読むことができるのです。

ここで私はとくにプーシキンについて述べたいと思います。目下、世界中でこの偉大なロシアの詩人の生誕二〇〇年祭が祝われています。むろん、日本でもいろいろな記念行事が行なわれております。

日本では一八八〇年代にこの詩人の作品がはじめて紹介されました。小説『大尉の娘』のはじめての邦訳が出版されたのは一八八三年（明治一六年）のことです。これはアジアでは最初の翻訳だったと思われます。もっとも、詩が訳されるようになるのは後のことです。これは西洋と東洋の作詩法のちがいから説明できます。俳句や短歌の伝統で育てられた日本人の耳にプーシキンの詩はなじみにくかったのです。

一九三〇年代、状況に変化がおこりました。一九三六年に『プーシキン全集』が刊行され、ここには詩と散文以外に、評論や日記が収められました。これはプーシキンの作品の全体像を把握しようとする最初の試みでした。

今日、日本のプーシキン研究は百年の歴史をもっています。述べたいことは山ほどあるのですが、ただ一つだけ、日本の研究者の苦労がみのって、一九七〇年代にプーシキンの六巻全集が刊行されたことだけをお知らせしておきたいと思います。日本の読者はこの大詩人のどんな作品でも日本語で読むことができるのです。

*

もう一つ重要な事実を挙げましょう。近代日本文学がロシア文学の影響のもとに第一歩をふみ出しはじめていたころ、もう一つのロシアの精神文化が日本の土壌に根をおろそうとしていました。

まだ幕府が崩壊する以前に、在日ロシア領事館へニコライという若い修道司祭が赴任してきました。そのころ日本社会に根本的な変革が生じて、日本人の価値観を根底からゆるがしていました。とりわけ旧体制下の教養ある階層だった士族の場合そのショックがはなはだしく、零落する者があらわれました。ニコライ神父ははじめはひそかに、やがてキリスト教の禁教が解かれてからは精力的に正教を布教しました。その強い性格と並はずれた熱意、それに本国からの物心両面にわたる援助もあって、彼は多くの正教の信者を獲得しました。半世紀にわたる宣教活動の結果、正教会の信者の数は三万二〇〇〇人を上回ったのです。ニコライの手足となって働くロシア人司祭は比較的少数だったにもかかわらず、彼の布教の成果はおびただしい宣教師を送りこんだカトリックやプロテスタント諸派に劣るものではありませんでした。私の見るところ、ニコライのめざましい成功の秘訣は、日本の伝統的価値観に正教の教義をたくみに接ぎ木したところにありました。彼は儒教のイデオロギーさえ全面的には否定したわけではありませんでした。

ニコライは日本の歴史文学に通暁しており、その意味では博学な日本学者という一面をもっていました。

東京にある彼の神学校でもむろんロシア語を教えていました。こうして彼は日本におけるロシア文化研究にも寄与したのです。

ニコライが東京の都心お茶ノ水に建築し一八九一年に成聖式を行なった正教会の復活大聖堂は、当時としては市内で最も目立つ建物でした。もともと東京市民には聖堂の本来の名称は知られず、この建物は「ニコライ堂」の名で今でも日本人に親しまれています。

一九九四年に中村健之介氏をはじめとするわれわれ四人の研究者はニコライの日記をロシア語で公刊しました。この日記は日本におけるロシア正教宣教団の活動に関する多くの興味ある記録を含んでいます。同時にこの日記はすぐれた聖職者の心の奥底に何があったかを示す貴重な資料でもあるのです。

*

今世紀の前半には、日本が中国の東北部（満州）を自分の植民地と見なした一時期がありました。

一九二〇年から一九四五年まで、いわゆる北満のハルビンに日本人学生のためのロシア語教育機関、ハルビン学院がありました。ここではかなり密度の濃いロシア語教育が行なわれていました。この学院の卒業者たちの何人かが回想をのこしていますが、その中には満州各地に住むロシア人旧教徒（一七世紀に正教会から分離したグループ。古来の儀式を遵守したので古儀式派ともいう。分離派は蔑称）についての言及がありました。またハルビンの近くには旧教徒の村ロマノフカ村がありました。

私は右に述べた『ロシア中世物語集』のために旧教徒の指導者の一人アヴァクームの自伝を日本語に訳して以来、旧教徒のたどった運命について絶えず関心を抱きつづけてまいりました。まもなくロマノフカ村の旧教徒についてのフィールド・ワークの資料が、一九三〇—一九四〇年代に出た各種の書物や新聞の中におびただしく発表されているのに気づきました。一九九〇年にノヴォシビールスクで旧教徒に関する国際会議が開催されたとき、私はこれらの資料を利用して、ロマノフカ村について口頭発表を行ないました。

ノヴォシビールスクでの会議のあとで、日本の外交史料館で明治年間に日本へロシア人旧教徒が来住した事実を示唆する史料が発見されました。その史料というのは北海道警察から東京の内務省にあてた秘密報告でした。警察の調査や地方新聞の記事を総合してみると、沿海州から函館へ旧教徒の代表が偵察のためにわたってきたのは一九一〇年ごろのことでした。当時の函館の各新聞に掲載された記事から、これらの旧教徒たちがどんな仕事に従事していたか、平日はいかに働いていたか、また休日には長老のもとに集まって祈っていたことまで細部にわたって再現することができました。ただ残念ながら日本はあまりにも狭くて、旧教徒に安住の地を与えることができませんでした。北海道ではシベリアにおけるような粗放農業を行なうことなど考えられなかったのです。一九三〇年代に彼らの多くは中国やアメリカへ去りましたが、中には満州のロマノフカ村の仲間のもとへ移住する者もありました。

『聖なるロシアを求めて』（平凡社、一九九〇年）と『聖なるロシアの流浪』（平凡社、一九九七年）は、私が今まで日本や中国やその他の国々に住んだロシア人旧教徒について書いた論文をまとめたものであります。

＊

日本の軍国主義の時代におけるロシア研究の状況についてもふれておかなければなりません。偶然とは言えないのですが、これは時期的にはロシアの歴史におけるソビエト時代の前半と一致しています。第二次大戦が終わるまで、ロシア語を学んだ者は多かれ少なかれ警察の監視を受ける立場にありました。しかしここでは、日本のロシア文化研究者たちが受けた迫害や弾圧についてくわしく述べることは控えておきましょう。戦争が終わったあとでも、とくに冷戦期には、ロシア研究者は例外なく、共産主義者かあるいはその同調者と疑われたものです。ロシア語を学ぶ者に対する社会一般の目には、常にある種の偏見が含まれていました。この状況を一挙にくつがえしたのはソビエト体制の崩壊です。

＊

右に述べたようにプーシキンからチェーホフにいたるロシア古典文学は日本の読者によって最も愛好されている外国文学です。さらに意外に感じられるかもしれませんが、わが国では現代ロシア文学もやはりかなりの人気を博しています。ある若い研究者の調査によりますと、過去一〇年間に現代ロシア作家の作品でその邦訳が単行本になって出版された点数は七五冊をかぞえます。もちろん本日この場で講演されたソルジェニーツィン氏の主要な作品がすべて日本語に翻訳されていることは言うまでもありません。

演劇、音楽、バレエ、映画などの分野でもロシア文化の影響がいちじるしいことについてはもはやくどくど言及しないでおきましょう。

現在、日本全体で毎年五〇〇人以上の学生がロシア語を専攻するための学部や学科に入学しています。第二外国語として学習する者はその一〇倍か二〇倍います。またラジオとテレビの教育番組でロシア語を学んでいる者は、万の単位で数えられるほどです。現在では圧倒的多数はこれらラジオ・テレビの学習者でしょう。

ロシア語に対する学習意欲はロシアの科学、ロシアの文化、ロシアの政治が世界の科学、文化、政治の中に占める地位に正比例するといっても差し支えないと思います。

今日のような政治状況であるからこそ、日本とロシアのあいだには「北方領土」だけではなく、長期にわたる堅固な文化的な結びつきの存在したことを想起することが必要であると思われます。この結びつきを研究することは日本のロシア研究の重要なテーマの一つであり、そのためには日本のロシア研究者とロシア科学アカデミーの学者たちとの協力が必要不可欠であることを強調してこの講演を終わらせていただきます。

ご静聴ありがとうございました。

授賞式で歓談するソルジェニーツィン（左）と筆者（右）。1999 年 6 月モスクワにて

ロシア語と私

何ごとにも動機というものがある。しかし動機がいつも明瞭であるとは限らない。当の本人が説明できないことすらある。

「どうしてロシア文学を勉強しているのですか。それもなぜ中世文学など選んだのです。」モスクワでロシア文学の研究者からこんな質問をされたとき、私は非常に困った。もう二〇年も前のことである。質問の内容はごく平凡で、相手がこちらを困らせようとしたわけではない。しかし私は返答に窮した。

いったい、なぜという問いは単純であればあるほど、根源的であればあるほど、答えることがむずかしい。「なぜ生きているのですか、なぜ学問をしているのですか、なぜ愛しているのですか……」

好意的な質問者の期待を裏切らないためには、中世ロシア文学のどのような美点に私が魅了されたかを説明すべきであったかもしれない。それが素直な態度というものだろう。しかし文学的な魅力をもっているのは中世文学に限らないし、まして世界の中でロシア文学だけがすぐれた文学であるともいえない。私は世界中の文学を読破し比較検討した上でロシア文学を最良と信じて選択したのではないのである。見えすいたお世辞は言いたくない。

「ちょっとまずいな」と思いながら、とっさに私は次のように答えてその場を切りぬけた。

「結婚と同じです。どうして妻といっしょになったかわかりません。私にとってロシア文学はそれと同じですよ。」

このやりとりのとき、私は単身でモスクワに留学中だった。配偶者がかたわらにいたら、こんな風に答えられなかったにきまっている。だが公平に言えば、人が人を好きになるというのも「なぜ」とはなかなか答えられない類の微妙な心理作用なのである。だからこそ昔の人はこれを因縁と名づけ、古代のユダヤ人は「大いなる神秘」と呼んだのだった。

さて、あのときからずいぶん時間がたった今、よくよく考えてみれば動機とまで言えぬにしても、きっかけはたしかにあったのである。——結婚ではなくて、ロシア語について。

はたちに近づいたころ、私は大学にはいろうと思い立った。どの大学にしようかとは、あまり迷わなかった。経済を勉強したいという気持が強かったのは、生まれが商家だったせいかもしれない。ひとり勝手に、「下部構造」を知らなければ社会のことはわからないはず、などという理屈を立てたように思う。それは時代の雰囲気でもあった。したがって一橋大学の学生になったのは、自分としてはかなり自然の成り行きだった。

第二外国語を決める段になって、すこし考えた。結局ロシア語をとることにした理由は、一つには、ドイツ語とフランス語はほんのすこしかじっていた上、二つの言葉とも文字が英語と共通だから、独学でもやれるだろうと思いこんだためである。(こんな考えがあさはかなことは、すぐに分かったのだが。)四〇年前の自分の意識を確実に記憶しているわけではないが、ロシア語を選んだのはもう一つのきっかけがあったのではないかと思う。

一〇代の半ばに、私はあるロシア語のコトバを耳にした。それは日本語のあらゆる語とまったく異なったひびきをもつコトバだった。習いはじめた英語の単語のようでもなかった。

私の生家のすぐ近くに桶屋があった。そのころ風呂桶や漬物桶や手桶はすべて職人の手づくりで、どんな村にも一、二軒の桶屋があった。その桶屋の長男がシベリアから戻ってきた。彼、ツネオさんは満州で終戦をむかえ、数年間シベリアで抑留生活を送ったのである。年齢差が一〇歳ほどもあるのに私がツネオさんと親しく付き合うようになったのは、ヘボ将棋の棋力がほぼ互角だったことによる。冬は木の香のただよう仕事場、夏は道ばたに縁台を出して、ひところ毎晩のように将棋をさした。棒銀と中飛車の定跡しか知らなかった私は、石田流をツネオさんからおぼえた。この戦法はどうやらシベリアのラーゲリで彼が仕込んだものらしかった。勝負の合い間にツネオさんはよくシベリアの話をした。途方もない寒さやロシア人の人の好さはよく語ったが、つらい体験はあまり彼の口から出なかった。ロシア人の将校にかわいがられて、ときどき自宅によんでもらったこと、そのときに垣間見た将校夫婦や子どもたちの暮らしぶりのことなどは、信州の田舎の少年の耳にとくに面白く珍しいものに聞こえた。外国人といえば聖公会の日曜学校に巡回してくるカナダ人の女宣教師しか見ることもなく、ジープに乗った進駐軍もかぞえるほどしか目にしたことがないという土地柄のせいだったかもしれない。ツネオさんはどうやらシベリアに二、三年いるあいだに、自由自在にロシア語をあやつれるようになったようだった。ロシア人がおこったとき、いやおこらないときでもしょっちゅう口にするコトバとしてツネオさんが教えてくれたのが「ヨッポイマーチ」というコトバだった。意味はよく知らないけれど、と彼は言った。潜在意識などと大げさには言えないが、この不思議な音が耳の底にのこっていたせいで、私はロシア語を学びはじめたのかもしれない。

大学では学部時代を通してずっと金子幸彦先生にロシア語をならった。一年生で文法を仕上げ、二年生になるとプーシキンの「スペードの女王」を読んだ。それは日本語を勉強しはじめて二年目の外国人に夏目漱石の「三四郎」を読ませるようなものである。最近のロシア語教師ならとてもこんな勇気は出ないが、金子先生は苦もなくそれを実行して、全部で八人のクラスにだれ一人落伍者を出さなかった。はなれ業といってもよい。その後私は縁あって金子先生のあとをついでロシア語の授業を担当するようになったが、教育効果という点でいまだに先生の足もとに及ばない。卑下して言っているのではない。ザンキの至りである。

ロシア語に熱中したおかげで、私は経済学研究という最初の志望をいつのまにか放棄して、経済学部から社会学部に移った。そして大学院まで金子先生のゼミに入れていただいた。中世文学を専攻に決めたのも、きっかけとしては先生のすすめである。

ところで、大学で四年間ロシア語を勉強しても、「ヨッポイマーチ」には一度もめぐり合わなかった。したがってその意味は依然としてナゾにとどまったが、長い休みのたびに帰省してツネオさんに再会し、将棋をさしたり世間話をしたりしているうちに、私は彼のロシア語知識がいちじるしく偏っていることに気づかずにはいられなかった。早い話が、名詞に単数と複数の区別があること、しかもそれぞれ格変化をすること、動詞に過去と未来の時称の別があること、主語に立つ人称によって動詞の語尾変化が異なることなどなどについて、ツネオさんは全然意識すらしていないことがわかったのである。ラーゲリでの捕虜生活にとってその種の知識は必要なかったということであろう。

それと似たような例に後年になってもう一度ぶつかった。第二次世界大戦のはじまる前、愛人とともに樺太の国境を越えてソビエトに亡命した女優がいた。のちに彼女はソビエトの国籍をとり、たしか演劇学校を卒業してモスクワで芸能人として生活をはじめた。その存在が日本にも知られて何度か帰国したこともあった。今はなきその女優さんの令名を傷つけるつもりは少しもないのだが、テレビやラジオから聞こえてくる彼女のロシア語は名詞の格変化について無頓着という点でツネオさんの場合と甲乙つけがたいものだった。ただ驚くべきことには、彼女のしゃべり方は全体として相当に流暢であり、ソビエト社会で生活していく上でいささかも不自由はないらしかった。

大学院を卒業した私は、ある人の世話で政府のいわゆる外郭団体につとめた。もともと教職につくことを期待してもいなかったので、とくに不満はなかった。不景気の時代につとめ口があっただけでも幸運と感じた。一年あまりして、金子先生からロシア語の教師をしないかというおさそいがあった。「会話は全然ダメなんですが」とおそるおそる答えると、「これから勉強しなさい」という返事。こうして私はロシア語の教師をはじめることになった。

その後、私は町の会話学校へ通ったり、ロシア人の先生についたり、機会に恵まれてモスクワ大学に一年ほど留学したりしたが、会話は依然として上達しない。金子先生のロシア語の話しぶりや手紙の書き方をまじかに見ていただけに、我ながら歯がゆい思いがする。金子先生のほかにも、外国語に不自由しない教授たちがいた。言語学の亀井孝先生、ビザンツ史の渡辺金一先生などである。亀井先生が専門ともいうべき日本語以外に古今のヨーロッパの諸言語を自在に駆使し、華麗な論理を展開するさまは、はたから見ていて目くるめく思いだった。しかしこういうケースは超自然現象、ウルトラEともいうべきもので、初学者はのっけから高望みしないほうが無難である。

さて、「ヨッポイマーチ」に話を戻さなければならない。さすがに大学院に進学してから、ロシア語としてのその語形や意味や使われ方がわかるようになった。逐語的に訳せば、これは「汝の母を姦せよ」というのである。決して活字で印刷されることはないが、ロシア人はこの種のバリ雑言を日常生活の多くの局面で頻用するという。その結果、相手をいやしめるニュアンスさえ失って、強い驚きや、時には親愛の情さえ示す感嘆詞になっているらしい。幸か不幸か、私自身はまだこの痛快な罵声を投げつけられたことがない。よくもわるくも、ロシア人とそれほどお上品な付き合い方しかしてこなかったというわけである。私の勉強が足らなかったといってもよいし、逆の面から見れば、ロシア語にかぎらず、およそ言語の用いられる人間の社会生活の舞台がそれだけ幅が広く、奥が深いと考えることもできる。

結論をつけ加えよう。ロシア語の学び方には、ラーゲリのようにまず必要にせまられる実践流もあれば、もっぱら文法規則からはいる大学のやり方もある。

両者を折衷しようとしているのが会話学校である。何を選ぶかは学習者の境遇による。同時に、あるいは時差をつけて組み合わせる方法もある。私が信頼しているさる言語学者の説によれば、一八歳になってはじめる外国語は絶対にネイティヴ・スピーカーの域にまで上達できないことが理論的に証明されているというが、だからといって、失望するにはおよばない。生半可でも片言の外国語でも、全然知らないよりはずっとマシなのである。それに私のついた先生方のように、稀には例外があり得るし、人生ではときに奇跡がおこることだってあるのだから。

あとがき

本書に収めたのは二、三の例外をのぞいて、最近一〇年間にさまざまな雑誌や論文集に発表した文章である。

本文でも書いていることであるが、学生時代に私はロシア中世文学を専攻した。明治以来、ロシア文学は日本で最も広く読まれた外国文学の一つであるが、中世のロシア文学は日本でまだ紹介の手薄な分野だった。それだけに卒業論文をまとめる意味があると思われた。

その後比較的最近まで、履歴書などに専門領域を書きこむような機会があると、私はロシア文学と記入していた。だが、そのたびにある種のバツの悪さを感じた。ロシア文学と言えば、ゴーゴリやドストエフスキイやトルストイなど一九世紀以後の作家や作品が世界的に知られている。私もむろんその愛読者であるものの、中世文学と近代文学では、平家物語と森鷗外や夏目漱石ほどへだたっているからである。

それに実際のところ、中世文学から出発して、私の興味の中心は次第にロシアのフォークロア（口承文芸や民族誌の方向にむかったのである。また、中世文学から枝分かれする形で、長いあいだロシア文化の基軸となってきた宗教——とくに正教会やその諸分派の歴史にも心が惹かれるようになった。

それと平行して、私は日本とロシアの文化交流の展開にも関心をいだき続けた。これには偶然であるが、はっきりときっかけがあった。ロシア語の教師になりたてのころ、漂流民研究家の随伴者としてはじめてロシアの土を踏んだのである。その動機は、ロシア語を教えているからには、ロシアの生きた風物に接したい、実地にロシア語を使ってみたい、という素朴な願望だった。しかし、この旅行の結果、日本とロシアのあいだには長い交流の歴史があることを教えられた。もっと重要なことは、切実な問題意識が研究意欲の持続と深化に不可欠であることをこのときに学んだ。「日露交流二百年を旅する」を本書の副題に添えたのは、ロシアとロシア文化に対する興味の土台がそこにあったことを示すためである。

振り返ってみると、私の仕事のテーマは明確な焦点を結ぶことなく、一見拡散しているという印象を与えかねない。これでは専門は何かと問われて返答に窮するのは当然かもしれない。かつて私が大学で教えられたのは、アカデミックな研究の対象は狭く深く、ということだった。間口をできるだけしぼって、その代わり網羅的、体系的にデータを集め、それを論理的に整理して記述する。それが学問への入り口とされたのである。今でも、基本的なありようは変わっていないにちがいない。

もっとも、ロシアの中世文学の扉をそっと開けてロシア文化の花園に足を踏み入れた私は、この広大な庭園の垣根の外に一歩たりとも迷い出たわけではない。つまり、ロシア文化というたった一つのキーワードの中に、本書に収めた三八篇のエッセーはすべて収斂してしまうのである。ただ、この魅力に富んだ花壇を気ままにさまよいながら、私の片目はいつも日本を見ていた。一つ一つの花の色や香りの中に日本との関わりを思い出そうとしていた。私よりずっと以前にこの庭園に足跡を残した先人がいたし、ここから日本を訪れた客人もいた。

言い訳めくが、私はロシア文化の強い香りに誘われてさまようことが心地よかっただけで、本書はいかなる意味でも概論風な記述を志したものではない。

ロシアという国が茫漠としているように、ロシア文化の園も広大無辺である。本書は、葦のずいから天井のぞくの譬えどおり、自分自身の狭い体験や読書を通じて、ロシア人とは何者か、ロシア文化とは何か、という問いに一つの回答例を示そうとしたものに過ぎない。

それぞれの文章の初出はまとめて示しているが、ここに収録するにあたって多少とも手を加えたことは言うまでもない。それにもかかわらず、重複する個所がのこった点については読者のご海容を願いたい。

一篇一篇についてそれぞれお世話になった方々がいるが、あまりに多岐にわたるので、お名前を挙げきれない。

煩雑な編集業務に従事された風行社の犬塚満氏に感謝する。

二〇〇一年盛夏　山中湖畔にて

中村喜和

初出一覧（原題が本書とほとんど同じ場合と、刊行地が東京の場合は省略）

第Ⅰ編　ロシアの人びと

・訪日使節レザーノフの名誉回復（原題「レザーノフの復権」）『窓』一一五号、ナウカ、二〇〇〇年。
・雄々しい伝道者ニコライ（原題「雄々しい伝道者――日記の中のニコライ」）『図書』一九九七年六月号、岩波書店。
・ひびわれた友情――ピリニャークと秋田雨雀（原題「ひびわれた友情――秋田雨雀・鳴海完造日記の中のピリニャーク」）『窓』一〇六号、ナウカ、二〇〇〇年。
・浮世の海の波のまにまに（原題「世の海の波のまにまに――ある庶民の自叙伝」）『窓』九八号、ナウカ、一九九六年。
・夢見る農民（原題「夢見る農民――コミの家族の年代記から」）『窓』一〇五号、ナウカ、一九九八年。
・コミの旧習（原題「コミの旧習――一農民の手記から」）『なろうど』三七号、ロシア・フォークロア談話会、一九九九年。
・エリー湖のほとり（原題「エリー湖のほとりにて――アメリカに住む旧教徒たちの現在」）『窓』一〇七号、ナウカ、一九九八年。
・サリキョイ村の歴史（原題「サリキョイ村の歴史――国外離散の旧教徒の三〇〇年」）『窓』一〇八号、ナウカ、一九九九年。
・ヴラーソフ一家（原題「旧教徒ヴラーソフ一家のこと」）『異郷』八号、来日ロシア人研究会、二〇〇〇年。
・万葉集を露訳したグルースキナ（原題「日本滞在中のアンナ・グルスキナ」）『北大スラブ研究センター研究報告』六〇号、北大スラブ研究センター、札幌、一九九六年。
・ロシアの夢――コンスタンチーノフ回想『窓』一一二号、ナウカ、二〇〇〇年。
・リハチョフ博士随行記（原題「ロシア大碩学の日本初印象記」『新潮45』一九九三年一一月号、新潮社。
・スヴィリードフ追悼（原題「スヴィリードフさんのこと」）『窓』一〇四号、ナウカ、一九九八年。

・詩人トロチェフ『窓』一〇九号、ナウカ、一九九九年。
・農村作家ベローフ（原題「作家ワシーリィ・ベローフ聞き書き——『村の生きものたち』補注」）『なろうど』三五号、ロシア・フォークロア談話会、一九九七年。
・ソルジェニーツィンのやわらかい手『文藝春秋』一九九九年八月号、文藝春秋。

第II編　文学・フォークロア・書物

・ロシア人のパレスチナ巡礼『窓』一一四号、ナウカ、二〇〇〇年。
・ニカン国の謎（原題「ニカン国の謎——もう一つのユートピア伝説」）『窓』一一三号、ナウカ、二〇〇〇年。
・地獄へ往復した旅芸人（原題「人助けした旅芸人の話」）『窓』一〇二号、ナウカ、一九九七年。
・パンと塩『窓』一一〇号、ナウカ、一九九九年。
・ロシアの古地図（原題「ロシアの古地図の魅力」）『學鐙』一九九五年一一号、丸善。
・ロシア人の自然観一面（原題「ロシア民族の芸術と文化——自然観とのかかわりで」）新田喜代見編『エルミタージュ美術館』日本放送出版協会、一九八九年。
・昔話の中のロシア人『イマーゴ』一九九二年四月号、青土社。
・解禁された滑稽譚（原題「一三五年目の完全解禁」）『窓』一〇三号、ナウカ、一九九七年。
・生は短く、芸は長し（原題「短い生と長い芸——『航空都市』をめぐって」）『A・ドブジェンコ映画祭』アテネ・フランセ、二〇〇〇年。
・本を買いそこねた話『一橋大学小平学報』六六号、一橋大学、一九七三年。
・ロシアの同志今いずこ（原題「ロシアの『同志』は今いずこ——タワーリシチ小考」）『図書』一九九三年二月号、岩波書店。

第Ⅲ編　ロシアと日本人

・ロシアの極東進出（原題「ロシアの極東進出と初期の日露関係——日本人はこうしてロシア人と出会った」）『Hazama Technosphere』一〇号、ハザマ建設広報部、一九九五年。
・ひなの一ふし（原題「ひなの一ふし」小注）『菅江真澄全集』七巻月報、未来社、一九七八年。
・光太夫のロシア『毎日グラフ別冊　おろしや国酔夢譚』毎日新聞社、一九九二年。
・残留漂流民の快挙か（原題「残留漂流民の快挙？——伊勢の新蔵が『校閲』したロシア語の日本案内書」）『窓』九九号、ナウカ、一九九六年。
・タタミの上の外交交渉（原題「タタミの上の外交交渉——ラクスマン来航二〇一年目の感想」）ロシア史研究会編『日露200年——隣国ロシアとの交流史』彩流社、一九九三年。
・榎本武揚のシベリア紀行『ロシアと日本』三号、ロシア史研究会、一九九二年。
・掛け金としての函館『地方史研究—はこだて』三〇号、函館市史編さん室、函館、一九九九年。
・鳴海蔵書の成立事情（原題「鳴海蔵書のことども」）『窓』一五号、ナウカ、一九七五年。
・青春のショスタコーヴィチ——鳴海日記から（原題「ソビエトの青春とめぐりあう——鳴海完造日記から」）『月刊百科』一九九三年九月号、平凡社。
・二〇〇年の絆（原題「二百年の絆——日本におけるロシア文化」）『月刊百科』一九九九年九月号、平凡社。
・ロシア語と私『一橋大学小平分校外国語履修案内』一橋大学、一九九三年。

人名索引

＊ロシア人女性の姓は本文中で「-ヴァ」と「-ワ」の二通りに表記されている。索引の見出しは本文中の表記にしたがっている。
＊音引は慣用にしたがっている。

カ

タ

ハ―――――――――――――

ワ

中村喜和（なかむら　よしかず）

1932年　長野県に生まれる。
1953～62年　一橋大学で学ぶ。
1964年以後　東京大学、一橋大学などで教え、現在は共立女子大学教授。
1970～71年　モスクワ大学留学。
専攻　ロシア文化史、日露文化交渉史。
著書『聖なるロシアを求めて』（平凡社、1990、第17回大佛次郎賞受賞）、『おろしや盆踊唄考』（現代企画室、1990）、『遠景のロシア』（彩流社、1996）、『聖なるロシアの流浪』（平凡社、1997）。
編著書『イワンのくらし　いまむかし』（成文社、1994）、『国際討論　ロシア文化と日本　明治・大正期の文化交流』（彩流社、1995）。
訳書『ロシア中世物語集』（筑摩書房、1970）、『アファナーシエフ　ロシア民話集』上・下（岩波文庫、1988）、D. S.リハチョフ他著『中世ロシアの笑い』（中沢敦夫氏と共訳、平凡社、1989）、『ロシア英雄叙事詩ブイリーナ』（平凡社、1992）、『村の生きものたち』（成文社、1997）など。

ロシアの風――日露交流二百年を旅する

2001年10月19日　初版第1刷発行

著　者　中村喜和
発行者　犬塚　満
発行所　株式会社　風行社
〒160-0008 東京都新宿区三栄町9
電話＆Fax　03-5366-6820
振替　00190-1-537252

印刷・製本　シナノ

 ISBN 4-938662-50-7